企业商事法务丛书

汉译主编 季卫东

并购和合资企业

〔日〕中野通明 宍户善一 编

段磊 译

ビジネス法務大系 II
M & A ジョイント・ベンチャー
中野通明　宍戸善一　編
© 2006 日本評論社
ALL RIGHTS RESERVED
本书根据日本评论社 2006 年版译出

总序：重新认识企业法务

在2016年，一直被认为是世界法律秩序稳定之锚的英美两国突然发生异变。英国公投决定脱离欧盟，在欧洲乃至全世界掀起滔天巨浪。美国大选推出另类总统特朗普，在世界范围内不断造成意外和不确定性。以此为背景，WTO上诉机构按照任期届满的空缺职位重新遴选新委员的工作从2016年开始受到严重阻碍，直到三年后彻底丧失裁定的功能。美国从2018年1月开始采取大幅度提高关税的举措，从2019年5月开始对华为等企业采取封杀行动。这场中美贸易战的本质其实是法律战，必然促进企业的策略诉讼以及政府的司法外交，当然也就相应地提升了预防法学的重要性。为此，我们需要在新的时代背景下重新省察和反思中国企业法务的制度设计和运作实践。

在过去很长时期内，中国企业忽视了企业法务的功能。按照国际惯例，大型企业的法务开支一般占营业收入的百分之一，但中国的这一占比曾经只有千分之一；在企业的治理结构中法务部门一直处于从属地位，不能参与经营决策；法务人员与顾问律师之间的角色分担关系也是模糊不清的。自从经济合作与发展组织（OECD）成员国在1997年签署《国际商业交易活动反对行贿外国公职人员公约》、美国在1998年修改《海外反腐败法》而把贿赂罪适用范围扩大到外国企业和自然人，各国企业在涉外业务中的法律风险骤增，中国也相应地提高了对企业内控与合规的要求。从2004年起，中国通过三个特别"三年计划"建立和健全了总法律顾问制度以及法律风险防范机制，特别是2012年国资委颁布企业合规的国家标准，企业法务逐渐成为经营决策的指南针。从对总法律顾问具备律师资格的刚性要求上，还可以依稀看到律师主导的美国式企业法务模式的影响。

  日本式企业法务模式有所不同，并非律师主导。企业的大部分涉法涉讼事务都由法务部门处理，往往只把自己无法解决的难题交给外聘律师。所有法务人员都是在公司里工作的职员，法务部长也无须获得律师资格，因而企业的法务成本相对比较低，法务部门与业务部门之间的关系也比较协调。企业法务部门的主要职责包括合同文书的起草、修改、审核，就包括劳资关系在内的各种法律问题进行咨询，参与商务谈判以防范有关法律风险，建立和维持内控制度并进行合规培训，维护知识产权，研讨并购的攻防对策，履行环境保护等社会责任，与政府和司法机关进行沟通，与律师进行协调与合作，处理解决纠纷和诉讼的相关问题，等等。2008年的金融危机导致美国跨国公司压缩律师聘用的开支，更重视录用企业内部法律工作者来满足合规和守法的需要。在这种背景下，日本式企业法务模式也受到更多的关注。

  中国与日本之间围绕企业法务的体系化深入交流，可以追溯到上海交通大学凯原法学院在2009年开始正式举办学分制日本企业法务系列讲座、在2010年开设东京企业法务实习基地，以及在2011年携手日本经团联成立企业法务研究中心。2017年的中国企业法务年会上海会场邀请到日本经营法友会领导层和代表与会，决定从2018年起在东京和上海两地交替举办中日企业法务年会。就在中美贸易战如火如荼的2018年，上海交通大学日本研究中心作为教育部认定的国别研究中心、作为校级实体化平台隆重成立，围绕企业法务的研究和交流也就自然而然成为这个中心的一项重要任务。在这样的背景下，我们启动了日本企业商事法务丛书的翻译出版计划，试图为中日两国在新时代的经济合作以及纠纷化解奠定坚实的法务基础。

早在国际经济纠纷开始激化的年代，日本就曾经策划出版过关于企业法务的大型丛书，对我国当然也有借鉴意义，但毕竟很多内容已经过时。作为大型公司法务部长交流平台的日本经营法友会倒是经常出版关于企业法务的专题论文集、专著以及最新法规解说，但这些不断刷新的书刊缺乏体系性，无法让中国读者一窥全貌。最后选定的商事法务丛书是从2006年开始编辑，到2009年出齐，距今只有十年左右的时间，内容还在保鲜期内。这套丛书的编撰者包括相关领域的权威学者和实务家，特色是非常注重对现实中出现的各种法律问题的学理分析，试图通过在理论与实践之间架设桥梁的方式为企业法务指明进一步发展的方向，并且提升预防法学和策略诉讼的专业水准。这套书分为四种，包括许可合同、并购和合资、企业金融创新、国际商务等四大前沿领域的重要现象和趋势、法律的制度安排以及操作流程的解析，具体论述的范围实际上几乎涵盖了企业法务的所有层面。因而这套丛书既可以作为企业法务研究的向导，也可以作为法学院培养专业人才的教科书或参考书，还可以作为总法律顾问和法务部长们的业务指南。

不得不指出，就在过去的十来年里，数字化信息技术使法律界的生态环境发生了天翻地覆的变化。物联网、大数据、云计算以及人工智能在司法机关和律师事务所被广泛应用，法律流程外包（Legal Process Outsourcing, LPO）现象变得司空见惯，在这种状况下法律科技公司如雨后春笋般涌现出来，并逐步扮演起替代性法律服务提供商（Alternative Legal Service Providers, ALSP）的角色，直接对接客户而不让律师作为"中间商"赚差价。因此，律师事务所以及司法机构不得不在多样化条件设置下迎接竞争，增加对法律科技的投入或使用，兼顾智能决策、会计、金融等法律之外的关联服务。同样，企业法务部门也开始大量导入智能化的法律科技（Legal Technology）和辅助性服务软件（Software as a Service, SaaS），用于AI合同审核、电子签约服务、数据的追踪管理、多语种自动翻译、国内外法规和案例的检索、企业法务部门与外聘律师的在线协调和咨询、数字化调查取证以及区块链存证。显而易见，企业法务也正在面临数字的覆盖，势必在法务操作科技化、法务运营平台化的激变之中促成相应的范式创新。即便如此，这套丛书揭示的法律专业原理和技巧在数字化时代仍然不会失效，倒是会反过来对数据科学和计算机科学的发展提出更高的具体要求，促进信息通信技术与既有的合规体系不断交织和重组。

这套书的译者都曾经在日本留学和生活过很长时间，是双语达人，所从事的专业工作也与企业法务有着千丝万缕的联系。其中两位是商法、企业法以及知识产权法学科的青年才俊——段磊从东京大学获得法学博士学位后先在名古屋商科大学担任助理教授，再到华东师范大学法学院就任副教授；储翔从神户大学获得法学博士学位后到律师事务所工作过一段时间，现在华东政法大学任教。另外两位是中日经济合作方面的资深律师——骆美化曾经在君合律师事务所创立初期开拓日本业务并担任高级合伙人，现在转为顾问并兼任瑞穗银行（中国）有限公司独立董事；高师坤是上海世民律师事务所的高级合伙人并兼任住友化学投资（中国）有限公司监事。他们都对书中涉及的专业问题了然于胸并且富有实践经验。也就是说，与原著编撰者兼有法学教授和法律实务家的构成相对应，译者也考虑到理论与实践两方面的代表性。各位译者都在繁忙的本职工作之余认真进行翻译，确保精准传达高度专业化内容的原意。

在所有译著付梓之际，我谨代表上海交通大学日本研究中心，代表中日企业法务论坛的组织方，特向各位译者表示敬意和谢意。同时还要感谢日本评论社串崎浩先生不辞辛劳逐一征求日本作者的同意并授予涉外出版的所有权限。当然，在这里要特别感谢商务印书馆责任编辑王兰萍女士对这套书翻译和出版的支持、在等待和编辑译稿方面的耐心以及令人感动的敬业精神。但愿这套"企业商事法务丛书"有利于中日两国企业法务界的交流与合作，有利于企业法务高端人才的培养和训练，也有利于中国企业在充满风险和不确定性的当今世界化险为夷，通过合法经营以及富于洞察力和专业知识的决策而不断发展壮大。

是为序。

季卫东

上海·2021年红叶时节

日文版"企业商事法务丛书"刊行寄语

本丛书旨在对企业现今面临的各种法律问题进行理论分析,并为解决此类问题提供方向。因此,本丛书面向的读者人群首先为从事商事法律实务的律师、企业法务负责人,其次是对实务中的问题感兴趣的法学研究者。

策划本丛书的理念一言以蔽之,是成为"实务和理论的桥梁"。日本法律实务和法学研究此前具有相互背离的趋势。20世纪90年代以后,很多法律学会鼓励实务家参会,尽管上述趋势有所改善,但实务和研究的背离在企业法务等众多法律领域仍旧屡见不鲜。

这导致从实务家的角度观之,实务中真正亟待解决的问题并不一定是法学研究的对象,因此时常有无法利用法学研究成果处理问题的情形。而从法学研究者的角度观之,尽管既存的实务内容中存在理论问题,但我们常常会忽视这样的现状:在未认识到可能产生法律风险而直接进行处理的情形下,实务不断得以发展。

就法学研究和法律实务之间的关系而言,两者的背离并非理想的状况,自不待言。本丛书刊行的出发点就是希望能够或多或少地改善这样的现状。

为达成上述目的,本丛书编委由实务专家(律师)和法学研究者双方共同构成。特别是,研究者当中也有部分从事实务的执业律师,这样有利于在实务专家和研究者间进行实质性探讨。在双方充分讨论的基础上，依据实务、法学研究双方的问题意识，在企业法务的各领域内，提炼值得讨论的重要课题。在各课题执笔之际，我们将写作重心放在对具体实务问题的法理分析和考察，而对制度的讲解，仅限于分析问题所必要的范围之内。

在日本，商事相关法律解释的明确化，是构建商业活动的重要基础。希望本书能为商事法务的发展提供些许助力。

2006年11月

"企业商事法务丛书"编辑委员会

小川宪久（律师）	宍户善一（成蹊大学）
须纲隆夫（早稻田大学）	椙山敬士（律师）
高林龙（早稻田大学）	道垣内正人（早稻田大学）
德冈卓树（律师）	中野通明（律师）
野田博（一桥大学）	平岛竜太（筑波大学）

译者序

《并购和合资企业》是我在日本留学、工作十载后回国出版的第一本译著。在此要感谢上海交通大学日本研究中心主任季卫东教授，如果没有季老师在百忙之中与日方联系，并不断鼓励我们完成高质量的翻译，这套日本商事法务体系的经典丛书可能就会错过与我国读者见面的机会。

这套丛书涉及日本商事法务多个专业领域的内容，译者的研究领域是商法，故承担了丛书第二卷《并购和合资企业》的翻译工作。第二卷共十章内容，涵盖了合资企业（JV）与企业并购（M&A）这两大领域。其中，与合资企业有关的内容涉及五章：使用许可合同与合资企业的连续性（第一章）、合资企业的企业形态选择（第二章）、意向书（第三章）、股东间协议和章程（第四章）、企业并购与合资企业的税务（第十章）；与企业并购有关的内容涉及六章：管理层收购（第五章）、企业并购中尽职调查和声明保证义务（第六章）、企业并购交易的方法（即股份交换、股份移转、公司分立，第七章）、余股挤出合并和对价多样化（第八章）、企业再生和企业并购（第九章）、企业并购与合资企业的税务（第十章，该章内容包括企业并购和合资企业两个领域）。

第一章分析了使用许可合同与合资企业的连续性问题。通常而言，使用许可合同是一种合同，而合资企业是一种企业形态，两者之间并不存在很强的联系。但作者从实践驱动的角度出发，找到了两者的连接点，即它们本质上都是技术合作的手段。具体而言，当企业想从第三方引进技术开展新事业时，作为企业间实现技术合作的手段，既可以与第三方签订使用许可合同直接引进技术，按约向第三方支付使用许可费；也可以与第三方共同设立一家合资企业，该企业以金钱出资，第三方以技术出资。本章作者是日本富士施乐股份公司法务部的梅谷真人先生，他从丰富的实践经历出发，对这两者的法律性质进行比较分析，探讨了各自的优缺点。

第二章讨论了合资企业的企业形态选择问题。如果投资者想在日本设立合资企业，在目前的法律框架之下，能够选择的企业形态主要有：民法上的合伙、有限合伙法上的有限责任事业合伙以及公司法上的股份公司和持分公司。作者从合资企业的运营、当事人之间的权限分配、股份或份额的转让、合资的消解等角度，详细分析了不同企业形态的特点及法律问题。本章作者是日本中央大学法科大学院的商法学者大杉谦一教授，他以广博的知识讨论了横跨多个商法领域的内容，既有理论的深度，也有实务的可操作性。

第三章是关于意向书的法律性质和法律效力的研究。意向书是当事人就合同交涉的中间阶段达成合意的事项制作成书面文件，经常在企业并购等情形中使用。虽然不是最终的合同，但具有一定程度的拘束力，如违反有可能会承担损害赔偿义务等。本章作者是日本一桥大学法学研究科的民法学者泷泽昌彦教授，他从英国法的判例出发，介绍了美国法和德国法关于意向书的学说内容，最后结合日本民法的基础理论对意向书的法律性质和法律效力进行了深入分析。

第四章是关于股东间协议和章程的研究。合资企业是基于合资股东的相互信赖和合意而设立的，其内容记载于股东间协议和章程中并成为约束各方的规范。但两者因在法律性质、内容要求、适用范围和救济手段上存在着诸多不同点，无法将股东间协议的内容完全反映到章程规定中，为合资股东之间的争议埋下了隐患。这是中日两国实务中经常遇到的法律难点。本章作者是日本昭和壳牌石油股份公司研究开发部的福田宗孝先生，他以其丰富的实践经历和理论知识，通过列举股东间协议和章程的具体事项来梳理两者的互补关系。并且提出在公司僵局等特殊情形下，股东间协议和章程的作用有限，有必要引入新的解决路径。

第五章探讨了管理层收购这一特殊的企业并购手段在日本的经济合理性以及其中的法律问题。管理层收购是公司的经营者、董事等取得控制权的交易，具有两面性。一方面，这有助于解决经营者与股东之间的代理人问题；另一方面，这对经营者而言是极其深刻的关联交易，可能成为牺牲既有股东的非有效交易。本章作者是日本成蹊大学的两位商法学者北川彻教授和宍户善一教授，他们提出应根据管理层收购的不同特征，将其分为四个类型，参考美国的判例法，根据利益冲突的有无和程度的高低来确立不同的判断标准。

第六章是关于企业收并购中尽职调查和声明保证义务的研究。对目标公司展开尽职调查是实施企业并购的重要环节，而并购合同中声明保证条款则是对尽职调查的确认和补充。对于实施并购的企业而言，尽职调查的完整性和声明保证条款的完备性是决定企业并购成功与否的关键因素。本章作者是日本虎之门南律师事务所的中野通明律师和浦部明子律师，他们以其丰富的经验梳理了在日本开展尽职调查概况和声明保证条款的注意事项；并且通过日本企业并购的实例和法院判决，探讨了尽职调查与董事善管注意义务的关系、声明保证条款与补偿责任、瑕疵担保责任的关系等诸多法律问题。

第七章是关于企业并购交易方法的研究。2005年，日本国内实施的企业并购数量与前一年相比增加23%，达到了2713件，这一年也被称作"日本企业并购的元年"。其中一个重要法律因素是，日本在1999年至2000年连续修改了商法，引进了股份交换、股份移转、公司分立等新的并购方法，不仅满足了实务的需求，也大大节省了并购的交易成本。这些新的并购方法，后被2005年公司法所吸纳，并延续至今。本章作者是日本东京flex律师事务所的伊藤毅律师，他针对这三种新的并购方法展开了论述，不仅列举了日本企业并购的丰富实例，还分析了公司法实施后这些并购方法可能产生的法律问题。由于我国尚未引进股份交换和股份移转制度，我国的公司分立制度与日本法之间存在着较大不同。因此，本章对于我们了解、学习日本这三种法律制度有着很好的帮助作用。

第八章探讨了日本公司法引进的新制度——合并对价多样化，即开展合并的企业不仅可以交付本公司的股份作为对价，还可以交付金钱、债券等多种对价。看似简单的法律修改，实则涉及何谓合并这一本质问题，时间上跨越了150多年的历史，空间上跨越了德国、法国、意大利、美国、日本。本章作者是日本法政大学大学院法务研究科的商法学者柴田和史教授，他以其深厚的学术功底，为我们详尽梳理了这些跨越时间和空间的学说和判例。并且，再以余股挤出合并这一特殊的合并方式为例进行分析，为日本公司法实施后即将遇到新问题找出了新的解决路径。

第九章是关于企业再生与企业并购关系的研究。通常而言，企业并购多用于扩大企业的规模和市场份额，并追求与相关事业产生的协同效应。企业并购与濒临破产危机企业的再生之间也存在着联系性，但很少被讨论到。本章作者是日本矶边高桥八木律师事务所的八木清文律师，他从这一问题意识出发，梳理了适用于企业再生的并购方法及其法律问题，在此基础上，探讨了公司重整程序、民事再生程序中实施企业并购的具体法律架构，并且论证了使用并购方法对企业再生是有效的这一结论。

第十章是关于企业并购与合资企业税务的研究，作者是德勤日本的注册会计师北爪雅彦先生。关于企业并购的税务处理，作者选取了日本实务中常见的几个重要问题，如①非合格股份交换、股份移转时事业体的课税问题，和②以股份为对价的要约收购时股东的课税问题等，探讨其税务处理中的注意事项。关于合资企业的税务处理，作者从合资企业的组织形态选择、设立和解除等角度进行了全面分析。本章是学习日本这两个领域税务问题时的重要参考资料。

本卷十章的作者中既有日本民商法领域的权威学者，也有律师、公司法务等实践领域的专家；既有围绕日本商事理论进行深入探讨的章节，也有基于日本商事实践中产生的问题意识而撰写的章节。因此，本书对于我国的读者而言，不仅在理论上有很好的借鉴意义，也能解决对日投资中的一些实际问题。

从理论意义而言，本书成书于2006年，当时正值日本2005年公司法颁布施行之初。2005年公司法是日本商法中最重要，也是最具代表性的一部法律，许多当前影响深远的制度均是在这部法律制定之时引进的。因此，本书的许多章节都在探讨这些新制度会对日本的商法实践带来哪些发展和变化，同时又可能会产生哪些新问题。虽然此后日本公司法也经过了多次修改，但本书中相关章节涉及的法律规定并没有进行大范围的修改，所以从时效性来看，本书探讨的相关问题和结论仍是日本法该领域的重要研究成果。

译者序

此外，我国当前正在进行公司法的修订工作，这是自2005年公司法修订以来时隔16年的一次重大修订。想必这次修订的内容会对我国的合资企业和企业并购等领域带来比较大的影响。在这一时间点上，回顾日本2005年公司法的修订过程以及颁布实施之后展开的各种讨论，对于我国的公司法修订、实施和发展有着重要的借鉴意义。

从实践意义而言，我国自改革开放以来，包括日资企业在内的大量的外资企业来到中国进行投资。许多从事中国投资的日资企业和律师事务所等，都对中国法有着细致和深入的研究，并持续关注着中国法的最新发展情况。这些年随着我国"一带一路"倡议的实施，有越来越多的中国企业"走出去"，在海外进行投资。无论是从技术的角度，还是从商业的角度来看，对于我国企业来说，日本市场是进行海外投资的重要领域。因此，我们也有必要对日本法的发展保持长期密切地关注，并对其进行细致和深入的研究。

对于我国企业而言，设立合资企业和开展企业并购是对日投资时最常见的两种方式。由于篇幅有限，本书仅仅涉及了这两个领域的部分法律问题。但愿能够起到抛砖引玉的作用，引起我国的读者进一步探索日本商法的兴趣。同时，由于译者的水平所限，难免存在错误或者挂一漏万。若有不当之处，文责尽在译者本人。

段磊

2021年12月3日

于华东师范大学闵行校区樱桃河畔

目 录

序言 ··· 1
第一章 使用许可合同与合资企业的连续性 ····················· 3
  一、前言 ··· 4
    1. 合资企业的经济功能和法律性质 ························· 4
    2. 合资企业的类型——本文的对象 ························· 5
  二、以使用许可合同引进技术 ·································· 6
    1. 可选择的引进技术的法律手段 ··························· 6
    2. 不战条约型权利不行使特约与技术提供型使用许可收入 ··· 7
    3. 交叉许可的类型 ·· 8
  三、使用许可合同的课题和与合资企业的比较 ················ 9
    1. 使用许可合同和合资企业的实务使用区分 ················ 9
    2. 通过合资企业的间接性技术移转和合资人的关系 ········ 17
  四、合资企业设立后的使用许可合同 ························· 19
    1. 合资企业成果的分配 ····································· 19
    2. 品牌使用许可的特殊性 ··································· 20
    3. 技术使用许可 ··· 23
    4. 信息系统的课题 ··· 23
    5. 竞争法的课题 ··· 24
    6. 税务的课题 ··· 25

五、合资企业的法律性质论 ·················· 25

第二章　合资企业的企业形态选择 ············· 27

一、本文的主题 ·························· 28
1. 序言 ····························· 28
2. 组成合资企业的理由 ···················· 30
3. 本文的构成 ························· 31

二、法人格、税务、当事人责任、设立有关的规制 ······ 32
1. 总论 ····························· 32
2. 私法上的法人格 ······················ 33
3. 税务 ····························· 34
4. 私法上的规制特征 ····················· 34

三、内部自治的可能性·总论
——公司法第29条、第577条的解释 ············ 37
1. 问题的所在 ························· 37
2. 股份公司、持分公司 ···················· 37
3. 有限合伙 ··························· 40
4. 违反章程行为的效力 ···················· 40

四、内部自治的可能性·分论（1）
——关于合资企业运营、当事人间的权限分配的事项 ···· 41
1. 董事、业务执行人的选任和解任 ·············· 41
2. 表决权拘束协议 ······················ 46
3. 董事的辞任限制 ······················ 46
4. 否决权 ···························· 47
5. 权限分配（董事会、经营委员会等）············ 48
6. 分红、出资的返还 ····················· 52

目 录

  7. 知情权 ·· 57
  8. 业务执行人的责任 ······································ 57

五、内部自治的可能性·分论（2）
  ——股份、份额的转让、合资的消解 ················ 59
  1. 股份、份额的转让（限制） ··························· 59
  2. 新股发行、社员（合伙人）的加入 ················· 61
  3. 僵局的预防和消解 ······································ 62
  4. 合资的消解 ·· 63

六、关于任意合伙的补充 ·· 65
  1. 利用 ·· 65
  2. 法律关系 ·· 66

第三章　意向书 ··· 69

一、序言（一个裁判例的介绍） ······························ 70
  1. 意向书的概念 ··· 70
  2. 英国钢铁公司诉克利夫兰桥梁工程公司案［British Steel Corp v. Cleveland Bridge and Engineering Co. Ltd., (1984) 1 All ER 504］ ········ 71

二、法恩斯沃思的意向书理论 ·································· 76
  1. 理论框架 ·· 76
  2. 六个具体事例 ··· 79
  3. "含待定条款合意"的提案 ···························· 83

三、探讨 ··· 85
  1. 德国法 ··· 85
  2. 分论性的探讨 ··· 88
  3. 结论 ·· 95

xvii

第四章　股东间协议和章程 …… 97

一、总论 …… 98
1. 问题设定 …… 98
2. 从股东间协议进行考察 …… 99
3. 从合资企业的商业模式进行考察 …… 102
4. 从章程进行考察 …… 108

二、分论 …… 114
1. 合资企业中的争议 …… 114
2. 章程的规定词句和股东间协议的重要事项 …… 119

三、结语 …… 123

第五章　管理层收购 …… 125

一、前言 …… 126

二、根据管理层收购的结构、特征的分类及其问题点 …… 128
1. 管理层收购的结构 …… 128
2. 管理层收购按特征分为4种类型 …… 130
3. 各种类型的特殊问题点 …… 133

三、经营者、董事等进行管理层收购的动机和内在的利益冲突 …… 135
1. 进行管理层收购的动机 …… 135
2. 管理层收购中企业价值和收购溢价的分配 …… 138
3. 经营者、董事等内在的利益冲突问题 …… 141

四、美国管理层收购的法律规制和对日本的启示 …… 143
1. 美国的法律规制——从原则上禁止到程序性规制 …… 143
2. 对于日本的启示 …… 148

五、结语 …… 151

第六章　企业收并购中尽职调查和声明保证义务 ………… 153
一、前言 ………… 154
二、尽职调查发挥的作用和实务 ………… 155
　　1. 何谓尽职调查 ………… 155
　　2. 尽职调查与董事的善管注意义务 ………… 156
　　3. 未进行尽职调查的企业并购 ………… 159
三、尽职调查 ………… 161
　　1. 尽职调查的实施 ………… 161
　　2. 根据事业内容开展尽职调查 ………… 162
　　3. 尽职调查中要求的事项 ………… 164
　　4. 尽职调查的困境 ………… 165
　　5. 接受尽职调查一方的义务 ………… 167
　　6. 尽职调查报告（Report）的使用 ………… 169
四、声明保证条款和补偿责任 ………… 170
　　1. 声明保证和补偿责任 ………… 170
　　2. 声明保证与瑕疵担保责任的关系 ………… 172
　　3. "仅以卖方知道的"进行限定 ………… 174
　　4. 以重要性进行限定 ………… 174
　　5. 以第三方定向增发进行的并购与声明保证 ………… 175
　　6. 声明保证条款起草中尽职调查报告的使用 ………… 177
　　7. 卖方违反声明保证与买方的过失或者重过失 ………… 178

第七章　股份交换、股份移转、公司分立
　　　　（企业并购交易的方法） ………… 181
一、前言 ………… 182
二、股份交换、股份移转 ………… 183

1. 制度特征 …………………………………………… 183
　　2. 使用场景 …………………………………………… 184
　　3. 法律问题点——企业并购交易中赋予优先交涉权条款的有效性 …… 190

三、公司分立 ……………………………………………… 198
　　1. 制度特征 …………………………………………… 198
　　2. 使用场景 …………………………………………… 199
　　3. 法律问题点 ………………………………………… 202

四、从预防法务角度来看实务中的注意点 ………………… 208
　　1. 企业并购失败的原因 ……………………………… 208
　　2. 与利益相关人的事前协商 ………………………… 210

五、结语 …………………………………………………… 211

第八章　余股挤出合并和对价多样化 …………………… 213

一、关于合并对价的理论 ………………………………… 214
　　1. 序论 ………………………………………………… 214
　　2. 合并对价股份限定说的概括 ……………………… 215

二、美国公司法对合并对价的理解 ……………………… 218
　　1. 合并对价股份限定说的时代 ……………………… 219
　　2. 作为合并对价的长期投资性的要求 ……………… 219
　　3. 现金作为合并对价的萌芽 ………………………… 220
　　4. 简易合并程序的抬头 ……………………………… 220
　　5. 作为合并对价的现金 ……………………………… 222
　　6. 作为合并对价的财产 ……………………………… 222

三、对价多样化带来的影响 ……………………………… 223
　　1. 解决的问题 ………………………………………… 223
　　2. 可实现的新合并形态 ……………………………… 225

目录

  3. 今后预计的问题 ································ 227
 四、少数股东的挤出 ································ 230
  1. 余股挤出合并 ································ 230
  2. 关于特拉华州公司法上合并对价的变迁 ················ 230
  3. 斯特林（Sterling）判决和斯托芬（Stauffer）判决 ·········· 232
  4. 辛格（Singer）判决 ······························ 235
  5. 温伯格（Weinberger）判决 ························ 238
  6. 信息披露义务 ································ 241

第九章　企业再生和企业并购 ···························· 243
 一、前言 ·· 244
 二、用于企业再生的企业并购的方法和问题点 ·············· 245
  1. 控制股份的转让 ································ 245
  2. 第三方定向增资 ································ 245
  3. 合并 ·· 245
  4. 事业转让 ···································· 246
  5. 公司分立 ···································· 246
 三、法律整理程序和企业并购 ·························· 247
  1. 法律整理程序的活用 ···························· 247
  2. 法律整理程序的问题点 ·························· 247
 四、公司重整程序和企业并购 ·························· 248
  1. 公司重整程序的意义 ···························· 248
  2. 公司重整程序的概要 ···························· 249
  3. 公司重整程序中的企业并购架构 ···················· 251
 五、民事再生程序和M&A ······························ 256
  1. 民事再生程序的意义 ···························· 256

xxi

2. 民事再生程序的概要 …………………………………………… 257
3. 民事再生程序中的企业并购（M&A）架构 …………………… 257

六、公司重整、民事再生中的支援企业选定 ………………………… 263
1. 意义 ……………………………………………………………… 263
2. 选定方法 ………………………………………………………… 263
3. 公开招标时的选定标准 ………………………………………… 264
4. 选定时期 ………………………………………………………… 265

七、破产和事业转让 ……………………………………………………… 266
1. 意义 ……………………………………………………………… 266
2. 程序 ……………………………………………………………… 266

八、结语 …………………………………………………………………… 267

第十章 企业并购与合资企业的税务 ………………………………… 269

一、企业并购的税务 ……………………………………………………… 270
1. 股份取得 ………………………………………………………… 271
2. 资产取得 ………………………………………………………… 280

二、合资企业的税务 ……………………………………………………… 295
1. 合资企业的组织形态和税务上的区分 ………………………… 295
2. 合资企业设立时税务上的注意事项 …………………………… 297
3. 合资企业解除时税务上的注意事项 …………………………… 303

索引 ………………………………………………………………………… 305
专业术语表 ………………………………………………………………… 312
缩略语表 …………………………………………………………………… 316
执笔者一览表 ……………………………………………………………… 317

序　言

"企业商事法务丛书"II主要从公司法务相关的各种问题中选取了与企业并购（M&A）和合资企业（JV）有关的主题。在选定主题之际，我们注意了以下事项。

1.与"企业商事法务丛书"I相同，首先我们选取了商事法务中被频繁利用，但其法学理论尚不十分明确的主题。比如，使用许可合同与合资企业的连续性、意向书的法律拘束力、公司法（组织法）与合同法相冲突的股东间协议与章程、管理层收购、违反声明保证与补偿责任的关系、企业并购与合资企业的税务，这些主题都是历久弥新的问题。

2.近年来日本进行了商法修改，并于2006年5月开始施行新公司法。新公司法中有一些制度的运用尚未明确，需要从实务的角度考察这些制度适用于何种情形。因此，我们选取了合资企业的企业形态（包括共同公司）选择、企业并购的方法、余股挤出合并和对价多样化等主题。

3.自日本经济泡沫破裂以来，连续发生的大型企业破产、重整事件暂时告一段落。对此进行总结，我们选取了与企业再生中的企业并购特殊性这一主题。

在确定好选题之后，我们拜托各领域精锐的研究者和实务专家进行执笔。在编辑时，执笔人之间并未进行意见交换。如果有欠缺统一性的地方，这是我们编辑人的责任。

　　作为本书的编辑人，我们很早就希望有这样一本书来满足实务从业者的需求，同时也能满足研究人员对实务问题进行探讨的好奇心。如果本书能够实现这两个目的，应当归功于在工作繁忙之际为我们提供论文的各位执笔人。在此，对他们深表感谢。

中野通明　宍户善一

2006年10月

第一章　使用许可合同与合资企业的连续性

梅谷真人

合资企业（JV）的本质是，通过法人的社团性程序，形成事业运营所需的合意，履行合资人之间的共同事业合同，以实现事业目的的过程。在第一章中，将分析作为技术合作手段的使用许可合同的法律性质、类型和课题。如果使用许可合同的当事人从合资人转换为合资企业的，提供共同事业所必需的"人的资本"的合资人需要从合资企业获得的成果分配，与此相关，使用许可合同的相关问题也会发生变化。本文对此进行考察，为剖析合资企业的本质提供一个视角。

一、前言

1. 合资企业的经济功能和法律性质

合资企业（以下将出资合资企业的法人称"合资人"）的本质是，通过合资企业这一独立法人的社团性程序，形成事业运营所需的合意，履行合资人之间的共同事业合同，以实现事业目的的过程。合资企业的经济功能是为实施共同事业的实体（Vehicle），合资企业的法律性质是合资人之间以及合资人与合资企业之间的权利义务的集合所组成的复合性合同，同时受到与公司有关强行性法规的规制。这一认识意味着需要从横跨公司法、竞争法、租税法和合同法的领域来发现适用于合资企业的规则，并对其进行解释。

合资人B引进合资人A持有的技术，双方进行技术合作时，合资人A并不是基于使用许可合同对合资人B直接提供技术，作为法律形式，即便选择有法人格的合资企业，这不会改变商业所必需的技术合作的本质，仅仅是使用许可合同的当事人（或者人的资本的出资方）从合资人B转换为合资企业。使用许可合同与合资企业并非排他性的替代手段，关于使用许可合同技术的实施样态和当事人之间的协作或紧张关系，应当考虑的问题是：对使用许可合同的当事人通过直接的合同义务进行管理，还是使用合资公司这一法律形式进行间接管理。即便选择了合资企业这一资本合作的方式，作为将知识产权这一人的资本向共同事业出资的手段，也依然需要使用许可合同或者实物出资等。

企业从第三方引进技术参与新事业时，作为在多数企业间实现共同关系的手段，有基于使用许可合同引进技术的方法和设立合资企业的方法。本文对这两者进行比较分析，并从实务的角度，探讨与合资企业法律性质有关的内容。

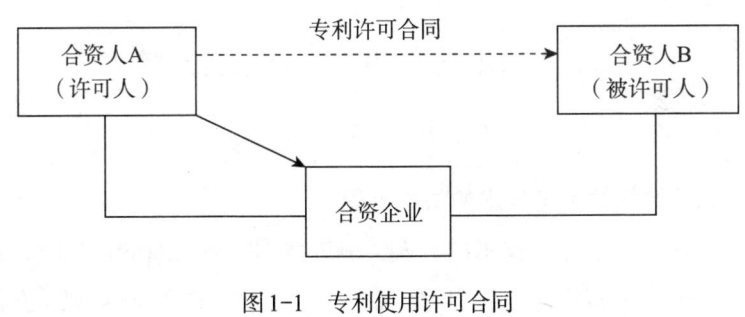

图1-1 专利使用许可合同

2.合资企业的类型——本文的对象

共同事业的法律形式有多种选择，关于合资企业的定义也是多种多样的。本文中，将合资企业定义为："两家以上的法人为共同经营一定的事业，共同出资物的资本和人的资本，作为独立于出资人的、有法人格的事业组织而设立的公司"，并以此作为讨论的对象。因此，第一，这是合资人共同控制合资企业经营的事业形态，故不包括经营委托、代理合同等。第二，这是合资人提供事业活动所需的物的资本和人的资本的共同事业，故不包括向作为财务资金运用对象的风险投资（特定目的公司和投资事业有限责任合伙）进行投资，以及因为营业上的往来出资而持有下游产业相关股份的情况①。第三，这是独立于出资人的、有法人格的公司，故不包括合伙企业、合伙（民法上的任意合伙以及有限责任事业合伙）、商法上的隐名合伙（参见商法第535条以下）等手段进行的业务合作，以及其他不采用法人形态的以合同进行的共同事业②。

二、以使用许可合同引进技术

1. 可选择的引进技术的法律手段

企业从第三方（技术拥有人）引进技术、参与新的市场时，要生产、销售实施该技术发明的产品，存在多种手段。从基础研发到销售的价值链上，无论哪个阶段都有合作的可能性，为达到经济目的，可以从能选择的多个法律手段中选择最合适的组合。例如，如果准备在某专利权技术领域进行专利产品的生产和销售的，可以选择的方法有：①由技术拥有人生产专利产品，并持续供货的方法（生产委托合同）；②签订共同研究开发和开发委托合同，自行生产

---

① 参见：宍戸善一「動機付けの仕組みとしての企業（4）」成蹊法学56号（2003年）。"物的资本"是指金钱和有形资产的物。"人的资本"是指合资人拥有的与交易对象的合同关系（营业权以及商誉）、知识产权、专有技术（know how）、其他的无形资产以及合资人可向合资企业提供的"信息"和"劳务"（即便是共同公司，也未承认劳务出资，参见公司法第576条）。基于使用许可合同被许可实施权的专利发明和商标等商业上的信用，也属于一种人的资本。出资以金钱及其他财产进行，"物的资本"的范围中包括公司法上的实物出资（参见公司法第28条），但知识产权、专有技术和劳务出资在本文中属于"人的资本"。

② 相当于井原宏『国際事業提携』（商事法務研究会、2001年）第2章第27页以下整理出的"公司型合资企业"。

或者委托第三方生产其成果的方法；③签订专利专有技术使用许可合同，自行开发的方法③；④租赁一方当事人的工厂，签订费用分担合同，进行生产工程业务合作的方法；⑤设立合资企业，将该技术作为人的资本出资给合资企业的方法等。

在选择合作手段之际，重要的是比较一下：使用合资企业才有的法律效果和经济效用与不使用合资企业的经济效用。因此，本文先分析使用许可合同的概要。

2. 不战条约型权利不行使特约与技术提供型使用许可收入

技术使用许可合同，尤其是专利发明的实施权许可权的主要债务是，许可人（专利权人）的权利不行使特约这一不作为义务，以及被许可人的对价（使用许可费）支付义务④。对于既有事业的抵触问题解决（争议决议、一种不战条约）或者本公司可开发的技术而言，当与第三方的专利权相抵触的事实构成了参与市场的障碍时，签订权利不行使特约（No-Assertion）就有比较重要的意义。另外，合资企业中也有不战条约型的合资公司。

在许可人积极地提供技术，获得使用许可收入（Opportunity License）的情形下，许可人的主要债务也是权利不行使特约。

以开拓新事业为目的，引进技术的专利专有技术使用许可合同的情形，就被许可人未拥有的技术，为提高开发的技术可行性，减轻新开发伴随的风险负担，缩短从开发开始至市场参与的时机的周

---

③　对于外国商业经验较少的企业而言，与当地的优良企业签订使用许可合同的话，可以更早地参与外国市场，这与设立当地法人相比，风险有时更低。参见：ジームス・H・プレントン「企业のための法律ガイド」http://www.svjen.org/articles/law/。

④　参见：中山信弘『工业所有権法（上）特許法』（弘文堂第2版、1998年）443页。

期，从市场上技术领先的企业引进技术，从实施行为中获得利益是经济上的目的[5]。此时，为担保技术提供的实效性，技术信息的积极披露和劳务（技术指导、咨询等）的提供合同就成为了使用许可合同的本质。

3.交叉许可的类型

相互许可实施权的合同（交叉许可合同）中，根据其经济功能的不同，可以分为以下几种类型。

第一种类型是，对于在特定领域技术上有用性高，且权利范围广的专利，其拥有企业将该专利权许可给第三方。同时，作为回报，以交叉许可的方式，取得第三方拥有的专利发明的实施权。这种交叉许可合同的作用是，以某一领域的技术来取得多个领域的技术开发成果，相互补充不足的技术资源。这是作为技术合作和事业合作的工具来使用专利权，但事业主体是各企业，与一个共同事业的合资企业在性质上有所不同。

第二种类型是，类似领域的技术开发同时并进的行业中，事实上在开发新产品时不可能不与事业竞争者的专利权相抵触的情形下，可以签订不战条约型的交叉许可合同，约定若与对方的专利权抵触时相互不行使权利[6]。此时，从专利权人引进技术并非目的，即

---

[5] 被许可人考虑到独自开发替代技术的风险与机会，进行独自开发或者使用其他技术也有事业性的情形下，使用许可合同不是不可或缺的。左右谈判时的交涉力量的，最终还是需求和供给。

[6] 参见：竹田和彦『特許の知識』（ダイヤモンド社、第7版、2004年）458頁。例如，电力行业的大型企业之间会签订概况性的交叉许可。另外，作为概况性交叉许可的发展形态可以设置"专利池"，并设立合资企业来管理专利池中的专利。参见：ジョン・R・インジ「特許のクロスライセンス制度」http://www.svjen.org/blog/archives/2005/05/24/154719.html。关于技术战略和国际事业合作，参见：井原・前揭書（注2）89頁以下。

便独自开发的技术在结果上与第三方的专利相抵触,也可通过概括性的交叉许可,不指定具体的专利权,而是允许实施一定技术领域中对方的专利权。该类型不存在技术合作和事业合作这样的关系。

第三种类型是,作为企业收购防御措施使用的交叉许可合同。签订交叉许可合同的企业,相互可以实施专利发明,若被第三方收购时(Change of Control),合同终止,通过资本约束条款让收购人不能实施专利权,以此来降低敌意并购的吸引力[7]。

三、使用许可合同的课题和与合资企业的比较[8]

1. 使用许可合同和合资企业的实务使用区分

a. 关于事业实行资源的课题

即便通过使用许可合同中的权利不行使特约,使得合法使用技术信息成为了可能,但并不意味着实施新事业所需的全部经营资源都已具备。例如,试验品完成之前的应用设计技术、量产专有技

---

[7] 参见:朝日新闻2005年12月9日早报(第13面)。刊登了钢铁公司的收购防御措施和业务合作。此外,这种方法在合资企业设立后的使用许可合同中也可以使用,作为防止合资人变动的手段。

[8] 参见:Ian Hewitt. (1997). *Joint Ventures*, Sweet & Maxwell, 265-288. 另外,关于使用许可合同整体的分析有:石田正泰監修・発明協会編『ライセンス契約実務ハンドブック』(発明協会、2000年)、並川啓志『技術者のためのライセンスと共同研究の留意点』(発明協会、第3版、2004年)等。

术、设备、模具、夹具以及开拓新市场的营销能力等，这些都无法从权利不行使特约（不作为义务）中获得[9]。基于使用许可合同可以使用的技术的客观范围，原则上是作为合同标的确定的技术信息（特定的专利权）。

使用许可合同的情形下，对于对象技术的专利权的法律有效性[10]和该专利发明实施结果的经济有用性的保证其实是有界限的。如果被使用许可的技术属于原始性的实施不能或者质量、性能层面不完整，导致无法用于事业时，就会产生被许可人能够获得的可强制执行的救济手段是什么的问题[11]。仅凭基于使用许可合同实施的技术，事业很难会成功，也有失败的责任在于被许可人的事业执行能力（商品开发力、销售力等）的情形。

---

[9] 关于生产、销售专利产品获得收益中的贡献度，不存在统一的标准。但有观点认为注册资本（金）、组织（技术以外的资源）、劳动（企业努力）、技术（专利权）的贡献度各占25%；也有观点认为，可以参考专利侵害诉讼中关于损害赔偿的一般的许可费认定金额（专利法第102条第2款）的判例情况。

[10] 参见：石村智「実施契約」牧野利秋＝飯村敏明編『新・裁判実務大系 知的財産関係訴訟法』（青林書院、2001年）361頁以下、東京地判1982年11月29日判時1070号94頁（食品包装容器事件）、吉原省三「無効審決が確定した場合の支払済実施料等の返還の要否」山上和則先生還暦記念論文集刊行会編『判例ライセンス法』（発明協会、2000年）21頁。

[11] 接受实施许可的专利发明却实施不能的事例，被法院认为是错误无效、不当得利返还请求的有：東京高判1978年4月26日判例工業所有權法2189の15頁；关于专有技术提供义务的不完全履行的有：東京地判1996年9月27日判時1611号84頁；以专有技术的瑕疵（欠缺技术性的实施可能性）为理由解除实施权许可合同的有：神戸地判1985年9月25日判夕575号52頁。关于技术援助义务的有：東京地判1977年2月16日判夕353号260頁・1973（ワ）10175损害赔偿请求事件。参见：北川俊光「通常実施権・ノウハウ技術指導契約におけるライセンサーの技術援助義務」山上還暦・前掲書（注10）155頁。

如果是合资企业，既然合资人要回收对合资企业的出资，这与使用许可合同相比，要求合资人忠诚度较高。作为共同事业成功的激励，对双方合资人而言要进行有利的、持续性的、累积的技术贡献，能够实现经济上的有用性。合资企业的优点是合资人可以相互补充实施能力，获得协同效应。在合资企业中，先列出为达成事业目的所必需的资源，然后在共同事业合同或者技术援助合同中规定由哪一方的当事人来出资物的资本、人的资本。

知识产权本身的价值在于通过人工的稀缺价值和排他性权利的行使来保障获得垄断利润的机会。但是，知识产权仅凭权利本身不会产生价值。实施知识产权获得的"事业收益（获得使用许可费也是其中的一种）"是有经济价值的[12]。作为使用公司经营事业的方法，合资企业不仅可以利用权利和特定的技术信息，还可以实施专利发明来经营"事业"，由多个企业来构建共同关系，并分配事业收益的果实。

b.关于学习效果和市场上竞争者增加的课题

知识产权使用许可合同在经济上的副作用是会增加市场上潜在的竞争事业者。实施共通技术的人是市场上显在或潜在竞争者，许可人（权利人）与被许可人之间既有共同关系，也有利害对立关系。通过使用合资企业的方法，可以让许可人担心的与潜在竞争者之间的敌对关系转化为共同关系（通过合资企业合资人也可以自行扩大市场）；对于被许可人而言，也可以促使许可人积极地提供技术。

---

[12] 参见：铃木公明『知的財産の価値評価』（IMS出版、2003年）、渡辺俊輔著『知的財産戦略・評価・会計』（東洋経済新報社、2002年）。"无形资产的价值是由使用其在将来产生的预想超过收益的金额来决定的。"参见：駒宮史博「無形資産取引に係る移転価格課税上の問題について」税研72号（1997年）31頁。

使用许可合同的情形下，学习到许可人知识的被许可人如果成功地开发了替代性技术，就有背叛的危险[13]。信息在本质上是很难避免模仿的，一旦知识被获得了，是无法取回来的。因此，许可人一般会对被许可人使用技术进行客观、主观和时间上的限制，附加禁止向第三方披露的不作为义务，以确保技术的控制权。合资企业的情形下，在设立谈判阶段就学习效果目的协商一致时，合资人可以对合资企业运营过程中专有技术的获得，能否在合资人单独事业中使用以及使用条件进行商定。另一方面，如果合资人对从合资企业中获得学习效果并用于自己事业进行限制的，许可人一方的合资人有必要排除对方合资人参与合资企业，在设计治理结构时需要赋予合资企业一定的自治权。

许可人是知识产权的出资人，对于其而言重要的是技术控制，应当确定提供技术的范围（该技术的客观范围、可实施该技术的产权和事业的范围、地理范围、人的范围和时间界限）。此外，如果被许可人对提供的技术进行独自开发，但没有清晰的识别手段时，则会难以确定发明人，因技术混同（Contamination：技术相关权利归属不能识别的状态）导致无法管理自己的知识产权，可能会引起技术资产流向被许可人[14]。

---

[13] *Intellectual Property: Licensing and Joint Venture Profit Strategies* / Gordon V. Smith, Russell L. Parr, New York: J. Wiley, c1993 LCSH: Joint ventures–United States, 359-391.

[14] 参见：井原・前揭書（注2）137頁以下。该书中介绍了Apple Computer, Inc. v. Microsoft Corp. and Hewlett-Packard, 799 F. Supp. 1006 (N. D. Cal. 1992)一案，指出在正式的事业合作前进行的非正式信息交换会导致技术混同问题和见风使舵的行动。在使用许可合同中，也会围绕技术改良和类似技术的独自开发产生问题。

第一章 使用许可合同与合资企业的连续性

当具体技术层面的事实难以认定时，对被许可人的事业活动层面施加约束条件也是一个选项，但直接限制被许可人的竞争合意有违反反垄断法的嫌疑[15]。因此，在共同事业合同和章程中划定合资企业事业活动的范围，让合资企业成为一个隔音室，防止他方合资人开发替代技术并流传到竞争对手，也是一种有力的手段[16]。作为制约对方合资人（包括对方合资人一方向合资企业派出的人员）的学习效果的其他手段，还可以将基干技术黑匣化（Black Box）后提供给合资企业。另一方面，从被许可人的角度来看，对许可人而言，可以将专有技术积极地教给自己持有股权的子公司，与单纯地签订使用许可合同相比，合资企业更有提升学习效果的空间[17]。

使用许可合同的重要课题是，如何防止以他人意思增加潜在的竞争者（使用许可合同中的实施权人的范围）。对许可人而言，主要问题是如何管理直接合同当事人被许可人以外的人，具体而言是

---

[15] 设立合资企业的情形下，合资人向合资企业进行事业转让的，有时会基于共同事业合同对合资人施加竞业禁止义务（公司法第21—24条）。参见：日本公平交易委员会《关于专利、专有技术使用许可合同的反垄断法上的指南》（1999年7月30日）http://www.jftc.admix.go.jp/guidline/tokyo.pdf. 此外，还可参见：東京高判1978年5月25日判夕368号241頁（洋鬘事件）、栗原良扶「ノウハウの提供及び技術指導監督のもとに製造した製品を第三者に売り渡さない特約の信義則による制限」山上還暦・前掲書（注10）435頁。

[16] 技术引进型合资企业中，与将合资人持有的专利组成专利池的合同类似，可以获得同样的经济效果。

[17] 和田哲夫＝吉水正義「累積イノベーションにおける技術専有と特許クロスライセンス」（科学技術庁科学技術政策研究所分析課、1999年、http://www.nistep.go.jp/achiev/ftx/jpn/dis010j/pdf/dp10j.pdf）14頁中介绍了"通过资本关系结成同盟的，多会发生知识移转"这一Mowery, Oxley and Silverman 的观点。

指生产委托对象和再实施权人[18]。将实施权人集中于合资企业，合资人可以通过经营合资企业来间接地管理该问题，但需要防止因合资企业的股份或股权转让而产生的合资人更替，对合资人持有股份和股权的转让进行限制[19]。

另外，合资企业中还存在如下问题：合资人及其关联公司可以在哪些范围实施技术，合资企业终止后合资人能否实施归属于合资企业的技术等。这些问题关系到合资人对于学习效果利用的可能性，具体而言是指在共同事业合同的事业领域中合资人是否负有与合资企业之间的竞业禁止义务等经营相关课题。

c. 被许可人进行改良发明的课题

改良被使用许可技术形成的发明的归属问题与许多经营课题有关，如：将来的开发自由度、独占性利益、谁来获得市场先行利益、与潜在竞争者之间如何设计技术合作（改良发明技术的丰富化）等。使用许可合同中，关于改良技术的归属和实施的规定经常

---

[18] 参见：最判1969年10月17日民集23卷10号1777页・1966（オ）1360外观设计权侵害排除、损害赔偿请求事件；最判1998年10月28日判时1206号4页・1995（オ）2311损害赔偿上诉事件；芦田幸子「共有特許権者からの下請企業の実施と権利侵害」山上還暦・前揭书（注10）639页。这是关于技术信息管理和潜在竞争者范围的问题。关于被许可生产委托（分包/Have-made）和被禁止再实施许可（Sub-license）可参见：E.I. du Pont de Numours & Co., Inc. v. Shell Oil Co., 227 USPQ 223 (Del. 1985)；关于共有人自己实施的范围和分包的要件可参见：仙台高秋田支判1973年12月19日判时753号28页。

[19] 参见：名古屋高判1997年10月30日判夕980号261页（共同企业体的成员有实施权时，以发挥主导性作用等为理由允许实施的案例）。

成为争议焦点[20]。如果是合资企业，可以选择组成合资企业的方法，从而避免改良发明所生权利的归属争议。另外，合资企业中还可以通过与合资人之间分担开发，避免对同一或者类似技术领域的重复投资，提高研究开发投资的效率[21]。不过，为了让对方合资人能够持续地提供资源，需要给与对方合资人激励。另外，若要说缺点的话，合资企业退出时存在知识产权的处分问题。

从许可人的角度来看，为了持续取得使用许可技术的发展成果，也有使用合资企业的。公司原则上是永续的，所以可以在该技术领域产生永续的收获。具体而言，通过签订以下合同，许可人（合资人）可以利用合资企业进行相关发明和改良发明。许可人为改良发明的专利权人的合同被称为"回流（flow back）"或者"分配回（assign back）"。这一类型又可分为以下两种方式：一是获得改良技术有关的专利的权利全部转让给许可人；二是获得改良技术有关的专利的权利或专利权的份额转让给许可人，并与合资企业共有。合资企业成为专利权人，但对许可人许可实施权的合同被称为"回授（grant back）"。这一类型又可分为以下几种方式：一是向许可人赋予改良技术的独占性使用许可，合资企业自己不能实施；二是赋予独占性使用许可，但保留自己的实施权；三是赋予非独占性

---

[20] 参见：前注15公平交易委员会本文第15页以下。另外可参见：石田正泰「知的財産権ライセンス契約の実務（4）」発明90巻10号（1993年）101頁、106頁、山本康孝「Q&A特許ライセンスと独占禁止法」別冊NBL59号（2000年）202頁以下。关于改良发明可参见：木村耕太郎『特許訴訟に勝つ方法』（中央経済社，2003年）16—17頁、中山・前掲書（注4）444頁および脚注（1）—（6）掲載の文献、石田・前掲書（注8）68—70頁。

[21] 为计划性地开发改良技术，在多个事业人之间分担研究开发领域，共同承担开发费用，也可以选择签订费用分担合同（一种技术合作合同）。

的实施许可。另外，还有要求合资企业承担改良技术的通知义务，保留许可人接受回授的预约完结权的合同。关于改良技术的收回，因为可能构成反垄断法上不公平交易方法的一般指定第13款（附约束条件的交易），有必要引起注意。

d. 监督的课题

许可人一方如果担心被许可人背叛（违反不作为义务），就会操心监督（实际业务报告和监查权）。另一方面，被许可人一方也会监督技术提供（信息和劳务等人的资源的出资）义务的履行情况，因为不保证被许可技术的实施成果，所以会有一定的不信任感[22]。设立合资企业的，通过合资企业的经营权可以监督合资人的行为[23]。关于专利、专有技术，有时难以判断是否充分提供了被许可人事业所必需的技术。专有技术从性质上看在披露前很难摸清全貌，也很难获得对方债务不履行（不完全履行）的事实证据。如果是合资企业，则可以测算实施结果的产品性能、品质以及事业的成功与否。

e. 破产隔离

使用许可合同会由于合同解除和许可人的破产等原因，产生技术难以继续实施的危险[24]。如果是合资企业，在归属于合资企业的权

---

[22] 参见：東京地判1977年2月16日判夕353号260頁・1973（ワ）10175损害赔偿请求事件、北川・前揭論文（注11）155頁。

[23] 合资人之间在共同事业合同里达成合意的事项中，关于公司法规定的事项，按照公司法的强制性规范来确定事业运营程序后，规定在章程（参见公司法第26—31条）这一协定中。

[24] 参见：大阪地判1979年10月16日1979年特許管理別冊判例集II673頁、大場正成「ライセンス契約の更新拒絶の適否」山上還暦・前揭書（注10）83頁。关于破产隔离（Bankruptcy Remote）的课题，参见：小宮義則「ライセンス契約の保護に関する現状と問題点」NBL787号（2004年）6頁、知的財産研究所編『知的財産ライセンス契約の保護——ライセンサーの破産の場合を中心に』（雄松堂出版、2004年）等。

利范围内，保障稳定实施技术的法律手段的选项会很多。

　　f. 与竞争企业的关系

　　知识产权是一种使用时无需占有，多数人可同时使用无形信息的权利。通常而言，实施权人对于无权源的第三方的实施没有停止请求权和损害赔偿请求权㉕。因此，一般许可实施权的合同和专有技术的使用许可合同中，对于被许可人而言，缺乏针对竞争企业的进攻选项。这点与是否设立合资企业没有直接关系，只要向合资企业转让知识产权或者不设定专用的实施权，合资人与合资企业之间签订的使用许可合同是非独占的一般实施权的情况下是相同的。

2. 通过合资企业的间接性技术移转和合资人的关系

　　目标是新事业的技术合作中，合资人不是基于使用许可合同向他方合资人提供技术，即使作为法律形式选择有法人格的合资企业，只要合资人不将自己的知识产权作为实物出资转让给合资企业㉖，在商业上认为是必要的技术提供的本质不会发生改变，仅仅意

　　㉕　认定通常实施权的本质是不作为请求权的判例有：大阪地判1984年4月26日無体裁集16卷1号271頁等。还可参见：中山・前掲書（注4）444頁以下。关于独占性一般实施权人的损害赔偿请求权，有：大阪高判1986年6月20日無体裁集18卷2号210頁，ジュリスト974号99頁。关于专利权人的侵害排除义务可参见：大阪地判1964年12月26日下民集15卷12号3121頁（承认辅助参加的事例）、最判1973年4月20日民集27卷3号580頁［否定专利权人的一般实施权（不作为请求权）的登录义务的事例］、大阪地判1984年12月20日判時1138号137頁（完全独占性一般实施权人的请求权、梳子事件）等。

　　㉖　在合资人不将目标事业从本公司转让给合资企业的情形下，预计合资人会保留知识产权选择使用许可合同。要么是以知识产权作为实物出资来获得分红收益等"股权利益"，要么是获得"股权比例交易利益"，或者是获得使用许可知识产权后的使用许可费的持续收入（不以股权为比例的"交易利益"），这是涉及战略决定的课题。

味着把使用许可合同的当事人从合资人变为了合资企业。

作为法律形式选择合资企业的,合资企业的经营者由合资人的派出者或者提名者担任,这就将使用许可合同的履行程序转化为通过合资企业这一社团的合资人间的共同事业合同(包括相关附带的使用许可合同等)的履行程序[27]。此外,随着合资人间合作范围的扩大,会从技术和保护该技术的知识产权层面的技术合作发展为实施该技术经营事业层面的合作,此时仅凭单纯地使用许可合同会存在合同签订时预测困难和管理困难的研究开发成果,因此合资人通过合资企业的治理结构来进行管理。所以,对于合资人而言,使用许可合同的风险较大的情形,利用合资企业内部组织的治理结构是有优点的[28]。另一方面,合资企业需要组织运营成本,与单纯地使用许可合同相比,事业撤退的门槛相对较高,这是其缺点。

许可人作为运营合资人持有合资企业的控制权和日常经营权时,对于合资人而言,许可人对合资企业的使用许可合同作为控制合资企业的一种手段,类似于子公司和连锁加盟的运营,通常会有人的资本的出资。关于合资人出资人的资本的手段,如果是使用许可合同,技术支援以劳务合同来提供;如果是合资企业,除派出、调动外,合资人还可以自己提供劳务和信息披露的支持。

与此相反,许可人作为沉默合资人不参与合资企业的日常经营时,与无资本关系的第三方之间的使用许可合同相同,作为实施结果的事业收益依赖于被许可人的实施能力和经营能力,这与一般权利的许可合同类似。对于被许可人一方的合资人而言,合资企业作

---

[27] 不过,其谈判过程从双方当事人之间的谈判转变为包括合资企业(获得自治权的盈利中心)在内的三方当事人之间的谈判。

[28] 参见:和田=吉水·前揭论文(注17)12页。

为独立的法人成为类似总代理店的存在，同时也是限制自行学习效果的隔音室，让潜在的竞争者作为对方合资人监督的对象[29]。

另外，合资企业作为盈利中心被合资人赋予了一定的裁量权（经营权），按照独自的经营判断来运营的领域扩大，所以对合资人而言，为了将合资企业持续置于合资人的管理之下，除按照共同事业合同进行规制外，按照使用许可合同进行规制也具有重要的意义。

四、合资企业设立后的使用许可合同

1.合资企业成果的分配

对各合资人而言，相比较于单独事业，合资企业经济目的的本质内容是实现可获得有益经济利益（因协同效应或整合产生的超额利润）的事业形态，并将"股权利益"、"交易利益"、"反射性利益"这三种利益的总和最大化[30]。股权利益是指各合资人根据出资份额的比例获得合资企业之企业价值的利益，有利润分配请求权、股份转让收益（包括股份回购请求权）、剩余财产分配请求权等。交易利益是指合资企业与合资人之间通过约定的交易直接实现的利益

---

[29] 合资企业是一方合资人的代理人性质的情形，是与双方当事人之间的使用许可合同相似的构造。

[30] 使用许可合同与合资企业相比，在指导理念、利益分配的方法、监督手段等方面有所不同。各合资人采取合理行动时，与不存在资本合作关系的第三方的独立当事人间交易相比，需要分析对于合资人而言，通过设立合资企业进行事业整合来获得更多利益的条件是什么。

（Return on guaranteed trade），即合资企业转移到合资人的利益，包括物品交易的转移价格、知识产权（专利、专有技术、商标等）的使用许可合同的许可费、合资人对合资企业提供劳务的业务委托合同中的劳务费等。反射性利益是通过共同事业可获得的一种超额利润，不通过合资企业进行分配而直接归属于合资人的利益。一方合资人产生该利益后，对方合资人没有利润分配请求权，该利益也不是对方合资人的监督对象，是从合资企业的协同效应中产生的利益，包括学习效果、合作带来的品牌价值增加、共同功能集约带来的成本削减效果等。使用许可合同中约定，一方合资人按照合资企业销售额的比例提取许可费的，涉及交易利益的分配；一方合资人向合资企业使用许可的，会影响其他合资人的"控制分配"和"成果分配"。对其他合资人而言，是否属于独立当事人之间的适当交易（Arm's Length）是极为重要的课题。

合资人以出资或转让必要资源给合资企业的方法进行确定的、永续的出资（如专利权的转让、实物出资）的，设立时股权份额虽会增加，但将获得"股权利益"的机会转移到了对方。合资人自己继续持有该资源，另行以合同形式提供给合资企业（如专利使用许可合同）的，如获得比独立当事人之间交易价格更有利的条件时，可以继续独占交易利益。

2. 品牌使用许可的特殊性

以技术引进为目的的合资企业中，合资人（许可人）多向合资企业（被许可人）进行知识产权的实物出资或者使用许可。其中，股权利益和交易利益分配的重要问题是选择一次性的、永久性出资的实物出资或专利、专有技术的转让，还是选择持续性出资的（存在许可费收入的永久性）使用许可合同。

第一章　使用许可合同与合资企业的连续性

　　值得注意的是，标识保护法领域的品牌使用许可与创作保护法领域的技术使用许可在性质上有所不同。关于公司品牌（商号使用权、商标使用权）的使用许可，许可人与被许可人在同一"品牌"下共有对外的"信用"，作为关联公司构成一个事业集团[31]。根据通常的商业习惯，公司不会向无资本关系的第三方许可使用与本公司同一的商号，为了实现以同一企业集团共有商业信用的关系，进行出资是前提，所以想要获得品牌使用许可的，通常会选择合资企业这样的资本合作关系。

　　在品牌使用许可中，有①公司品牌使用费、②产品品牌使用费、③品牌管理费（广告宣传费、手续费用）。对许可人而言关心的是反射性利益或者不利事项（许可人的品牌价值变化）；在合同当事人之间，谈判的重点是许可费的计算方法和合同解除时禁止使用品牌。

　　商号是信用标识[32]，是在营业活动中表示商人（企业主体）的名称，也是反不正当竞争法第2条第1款第1项保护的一种知识产权[33]。合资人向合资企业使用许可商号（公司品牌）是指，持有并独

---

[31]　商号（参见公司法第6—9条）是公司名称，但同时也有表示该公司提供商品和服务的出处功能。

[32]　最判1968年6月13日民集22卷6号1171页。

[33]　参见：相澤英孝＝西村ときわ法律事务所编著『知的財産法概説』（弘文堂、2005年）321—323页。关于以不正当竞争目的使用商号，围绕反不正当竞争法争议的判例可参见：小野昌延先生還暦記念論文集刊行会编『判例不正競業法』（発明協会、1994年）495—576页、小野昌延『不正競争防止法概説』（有斐閣、1994年）142页。此外，2006年施行的公司法上，删除了旧商法第20条，基于商号使用权和商号专用权使用同一或者类似商号的人，对其行使停止请求权等制度统一由反不正当竞争法来规定。还可参见公司法第7条和第8条、商法第11—18条。

占使用品牌（法人的名称）的合资人向合资企业许可其使用，提供已确立的顾客吸引力的使用价值，获得对价。

商标（产品品牌）的使用许可是指，将商品的出处与特定商人（企业）的关系表示出来的标识，许可在指定商品、服务上使用注册商标的权利（商标法第2条第3款）[34]。

交易类型（Trade-dress / style）是指，为垂直整合流通过程而设立的合资企业中，通过连锁加盟合同等统一化、规格化的店铺设计、装饰、色彩等，与公司身份有关的广义标识。既是一种营业专有技术，也是类似于商标的商品等标识，例如，加油站、便利店、星巴克咖啡店等，不仅是公司名称（公司品牌）和商品名称（产品品牌），还有店铺的色调和小道具的设计等进行全面的统一，明确表示商品和服务的出处。

18 通过合资人向合资企业的品牌使用许可合同，合资企业可以得到的优点有：使用著名品牌获得价格优势和稳定的客户，对于信任品牌的需求者可以降低新事业领域准入障碍[35]。另一方面，对于进行使用许可的合资人而言，合资人可以要求合资企业承担为维持管理品牌价值在业务上所需的成本（品牌管理费），通过合资企业的事业努力来提升自己持有品牌的价值[36]。

---

[34] 除商标法的保护外，还有基于反不正当竞争法第2条第1款第1项（禁止误认混同）和第2项（保护著名标识）的保护。

[35] 参见：经济产业省企业法制研究会《品牌价值评估研究会报告书》（2002年6月24日）http://www.meti.go.jp/report/data/g20624aj.html。

[36] 考虑到合资企业的活动领域，合资人为提升品牌价值而努力的激励（做大面包时利益是协调的，但分配面包时利益是冲突的），也需要评估合资企业的营业活动和广告宣传活动，反映至许可费的计算中。

3. 技术使用许可

技术使用许可的对象有专利专有技术、营业秘密、人的资源（派出人员）等，合资人是否需要向合资企业进行技术使用许可，涉及合资人在共同事业合同中如何设计合资企业的功能。即便是合资人向合资企业进行技术使用许可的，也会产生与独立当事人之间使用许可合同相同的课题。许可人一方的合资人与被许可人一方的合资企业之间签订的使用许可合同中应规定：提供（追加投资）合资企业事业履行所必需的经营资源的结构，对侵害知识产权的第三方的妨害排除请求权的归属及实现方法，合资企业进行的新发明和改良发明的归属及实施，合资人之间关于交易利益分配的许可费，合资人监督合资企业和其他合资人行为的方法等，并就其内容与其他合资人达成合意。

合资人之间的主要争议点之一是交易利益的分配问题，合资人向合资企业进行技术使用许可的对价——许可费的计算标准[37]。因此，知识产权的价值评估，在设立阶段进行知识产权的实物出资时，是与股权的评估、股权利益的分配直接相关的。在合资企业的运营过程中，知识产权的价值会随着时间发生变动，（非许可人一方的）对方合资人应当确保定期进行评估再谈判的机会，避免合资企业就已经陈旧的技术持续支付不必要对价的危险。

4. 信息系统的课题

合资企业在日常业务运营中使用的"信息系统"的选定，对于合资人而言是重要的经营课题，必须事先确定会计账簿的制作格式

---

[37] 参见：渡辺・前揭書（注12）、鈴木・前揭書（注12）、酒井隆行「商業銀行の知的財産権関連ファイナンスへの取組み」NBL789号（2004年）64頁、藤瀬裕司「知的財産権を対象とする流動化取引の展望」NBL786号（2004年）6頁等。

和信息系统的详细格式书。合资人可以让合资企业使用与本公司的信息系统相同或者有实质互换性的信息系统；如果能够进入合资企业的信息系统，可以实现合资企业的事业与合资人的部分事业（与合资企业有交易关系的事业）的专有技术共享（另一方面，也会发生信息的混同），达到事实上的部分经营整合，也可以保障监督手段的实效性[38]。

5. 竞争法的课题

无论是采用使用许可合同这种技术合作的方式，还是采用合资企业这种企业结合的方式，都会产生市场分割效果和促进竞争效果，会涉及反垄断法上的问题。仅凭使用许可合同无法控制与对象技术有关的"事业活动"。技术的垄断不意味着市场的垄断。在使用许可合同中，如果对许可产品的销售进行限制的话，则有违反反垄断法的嫌疑[39]。使用许可合同与合资企业是以不同的法律结构实现类似经济效果的手段，所以虽然合资企业也会受到反垄断法的规制，但对于母子公司之间有反垄断法上的适用除外规定，这就为直接控制事业留下了空间。合资人通过合资企业的组织运营分配经营控制权，控制实施对象技术的事业活动，可以从合资企业获得该技术成果的许可费以外的交易利益和股权利益[40]。

---

[38] 是将信息系统与一方当事人的信息系统进行对接，还是进行新的开发，这是巨额的设备投资和经营战略的重要课题。

[39] 参见：前注15公平交易委员会指南，栗原·前揭论文（注15）435页。

[40] 合资企业与竞争法有关的文献有：Joseph F. Brodley. (1982 May). Joint Ventures and Antitrust Policy. *Harvard Law Review*, 1982 May, 1521-1588. 虽然有点旧了，但整理了主要的课题。最新的研究可参见：大原慶子「国際ジョイント・ベンチャーと独占禁止法」澤田壽夫＝柏木昇＝森下哲郎著『国際的な企業戦略とジョイント・ベンチャー（国際取引法フォーラム研究叢書）』（商事法務、2005年）第5章所收。

6.税务的课题

关于许可费的计算，如果是一般的使用许可合同，对于独立当事人之间适当交易的合同谈判结果，认定其有一定的合理性。但是，合资人与合资企业之间签订的使用许可合同属于有资本关系的关联公司之间的交易，除源泉征税外，如果是与国外关联人之间的交易，还存在转移定价税务问题和视为分红的问题。合资人必须就许可费的计算是按照独立当事人之间的价格来进行的这点进行合理地说明[41]。为达成该说明的重要点有：①交易结构有经济合理性；②根据该结构构成法律权利义务关系，签订了书面合同；③准备了表明许可费的计算根据的客观数据；④根据合同进行了履行；⑤当前提条件未发生变化时，持续了一定的期间。

五、合资企业的法律性质论

关于合资企业法律上的存在形式，如股份公司、共同公司、合伙、有限责任公司、共同公司（LLC）/有限责任合伙（LLP）等，并分析其性质当然是有意义的。但是，作为多个企业间实现事业合作的手段，合资人签订共同事业合同，合资人向合资企业出资人的资本的情形下，考虑合资企业有关法律课题的解决手段时，也需要探讨合资企业作为合资人之间的权利义务束构成的复合型合同所具

---

[41] 参见：羽床正秀＝古賀陽子『移転価格税制詳解』（大蔵財務協会、2004年）、川田剛『日本版LLP・LLCの理論と税務』（財経詳報社、2005年）等。

21　有的法律性质这点㊷。合资人利用合资企业这一独立的法人形态，履行合资人之间的共同事业合同和相关附带合同（如合资人与合资企业之间的使用许可合同），形成并实现事业运营所必要的合意，其程序按照公司有关强制性法规规定的程序来推进㊸。经营"共同事业"的"共同"当事人是合资人，因此也需要对合资人之间的谈判和各项合同，以及合资人与合资企业之间的各项合同的拼图进行组合，俯瞰资本合作的"共同事业"的全貌。

（本文是笔者的个人见解，并非所属公司的见解）

㊷　西村総合法律事務所編『M&A法大全』（商事法務研究会、2001年）328頁指出："设立共同出资公司进行的事业整合（相互性的比例收购）。"

㊸　坪田潤二郎『国際取引実務講座（Ⅰ）合弁事業・技術契約』（酒井書店、1977年）56頁指出："合资公司将合伙（partnership）性质的权利义务关系通过公司法上的社团性处理来迂回地实现。"

第二章　合资企业的企业形态选择

大杉谦一

适合合资企业的组织形态有：股份公司、共同公司、有限责任合伙三种，它们在有无法人格、登记设立程序、内部权利义务规定（权限分配）、分红、返还出资、出资份额转让、取消合资等方面存在着区别。本章除了讨论关于章程自治的一般性内容外，还会考察实务中需求很高的章程规定（业务执行人的选任方法、运营委员会的设置、出资份额的转让限制、返还出资份额时的价格决定方法等）的法律效力。

一、本文的主题

1.序言

多个企业各自拿出其经营资源，共同开展一定的事业时，一般将该共同事业称为合资企业（Joint Venture，以下简称"合资企业"）。从法律上来看，合资企业有设立法人的，也有不设立法人而以合同来组成的。本文主要说明合资企业具有代表性的几种组织形态，并探究其特征。

另外，如果都是由国内资本出资组成的合资企业，一般被称为"共同出资公司"；如果是由海外资本与国内资本出资组成的合资企业，一般称为"合资公司[①]"。但最近的文献中也有未区分两者，均称为"合资公司"的[②]，本文采纳这一意见，以"合资公司"这一用语来指代两者。

合资企业按照其组织形态可以分为法人型（incorporated joint venture）与非法人型（unincorporated joint venture），但使用日本民法上的合伙以及英美法上的partnership的合资企业该属于何种分类

---

① 中島茂「共同出資会社の諸問題」ジュリスト1104号（1997年）82頁。

② 例如，江頭憲治郎『株式会社法』（有斐閣、2006年）59頁注2指出："合资公司是指多个企业（多为2家）共同进行高比例的出资，并通过人员派遣等能动性地参加经营的公司。"

并不明确[3]。本文关注合资企业的实体（vehicle、entity等），主要分析其形成、运用和消解，因此暂不讨论契约型合资企业。对于使用合伙的合资企业，有些可以认可其实体性质（尤其是参加企业间的结合程度紧密的）。由于本文关注的重点不是是否具有法人格，因此也将具有实体性质的合伙合资企业纳入考察对象。另外，本文中的"合资企业"与"合资公司"几乎是同义语。

2005年合资企业组织形式的选项得到了扩展。具体而言，一直以来合资企业的组织形式多选择股份公司，也有选择民法上的合伙的。这一年公司法颁布，在选项中又增加了"共同公司"（即日本版LLC）；关于有限责任事业合伙合同的法律（以下简称"有限合伙法"）颁布后，又增加了"有限责任事业合伙"（即日本版LLP）（以下简称"有限合伙"）的选项。公司法于2006年5月1日实施，有限合伙法更早一步，于2005年8月1日实施，该年9月底有限合伙的创设数量就超过了100家[4]。此外，公司法对股份公司进行了重大修订，其中也有对合资企业组织形态选择产生影响的内容。

本文讨论的组织形态包括日本法上的股份公司、共同公司、有限合伙，外国的组织形态并不在讨论的范围内。合资企业的组织形态中还有依据《中小企业等协同合伙法》设立的"事业协同合伙"

---

[3] 平野温郎「国際的ジョイント・ベンチャーの実務と諸態様」澤田壽夫＝柏木昇＝森下哲郎編著『国際的な企業戦略とジョイント・ベンチャー』（商事法務、2005年）19頁。该文第29页以下根据参加企业间结合的紧密程度的大小，将非法人型合资企业作了进一步细分。

[4] 石井芳明「LLP制度の概要」法律のひろば59巻2号（2006年）4頁、10頁以下。

和依据《矿工业技术研究合伙法》设立的"矿工业技术研究合伙"，但其设立均需要取得主管部门的批准，且参加企业间的权利义务规定也受到很大制约，因此其适用范围仅限特殊的情形[5]，也不在本文的讨论范围内。另外，在新公司法下，公司可以成为其他公司的无限责任社员（未设置旧商法第55条的规定），因此，无限公司、两合公司也可以成为合资企业的实体。但采用这些公司形态的优点几乎都可以通过共同公司和有限合伙等来达到，想必无限公司、两合公司成为合资企业实体的情况不会很多，故本文不对此进行讨论。而与此相对，任意合伙有其固定的优点，因此本文在最后第六部分稍作说明。

2.组成合资企业的理由

作为组成合资企业的理由一般有如下几项：企业在进军新领域之际可以削减成本、分散风险和相互补充，以及为进入不允许外国企业单独直接投资的国家（主要是发展中国家）[6]。参加企业（以下亦称合资当事人、出资企业等，均为同义）不仅依据合同，还使用公司等实体的意义是：参加企业可以保持一定程度的独立性，将共同事业的运营按照股东行使表决权、董事会决议等法定明确形式来进行[7]。

---

[5] 一直以来，股份公司、有限公司都存在最低资本金限制，因此才会选择无最低资本金限制的企业合伙、事业协同合伙。但是，新公司法和有限合伙法取消了对股份公司、共同公司、有限合伙等的最低资本金限制，今后使用企业合伙和事业协同合伙的情况想必会逐渐减少。

[6] 江頭书：前引注2第59页注2；平野文：前引注3第23页以下。

[7] 参见：前引注1书第59页注2；前引注3平野文第23页以下。

由于参加企业之间的利害对立的可能性不小[8]，在成立合资企业之际，为预防将来起纷争，各当事人为确保自己的利益，多在合同和章程中，就参加企业间的权利义务关系和合资企业运营有关的基本事项设置一定程度的详细规定（相比而言，纯粹的契约型合资企业多将纠纷预防功能托付给诚实协商条款）[9]。因此，当事人希望设置规定时给予何种程度的自由，部分当事人违反规定时产生何种法律效果，这些是选择组织形态时的关键点。

此外，值得一提的是，虽说组成合资企业的理由是确保与参加企业的独立性、取得共同事业运营的法律形式，但这并不意味着独立性和法律形式性越高越好，如何实现期望程度的独立性，这也是选择组织形态时的关键点。

3.本文的构成

本文第二部分以下按顺序讨论如下内容。首先，就股份公司、共同公司、有限合伙三个实体，从有无法人格及其相关的各种法律关系（包括税务）、与设立有关的规制等角度出发进行概述和比较（Ⅱ）。其次，关于通过章程和合伙合同进行意思自治的范围进行一般性地论述（Ⅲ）。再次，作为内部自治的分论，从合资企业的运营、当事人之间权限分配的有关事项（Ⅳ）、股份或份额的转让、合资的消解（Ⅴ）的角度，比较探讨章程和股东间协议的效力。最后，就任意合伙进行简单地补充说明（Ⅵ）。

---

[8] 宍戸善一「契約的組織における不安——ジョイント・ベンチャーとベンチャー・ビジネスのプランニング」岩原紳作＝神田秀樹著『竹内昭夫先生追悼論文集：商事法の展望——新しい企業法を求めて』（商事法務研究会、1998年）453頁。

[9] 中島书：前引注1第83页。

二、法人格、税务、当事人责任、设立有关的规制

1. 总论

股份公司、共同公司、有限合伙通过登记（公司法第49条、第579条，有限合伙法第57条）来公示团体的同一性（有限合伙的登记，严格来说不是合伙登记，而是"合伙合同"的登记）[10]，与任意合伙相比，可以说它们法律关系的稳定性和明确性更好（从交易相对方来看更容易识别）。

此外，与任意合伙不同，登记需要缴纳手续费，也要制作章程（公司法第26条、第575条）和合伙合同（有限合伙法第4条），而股份公司还要对章程进行认证（公司法第30条）等，需要花费一定时间和费用，不过在实务中一般不会产生太大的问题[11]。并且，不同于任意合伙，使用这些组织形式，合资当事人可以享受有限责任

---

[10] 规定其登记实务的法律法规有《投资事业有限责任合伙合同及有限责任事业合伙合同登记规则》（1998年10月20日法务省令第47号）。

[11] 为设立共同公司和有限合伙所需缴纳最低费用为登记许可费的下限金额6万日元，共同公司的登记许可费为资本金的7‰，有限合伙则不论出资额的多寡均为定额。股份公司的章程认证手续费为5万日元，章程原件的印花税为4万日元，登记许可税的最低金额为15万日元，合计需要24万日元左右。

关于股份公司的章程认证制度，如果公证人立场偏保守，有可能会导致当事人无法在章程规定希望的条款，但在公司成立后可以进行章程变更（无须认证），因此在实务上不会构成太大障碍。

的保护（公司法第104条、第580条第2款，有限合伙法第15条、第17条），切断因合资事业所产生的风险。

2.私法上的法人格

股份公司和共同公司具有法人格（公司法第3条）。

与此相对，有限合伙不具有法人格。合伙财产为全体合伙人所共同共有（有限合伙法第56条、民法第668条）。学说上多将其与一般的共有（民法第249条以下）相区别，称为"合有"[12]。关于不动产登记，任意合伙在实务中存在着困难问题（参见Ⅵ2），但有限合伙可以无期间限制地登记共有物分割禁止规定，因此可以公示出基于有限责任事业合伙合同的共有状态（有限合伙法第74条），这就在相当程度上改善了无法人格所产生的不便之处。此外，关于发明权、实用新型权、外观设计权和商标权，专利法施行规则等修改后，从2005年12月12日起，专利登记原簿等上可以显示合伙人共有，还可以显示基于合伙合同的份额（这点上任意合伙亦同）[13]。

严格地说，有限合伙的债权、债务为合伙人共有。任意合伙中，有代理权的人代理合伙进行交易的，显示合伙名和身份（如理事长等）即可，这是最高法院判例的观点[14]。一般的代理为显名（民法第99条）需要披露"本人"，但有代理权的人通过上述方法无

---

[12] 理由是与一般的合伙相比，合伙中共有人（合伙人）的处分权限受到了限制（对比有限合伙法第56条准用的民法第676条与民法第256条）等。但最高法院认为，除适用合伙有关的特别规定外，合伙人对合伙财产的共有适用民法第249条以下的规定。最判1958年7月22日民集12卷12号1805页（该案中，一位合伙人对不实的登记名义人请求进行除名登记，得到了法院的认可）。

[13] 参见：《关于专利法施行规则等部分修改的省令》（2005年12月12日经济产业省令第118号）。

[14] 日本最高法院1961年7月3日判决，载民事判例集第15卷第7号1982页。

须披露全体合伙人的姓名，并且交易的效果合法地归属于全体合伙人[15]。

至于不具有法人格的有限合伙和任意合伙能否成为诉讼当事人，要依据民事诉讼法第29条的解释[16]。但组成合资企业的合伙人数较少，全体合伙人成为共同原告或共同被告来提起诉讼并非很困难。

3. 税务

使用股份公司和共同公司的合资企业适用法人税，而有限合伙适用穿透性税收待遇，从事业活动中产生的损失或利益均穿透（pass through）合伙，归属于合伙人来进行征税[17]。毋庸多言，这点是引进有限合伙制度的重点，但对于合资当事人等而言，穿透性税收并非一定是有利的[18]。

4. 私法上的规制特征

第三部分以下的部分将讨论股份公司、共同公司、有限合伙在私法上规制的不同点，其中对合资企业的实体选择有重大影响的有

---

[15] 上述内容，可参见经济产业省产业组织课《关于LLP的40问与40答》（2005年6月）第31问以下的内容。

[16] 作为该条的解释指引，最判2002年6月7日民集56卷5号899页是很重要的。

[17] 国税庁個人課税化「平成17年度税制改正及び有限責任事業組合契約に関する法律の施行に伴う任意組合等の組合事業に係る利益等の課税の取扱いについて」（平成18年1月27日、個人課税課情報第2号）、小原昇「有限責任事業組合契約制度の課税上の取扱いについて」租税研究2005年12月号5頁、12頁、平野嘉秋「LLPの組織法制上の意義と税法上の取扱い及び類似する組織形態」法律のひろば59巻2号（2006年）13頁。

[18] 参见宍戸善一＝岩瀬ひとみ「ベンチャー企業と合同会社制度」法律のひろば59巻3号（2006年）12頁、19頁注（8）。

第二章　合资企业的企业形态选择

以下三点：

（1）关于内部自治，共同公司得到了最广泛的认可（第三部分），尤其是可以在章程中规定出资额的回收办法（第五部分1b），这是共同公司的长处。

（2）关于利润分红和出资返还的规制，相比于股份公司，共同公司和有限合伙的规制更少（IV6），这两种组织形式更适合小规模的合资企业和限定期间的合资企业[19]，但要获得交易相对方（债权人）的信用可能存在着难点。从最先设立的100家有限合伙的实际情况来看，行业上多是服务业，合伙人的组成多为个人与个人的结合，合伙人数多为2名（家），存续期间多未满5年[20]。已经出现了由数个法人成立的有限合伙[21]。

（3）出资人仅为1人的可以设立股份公司和共同公司，而有限合伙最少需要2名合伙人，合伙人中至少有1人是在日本国内有住所或连续居住1年以上的个人，或者是在日本国内设有总部或主要经营场所的法人（有限合伙法第3条）。另外，有限合伙不得用来经营所谓特定专业业务，也不得用于共同购买彩票等事项（该法第7条、有限合伙法施行令第1条）。不过，与律师事务所等特定专业业务所不同，法律并未禁止用于将不同领域的专业聚集在一起的咨询业务，且目前咨询业也是使用有限合伙的典型业务[22]。

---

[19]　此外，有限合伙要在合同中记载存续期间（有限合伙法第4条第3款第6项），但没有最长期间的限制。

[20]　石井文：前引注4第10页以下。

[21]　参见编集部「実例に見る日本版LLP設立のポイント」新会社法A2Z8号（2005年）42頁中介绍的プルーデント・イボットソンLLP。

[22]　石井文：前引注4第10页以下。

接下来，将在第三节以下部分未探讨的实体间的差异，举例来进行说明：

（4）股份公司设立时的发起人姓名是章程记载事项，但股东姓名不是（参见公司法第27条）。而共同公司的社员和有限合伙的合伙人均为章程或合伙合同的记载事项（公司法第576条第1款第4项、有限合伙法第4条第3款第4项）。不过，这点对实务的影响不大。

（5）股份公司和共同公司可以变更为其他的公司组织形式（关于组织变更参见公司法第743条以下，关于持分公司的种类变更参见该法第638条），但有限合伙与各种公司之前的组织形式变更尚没有被承认[23]。此外，公司可以与其他公司进行合并，但有限合伙中不存在合并的概念。如果合资公司考虑在不远的将来会上市，则从设立时就可以采用股份公司的形式；如果是为保留将来上市的可能性，以共同公司的形式来设立也是选项之一。

（6）关于设立和新股发行，股份公司中存在章程的认证（公司法第30条）、向缴纳机关进行出资缴纳（该法第34条第2款）以及实物出资等的检查人调查制度等规制[24]，但共同公司和有限合伙中不存在这些规制。

---

[23] 包括公司法中的修改，更详细的内容，请参见宍户文：前引注18第21页注29、注30。

[24] 另外，关于以股份公司为实体组成合资公司的手续，参见：中川秀宣「会社法の現代化とジョイントベンチャー」MARR2005年9月号20页以下。对股份公司、共同公司、有限合伙进行简洁对照的著作，参见：相澤哲＝葉玉匡美＝郡谷大輔『論点解説：新・会社法——千問の道標』（商事法務、2006年）562頁。

三、内部自治的可能性·总论
——公司法第29条、第577条的解释

1. 问题的所在

合资当事人组成合资企业时，希望就出资人之间、出资人公司间的权利义务关系设定不同于法律规定内容的情形不在少数。如果是以股份公司为实体设立合资公司，通常的做法是在股东间协议中规定关于运营方式和合资合同消解的约定，其中不违反股份公司法强行性规定的条款，则同时规定在章程中。但是，近来通过一系列的商法修改和公司法制定，股份公司中不仅类别股份的使用范围得以扩展，章程自治的范围也更加广泛。而且，新出现的合资企业实体，即共同公司和有限合伙中也认可更加广泛的章程自治（合伙合同的自由）。

一般而言，与股东（出资人）协议相比，使用章程在明确和强化法律关系上会更有利。但章程（合同）自治的范围依据组织形式的不同会有所差异。因此，此处仅一般性地探讨各组织形式的内部自治范围。

2. 股份公司、持分公司

公司法第29条规定："除第27条各项以及前条各项所列事项外，股份公司的章程中可以记载或记录依据本法无章程规定就不生效的事项和不违反本法的其他事项。"根据立法负责人的解释，第29条的条文中，①"依据本法无章程规定就不生效的事项"是指依据本法的规定在章程进行规定的事项；②"不违反本法的其他事项"是指就法律未规定的事项，可以在章程中规定的与法律无关的一定事项（如事业年度的规定），而在法律规定的事项之外，不能设置任意性记载事项（否则会欠缺法律的稳定性，而实务处理中也可能会很难进行合适的运用）㉕。

然而，立法负责人的这一解释并不意味着：新公司法的规定只要没有在条文中明确阐明的均为强行性规定，章程规定仅限明文允许的内容㉖。实际上，对于不设董事会（所谓有限公司型）的封闭型股份公司，不应过度限制其章程自治。同时，也很难想象立法者在提炼法规时可以设想出全部的情形而不留解释的余地。

另外，关于持分公司的第577条的规定与第29条几乎如出一辙，立法负责人对其的解释并非与上文一样，反而说原则上允许章程自治㉗。

如果是这样的话，②"不违反本法的其他事项"这一表述应当解释为"不违反本法目的的其他事项"，这也是第29条与第577条所共通的部分㉘。并且，对于是否违反法律规定的目的，应当考虑一直以来相关规定的目的以及当事人（包括潜在当事人）的利害关

㉕ 相澤哲＝岩崎友彦「会社法総則・株式会社の設立」商事法務1738号（2005年）4頁、12頁以下。

㉖ 森本滋「会社法のもとにおける経営管理機構」商事法務1744号（2005年）24頁、37頁注3却似乎是如此解读的。

㉗ 相澤哲＝郡谷大輔「持分会社」商事法務1748号（2005年）11頁以下、23頁。但是，相澤书：前引注24第563页上关于持分公司中强行性规定与任意性规定区别的表述，又采用了与股份公司相同的表述内容。

㉘ 以上内容获得了伊藤靖史（同志社大学助教授）、中村龙太郎（西村朝日法律事务所律师）二人的很大启示，在此以表感谢。

系，进行综合判断㉙。这样进行解释可能会被批评有损法律的稳定性，但立法负责人作出的①和②解释也不免具有模糊性，也无法保障法律的稳定性㉚。

但是，股份公司的章程自治与持分公司的章程自治，其范围有所不同。从整体来看，关于股份公司的公司法规定，在扩大股东大会权限和股东权（让股东更容易行使权利）的方向上多承认章程规定的有效性（如第295条第2款、第303条第2款）；而持分公司的规定中则不存在这样的单方向性（法律的规定是以全员一致为原则，也就当然存在以章程来放宽要件的空间）㉛。因此，股份公司中无明文规定的，以同方向做出的章程规定，即便法无规定原则上是有效的；以反方向做出的章程规定，如果法无规定原则上是无效的。而对于持分公司，原则上不存在这样的单方向性解释。

㉙　宍戸善一＝黒沼悦郎「対談：機関関係」中央経済社編『新「会社法」詳解』（2005年）62頁以下、67頁〔宍戸発言〕也是如此解读的。还可参见：ジョイント・ベンチャー研究会編著『ジョイント・ベンチャー契約の実務と理論』（判例タイムズ社、2006年）、宍戸善一「定款自治の範囲の拡大と明確化」商事法務1755号（2006年）17頁、野村修也「株式の多様化とその制約原理」同前29頁、神作裕之「会社の機関」同前36頁。

㉚　一直以来，在合资公司等中，关于强化股东权利、股东大会权限的章程规定，多数学说均解释为有效，但因在解释论上存在着争议，实务中未敢创造性地进行章程规定。新公司法就目前已知的法律问题尽最大限度的努力去在条文上进行明确，而不交给解释，以此来避免给实务中带来上述困难的情形，因此获得了高度评价。但是，新公司法不可能对所有问题都进行明确。新法力图实现的"法律稳定性"也是按照这一宗旨来理解的。另外，在立法负责人执笔的解读中，考虑到负责人较难自认"法的缺陷"这一因素，应当进行严格的区分。

㉛　参见：公司法第585条第1款、第4款、第594条第1款、第595条第1款，第637条等。

3. 有限合伙

有限合伙法第4条第5款规定："除（该条，笔者注）第3款各项所列事项外，合伙合同中可以记载或记录不违反本法规定的事项。"与股份公司、共同公司相同，该条款应当解释为"不违反本法规定目的的事项"。不过，有限合伙中存在股份公司、共同公司中没有的共同事业要件（第四节1c中详述），在对合同条款进行解释之际有必要考虑到这点。

4. 违反章程行为的效力

如1所述，相比于股东间协议，章程条款的效力一般更强，违反章程的行为无效，通过法院来执行的效果更好。但严格地说，行为的效力和救济的有无应当根据不同论点、不同事例来判断，并不因为是股东间协议就一律不承认损害赔偿以外的救济（如特定履行等）[32]。同时，还存在即便违反章程规定，但行为也不构成无效的情形[33]。

如2所述，关于股份公司，新公司法上也存在一定程度的强行性规定，因此无法在章程中规定的事项可以规定在股东间协议中，并同时规定如果违反可导致合资合同的消解（如回购或卖出股份）。另外，对于共同公司和有限合伙，出资人间协议与章程、合伙合同在相当程度上存在重复，但不能说不以公司、合伙为当事人，仅以出资人为当事人签订的合同没有意义。

---

[32] 参见：森田果「株主間契約（5）（6・完）」法学協会雑誌120卷12号（2003年）2319页、121卷1号（2004年）1页。

[33] 参见：棚橋元＝堀天子＝勝間田学「商法改正とジョイント・ベンチャー実務」判例タイムズ1147号（2004年）88页、91页以下。

四、内部自治的可能性·分论（1）
——关于合资企业运营、当事人间的权限分配的事项

1. 董事、业务执行人的选任和解任

a. 股份公司

一般而言，各合资当事人都希望选任一定数量的业务执行人、董事监事等（从本公司关系人中派遣）。

股份公司中可以方便地使用董事等"役员"选任的类别股（公司法第108条第1款第9项），法律关系也很明确。与此不同，在非公开公司（参见该法第2条第5项）中，不使用类别股，而可以在章程中规定"董事的人数为5名，其中3名由A选任，2名由B选任"这样的条款（所谓属人条款，该法第109条第2款）。该章程条款也是关于"股东大会中表决权"（该法第105条第1款第3项）的事项。与使用类别股的情形不同，该条款不能登记（参见该法第911条第3款第7项）[34]。但是，即便该章程规定合法，在最初的合资当事人以外的人加入合资企业的，以及AB的一方或双方不再是股东的情形下，属人性的章程规定可能会产生法律上或事实上的纠纷[35]。因

---

[34] 登记簿记载中，不将属人条款视为类别股。参见公司法第109条第3款。

[35] 不过，通常情况下，后来想加入合资公司的当事人会对该合资公司的章程、股东间协议进行调查，使用类别股的和不使用类别股的情形都会在章程中规定股份转让限制，结果是如果未经关系当事人同意，就不会发生合资当事人的追加或变更。由此可见，产生本文所述纠纷的可能性并不是很大。

此，如果在章程中设置该条款，最好一并附上"限本公司股东仅有A、B的情形下"等条件㊱。

新公司法下，非公开公司可通过章程规定将董事任期延长10年（公司法第332条第2款）。但委员会设置公司（该法第2条第12项）的董事任期为1年，不得延长或缩短（该法第332条第3款）。还有，关于董事的任职条件，新公司法也进行了若干修改㊲，并明文规定为应对董事、监事产生空缺的情形，可以事先选任候补人员（该法第329条第2款、第336条第3款）。

关于解任，董事及其他"役员"（定义见该法第329条第1款括号）原则上由股东大会决议来解任（该法第339条第1款，关于定足数是第341条），以累积投票选任的董事的解任，以及监事的解任需要特别决议，以一般方法选任的董事的解任仅需普通决议（该法第309条第2款第7项）。但无论何种情形，都可以在章程中加重解任要件（该法第341条）㊳。

通过类别股东大会选任的董事、监事，由选任他们的类别股东

㊱ 棚橋元「合弁契約における株主間の合意とその効力——取締役選任・解任と拒否権に関する合意について」判例タイムズ1074号（2002年）45頁、50頁。

㊲ 新公司法将接受破产宣告未恢复权利（旧商法第254条之2第2项）这一否定条件拿掉，同时新增犯证券交易法和各种破产法律等规定罪名的否定条件（公司法第331条第1款第3项）。

㊳ 从公司法第309条和第341条的表述看，加重股东大会决议要件的章程规定一般是有效的。例如，即便要求全员一致同意，在合资公司这样封闭性强（股份流通性少）的公司里也不能说是不现实，所以被认为是合法的。

另外，关于公司法第341条与第309条第1款的表述存在差异的理由，公司法的立法负责人解释说是因为解任决议中不允许附加人数要件。相澤书：前引注24第299頁。但这一理由似乎是站不住脚的。

42

组成的类别股东大会进行解任。若章程中有规定的或者解任时该类别股东大会中没有能够行使表决权的股东的,由股东大会决议进行解任(公司法第347条第1款、第2款)。原则上,监事的解任需要特别决议(该法第324条第2款第5项),董事的解任仅需普通决议(该条第1款)[39]。少数股东起诉解任董事、监事的,可参见第854条。

如果不使用类别股而采用属人条款,在股东之间分配役员选任人数的,股东持有的股份可被视为类别股,其选任、解任的程序和要件适用上面相同的规则(该法第109条第3款)。

b. 共同公司

共同公司中无董事制度,出资人(社员)以外的人不能执行公司业务(参见公司法第591条的条文),该规定不会给以共同公司为实体成立的合资企业带来不便。因为法人也可以成为共同公司的业务执行社员(由其选任执行业务的人员,并通知其他社员)[40],对于具有经营能力但金钱等财产(该法第576条第1项第6款括号)不足的自然人,可以仅以少量金钱进行名义出资而成为社员(可以在章程中规定不同于出资比例的利润分配比例。该法第622条第1款)。

共同公司中,原则上各社员都有业务执行权限,但也可以区分

---

[39] 在公司法第347条第1款、第2款正文记载的范围内,可以通过章程变更决议要件。

[40] 公司法第598条第1款。职务执行人的姓名和住所为登记事项(该法第914条第8项)。法人社员指定的职务执行人可以不是该法人的役员或员工。相澤书:前引注24第580页。当然,相比于股份公司,共同公司也有不便之处,如非法人组织不能以其名称成为社员,也不能成为业务执行社员、选任职务执行人(不能进行社员、职务执行人的登记)。相澤书:前引注24第561页、第581页。

37 有业务执行权限的社员与无业务执行权限的社员。具体而言，可以在章程中规定业务执行人的选任方法或者直接规定业务执行人（该法第590、591条）。但是，如果1名法人社员可以选任的业务执行人仅限1名[41]，则A、B两家公司为当事人设立合资公司的，股份公司可以在章程中规定："董事的人数为5名，其中3名由A选任，2名由B选任"，但共同公司恐怕不能实现该效果。不过，即便如此，持分公司在章程中规定业务决定方法时（该法第590条第2款），可以向非社员赋予否决权[42]，因此实务中存在设计的空间。

与股份公司的董事不同，共同公司的业务执行人无任期上限的规定。

关于剥夺业务执行人的业务执行权限等事项，公司法上设置了业务执行权、代表权的消灭之诉（类似于股份公司中的董事解任之诉，该法第860条）。除此之外法律无规定，交由章程自治。

c. 有限合伙

有限合伙法中对"业务执行的决定"与基于该决定的"业务执行"进行了区分，前者原则上需要经全体合伙人的同意（有限合伙法第12条）。但除"重要财产的处分和受让"、"数额较多的借款"以外的事项，可以在合伙合同中规定无须全体合伙人同意（该条第1款但书）；对于重要财产的处分等，构成有限合伙法施行规则（以下简称"有限合伙规则"）第5条规定情形的，可以通过合伙合同

---

[41] 该点在本文执笔时尚不明确，将由登记实务来确定。但可以预见1名社员可以选任多名业务执行人。

[42] 除合资当事人（出资人）A公司和B公司各选任1名业务执行人外，再由一方或双方当事人指定1名具有否决权的人员（自然人），这样的章程规定应当是有效的。不过，违反章程规定签订的合同，与善意（或善意、无重过失）的相对人之间是有效的。同样的问题在股份公司也存在，不能说是共同公司特有的法律风险。

将决定要件放宽至经2/3以上合伙人的同意（该条第2款）。

基于有限合伙法第12条的业务执行决定，各合伙人拥有执行合伙业务的权利，并负有义务（该法第13条第1款）。合伙人可以将合伙业务执行进行部分委托，但不能全部委托（即本人完全不履行业务执行义务，该条第2款）[43]。

这样由全体合伙人参加重要事项的决定，负有实质参与业务执行的义务，被称之为"共同事业要件"。这是因为有限合伙属于穿透性税收的对象，防止被动的投资者以避税目的来参加有限合伙。根据权威性的解释，"业务执行内容包括：对外签订合同等关于有限责任事业合伙（LLP）营业的行为、为签订合同进行的交涉，或者具体研究开发计划的制定和设计、记账、商品管理、员工的指挥和监督等合伙事业运营上的重要部分"[44]。共同事业要件不仅是有限合伙的成立要件，也是存续要件，如果不满足该要件则会被看作任意合伙[45]。

---

[43] 此外，有限合伙法第56条准用了民法的规定，但又将关于任意合伙的业务执行合伙人的辞任、解任规定（民法第672条）排除在准用对象之外。

[44] 经济产业省文：前引注15的第23问。

[45] 阿部泰久「有限責任事業組合（日本版LLP）制度の創設」T&A master 100号（2005年）14頁、16頁、篠原倫太郎「有限責任事業組合契約に関する法律の概要」商事法務1735号（2005年）6頁、14頁。此外，按照共同事业要件的宗旨，如果欠缺该要件，不被课税厅承认为有限合伙进行利润分配的可能性很高。

问题是如果不是意图避税，由于当事人的疏忽而不满足共同事业要件的情形下，是否立即剥夺合伙人的有限责任待遇（尤其是没有意识到这一点的其他合伙人）？不仅是欠缺共同事业要件前有限合伙所负债务，还有欠缺该要件后合伙所负债务，都存在债权人不值得保护（没有期待）的情形。因此，应当根据不同事例中债权人的期待和合伙人的归责性来进行判断，进行解释时可以注意不给合伙人造成过大的负担。

合伙的日常业务可以由各合伙人单独行使（有限合伙法第14条）。

与共同公司一样，法人为有限合伙的合伙人的，该法人应当选任业务执行人，并将其姓名和住所通知其他合伙人（该法第19条）。

在不违反共同事业要件的宗旨范围内，可以在合伙合同和合伙人间协议中设置关于业务执行的分担、决定程序和要件的规定[46]。法人合伙人的役员或员工等，即便不是合伙人，也可以赋予其否决权。这样的合伙合同规定，只要不违背共同事业要件的宗旨应当是有效的。

2. 表决权拘束协议

股份公司作为合资企业实体的情形下，通过在股东间协议和章程条款中规定表决权拘束协议，事先对股东大会表决事项的表决权行使（如相互对对方推荐的董事等候选人投赞成票等）附加义务。如果违反该协议如何来进行救济还不是很明确[47]。而在共同公司和有限合伙中，通过章程、合伙合同可以相当自由地约定意思表决的权限和程序，所以当事人需要缔结表决权拘束协议的情形不多（有限合伙中更多的是可能产生违反共同事业要件的问题）。

3. 董事的辞任限制

具有能力的特定人物对于合资企业的存续而言是不可或缺的，很多情况下合资当事人想限制这样的人物自由地辞任董事。

股份公司中，原则上董事可以随时单方面地辞任（公司法第330条、民法第651条）。不过，对于这点曾经存在反对意见的学说

---

[46] 参见经济产业省文：前引注15的第3问、第24问。

[47] 详情参见：淵邊善彦＝斎藤拓史＝山田健男＝柴野相雄「合弁会社の設立・運営・解消（上）」商事法務1699号（2004年）37—39頁。

和判例，现在的理解是公司与董事之间进行特别约定来一定程度限制董事的辞任是合法的[48]。当然，这也不能给董事带来过于严酷的结果，即使是有特别约定，但在不得已的时候也不能限制董事的辞任。

在共同公司中，法律上不存在业务执行人返还业务执行权限的制度，但在不得已时可以允许社员从公司退出（公司法第606条第3款）。由此来看，应该可以在章程中规定维持社员资格并返还业务执行权限的制度。股份公司中存在限制董事辞任的问题，而在共同公司中，则是限制任意退社的章程条款的有效性问题（公司法第606条第2款、第3款）以及返还业务执行权限的章程条款的规定方式问题。

有限合伙中，作为合伙人如果返还业务执行权限则会违反共同事业要件（有限合伙法第13条）[49]，因此主要是存在任意退出（该法第25条）的问题。该条规定："除不得已的情形外，各合伙人不得从合伙中退出。但不妨碍合伙合同作出另行规定。"但是，共同公司以退社自由为原则，有限合伙以不得已情形下的退出为原则，两种在章程（契约）自治的范围上是否存在差异，这一点还不是很明确（如果仅考虑私法上的利害关系调整，很难说两者之间会产生差异）。

4. 否决权

股份公司中就一定事项赋予合资当事人一方以否决权，可以使用附否决权的类别股（公司法第108条第1款第8项）。除此之外

---

[48]　神田秀樹「株式会社法の強行法規制」竹内昭夫編『特別講義商法Ⅰ』（有斐閣、1995年）1頁、11頁；渊邊文：前引注47第40页。

[49]　有限合伙法并未准用民法第672条的规定，参见前引注43。

还有股东间协议、表决权拘束协议、加重股东大会和董事会的表决要件等方法。使用类别股的，否决权的对象事项限于股东大会或董事会的表决事项（该法第108条第1款第8项），这些机关的表决事项可以是法定的，也可以是章程追加的（参见该法第295条第1款、第2款）。旧商法第222条第9款以其他事项存在内容不同的股份为前提，以此来赋予表决权；而新公司法下，否决权本身就是类别股的构成要素。

具体而言，可以将公司合并、分立及其他重组行为、新股发行、股份转让批准、重要资产处分等规定为否决权的对象。另外，关于公司年度事业计划（商业计划）和一定金额以上的借款，可以考虑在章程中规定为董事会或股东大会的表决事项，再成为否决权的对象[50]。

关于共同公司、有限合伙的否决权，已经在本文1b、c中讨论过了。

5. 权限分配（董事会、经营委员会等）

a. 股份公司

① 股东大会、董事会的简化

与共同公司不同，股份公司中股东大会的召集、表决方法的程序是法定的。以股份公司为合资企业实体的情形下，如果股份公司没有设置董事会，可以通过章程规定缩短召集期间（公司法第299条第1款），还可以根据合资公司的情况灵活地安排省略召集程序（该法第300条）和进行书面决议（该法第319条）。

另外，在新公司法下只有章程规定，董事会也可以进行书面决议（该法第370条），这也是值得考虑的制度。

---

[50] 棚桥文：前引注33第99页以下。

②是否设置董事会

一直以来，以股份公司为实体的合资企业就存在是否可以变更机关之间的权限分配这一问题，值得注意的是新公司法下设置董事会也不再是股份公司的义务。

换言之，如果股份公司不属于公开公司、监事会设置公司或委员会设置公司，则可以不设置董事会（公司法第327条第1款）。当然，新公司法下如果要设置股东大会、董事以外的机关，则需要章程的规定（该法第326条第2款）。

不设董事会的股份公司中，股东大会是万能的，可以就法定事项以外的事项（该法第295条第1款；该条第2款的相反解释），以及未记载在召集通知中的事项进行表决（该法第309条第5款的相反解释）[51]。董事会设置公司中的董事会决议事项（如该法第362条第4款），在非董事会设置公司中则由过半数董事决定（该法第348条第2款等），或者成为股东大会的决议事项（竞业交易、利益冲突交易等；对比该法第356条第1款与第365条第1款）。此外，非董事会设置公司中也有对股东权行使的制约较小的情形，例如，董事会设置公司中作为少数股东权的部分权利，在非董事会设置公司中则是单独股东权等（例如，对比该法第303条第1款与第2款）。

从以上对比可以看出，不设董事会的股份公司适合合资企业的情况不少。另外，设置监事和会计监查人也不意味着有设置董事会的义务。大公司（该法第2条第6项）有义务设置监事和会计监查人，但合资公司通常不是公开公司（该法第2条第5项），所以也不意味着有设置董事会、监事会的义务（对比该法第328条第2款、

---

[51] 本来召集通知就无须书面形式（公司法第299条第2款第2项的相反解释），也未要求记载议题（该法第299条第4款的相反解释）。

第327条第3款与第328条第1款）。

③经营委员会

合资公司的主要问题是运营委员会、经营委员会（steering committee）的设置。这些名称的机构属于任意设置的机关，主要分为两大类：一是位于董事会、代表董事与业务部门之间的委员会；二是位于股东（大会）与董事会之间的委员会。前者主要是由非董事的厂长、财务负责人等构成的；后者类似于简化股东大会或者股东委员会的组织，一般讨论公司事业战略和比较紧要的事项等（国际性的合资公司中，股东在短时间内集合在一起是比较困难的）。

关于前者，代表董事可以将特定事项授权给员工，因此授权对象可以是组织体。关于后者，运营委员会可以拥有对董事会发出指令的权限，或者要求特定事项需要获得该委员会的批准，以此方式来制约合资公司的董事会，这样的合同、章程条款应该是有效的。不过对此也有争议，比如关于后者，运营委员会是委让了董事会法定权限（董事会不保留决定权限）的委员会。以下将该规定称为"委让条款"。

有学说认为，作为2005年修改前的商法的解释，当全体股东同意董事会的法定权限事项时，欠缺董事会决议的该行为仍然有效，因此，当委让条款获得全体股东的同意时，根据运营委员会的决定实施的行为是有效的[52]。非董事会设置公司中，法律不禁止通过

---

[52] 江頭书：前引注2第365页注2、第373页以下认为：可以将关于一人公司的最判1993年3月30日民集47卷4号3439页（股份转让限制公司中，虽未经董事会批准，但一人股东进行的股份转让是有效的）、最高法院1974年9月26日判决（载民事判例集第28卷第6号第1306页，商法第265条第1款规定利益冲突交易须经董事会的批准，但在一人公司中则不要）的论断扩张至全体股东同意的情形。

章程规定设置与法定董事会不同的经营委员会（公司法第29条的解释）。此外，即便是设置了董事会的公司，不是根据第327条第1款负有设置义务，而是在任意设置董事会的公司中，章程规定将董事会的权限缩减得比法定权限更小，并将其委让给经营委员会，只要该章程规定是基于股东大会的意思则应当认为是合法的（然而，如果是依据法律负有设置董事会的义务，而公司将董事会的法定权限委让给任意机关，甚至是移转给股东大会的，都应当被禁止或限制）。

④合资当事人的对立和董事会的反叛

合资公司与合资当事人的利害关系对立，董事将处于派遣一方合资当事人与合资公司之间的两难境地。例如，外国的合资当事人A意图将本公司产品销售给合资公司甲，但当地企业的另一方合资当事人B想使用更便宜的（A的竞争对手）C公司的产品，此时从A、B两公司（尤其是A公司）派遣的甲公司的董事则处于两难困境。

关于该问题，笔者曾经进行过论述，可以参照相关论文[53]，但该问题关系到某事项的决定权限是赋予股东大会还是董事会。股东在行使表决权之际，原则上是基于自己的利益而行动的（但如果是有利害关系的股东参加表决，由此导致显著不当的决议成立的，该决议可以被取消。公司法第831条第1款第3项），而董事则负有不被其出身母体的利害关系所牵引，只为（合资）公司利益行动，从而行使表决权的义务（该法第330条的善管注意义务，第355条的忠实义务）。如果希望将股东的意思直接反映至合资公司，应该将这

---

[53] 大杉文：前引注29第153页、第169页以下。此外，可一并参照棚橘文：前引注33第95页以下。

样的事项规定为股东大会的决议事项[54]。

b. 共同公司、有限合伙

这些实体中，设置股东大会和董事会这样的组织体并非是法定义务，其意思决定的方法更多的是交由各合资企业的章程（合同）自治以及习惯来决定。当然，章程（合同）中也可以规定设置组织体，也可以让多个组织体并存。共同公司将组织体的召集程序和决议方法规定在章程中，可以同样实现股东大会中经营委员会等的效果。而股份公司的注册资本和负债总额一旦超过一定水平就属于"大公司"（公司法第2条第6项），并负有设置会计检查人、监事的义务（该法第328条、第327条第3款），而共同公司和有限合伙中则没有这样的义务。

另外，共同公司中如果法人是业务执行社员的，尤其选任业务执行人（自然人），该业务执行人对公司负有善管注意义务和忠实义务（公司法第598条第2款，第593条第1款、第2款），因此在执行业务之际，不能为出身母体的利益，而是为（合资）公司的利益而行动。有限合伙中，亦同（有限合伙法第19条第2款）。

6. 分红、出资的返还

a. 股份公司、共同公司

①获得利润的分配

合资事业的成功与否有时候较大地依赖相关人员的能力，此时合资当事人会期望不仅仅根据其出资额的比例来获得从事业成功中获得的成果（分红）。

要让股东获得的分红与其出资额不成比例，可以使用有关分红

---

[54] 渊邊文：前引注47第41页。

的类别股（公司法第108条第1款第1项），或者按照新公司法，在非公开公司的章程中设置属人条款（该法第109条第2款、第105条第1款第1项）。

共同公司可以在章程中规定与出资比例不同的利润分配比例（该法第622条第1款）。但如果分配比例不具有经济上的合理性，则可能会产生赠与税等问题，因此，与有限合伙的情形相同，最好要明确分配比例具有合理性的依据[55]。

股份公司可以通过股东大会决议来分配剩余金（该法第254条第1款），对于同一种类的类别股要按照持股比例来分红（该法第254条第3款）。而共同公司中，各社员在利润的范围内可以向公司请求分红，选择接受分红还是内部留存交给各社员来决定（该法第621条第1款、第628条）。法律明确了共同公司可以在章程中规定有关利润分配的事项（该法第621条第2款），而股份公司这点是不明确的。有观点认为，股份公司也可以在章程中设置规定，在可分配金额（该法第461条第2款）的范围内自动地、确定地计算出分红金额，而无须等待股东大会决议才产生分红的具体权利[56]。

②出资的返还

股份公司中，可以将出资金额大致分为注册资本与资本公积（公司法第445条第1—3款），经过债权人保护程序（该法第449条）减少注册资本、资本公积（该法第447条第1款、第448条第1款），可以将减少的金额转为剩余金（该法第446条第1款第3项、第4项）。分配剩余金时，无须债权人保护程序，但分配仅限于净资产金

---

[55] 登坂純一「持分会社」税経通信857号（2005年）265页、273页。
[56] 江頭书：前引注2第610页注1。

额超过300万日元的情形（该法第458条），且仅在超过300万日元的限度内进行（该法第461条第2款第6项、公司计算规则第186条第6项）。本文暂且不考虑盈余公积、库存股、评估和换算差额、新股预约权等因素，大致举例进行说明：（1）当净资产金额为600万日元，注册资本和资本公积的总额为400万日元时，剩余金=可分配金额为200万日元；（2）在相同的情形下，先减少注册资本和资本公积150万日元，让剩余金成为350万日元时，则可分配金额为300万日元；（3）当净资产金额为400万日元，注册资本和资本公积的总额为150万日元时，可分配金额为100万日元；（4）当净资产金额为250万日元，注册资本和资本公积的总额为100万日元时，可分配金额为0。

共同公司中，可以将出资金额大致分为注册资本（公司计算规则第53条）与资本剩余金（该规则第54条。但与股份公司不同的是，不存在必须将出资财产的1/2以上列为注册资本的规制），将获得利润算入利润剩余金（该规则第55条）。共同公司可以在剩余金（资本剩余金和利润剩余金）的限度内返还出资（公司法第632条），返还出资时要经过债权人保护程序并减少注册资本（减少金额算入资本剩余金。该法第626条、第627条、第632条第2款），因此，出资金额中列入注册资本的部分，如果不经债权人保护程序是不能返还的；列入资本剩余金的部分可以不经过该程序进行返还[57]。此外，无论是分红还是返还出资，不存在股份公司那样要维持

---

[57] 葉玉匡美『新・会社法100問』（ダイヤモンド社、2005年）67頁以下。持分公司的记账时，除公司自身的会计处理外，还要进行各社员的份额记账，本文暂且省略。

持分公司的记账详情，可参见：郡谷大輔＝細川充「持分会社の計算（上）（下）」商事法務1771号16頁、1772号25頁（2006年）以及葉玉匡美的2006年3月13日和14日的博客文章。

300万日元净资产的限制，因此与股份公司相比，可以说共同公司的债权人保护要弱一些。

在上述（1）至（4）的例子中，如果是注册资本与资本剩余金各50%的共同公司，（1）当净资产金额为600万日元，注册资本和资本剩余金各为200万日元时，可分配利润为200万日元，能够用于返还出资的剩余金额为400万日元；（2）在相同的情形下，先减少注册资本75万日元使之成为125万日元，则剩余金额为475万日元；（3）当净资产金额为400万日元，注册资本和资本公积的总额各为75万日元时，可分配利润为250万日元，能够用于返还出资的剩余金额为325万日元；（4）当净资产金额为250万日元，注册资本和资本公积的总额为50万日元时，可分配利润为150万日元，能够用于返还出资的剩余金额为200万日元。

b. 有限合伙

有限合伙法第33条规定："除根据经济产业省令的规定作出另行约定外，合伙人的利润分配比例按照记载于会计账簿的各合伙人已履行出资的金额来确定"，有鉴于此，有限合伙规则第36条进行了如下规定（部分引用）：

> 3 合伙合同中对合伙人的利润分配比例作出另行约定的，无论第1款的规定如何，在合伙合同中记载或记录如下事项即可。此时，全体合伙人要在该合伙合同中签名或者盖章。
>
> （1）合伙人的出资比例；
>
> （2）合伙人的利润分配比例及其理由；
>
> （3）前项利润分配比例适用开始时间与合伙合同的生效时间不一致的，该适用开始的时间。

4 前款第2项的合伙人的利润分配比例的理由应当包括：约定与该款第1项合伙人的出资比例不同的利润分配比例的理由，以及该利润分配比例的合理性事由。

这是除1c介绍的共同事业要件外，防止滥用有限合伙进行避税的又一规则。法律并不禁止在合伙合同中记载与出资比例不同的利润分配比例，但该约定不得基于避税目的，而应当是基于事业上的正当目的。

有限合伙中，仅允许在可分配金额[58]的范围内进行分配（有限合伙法第34条第1款），如果超越剩余金额[59]进行分配则需要全体合伙人的同意（该条第2款）。

在共同公司、有限合伙出资的返还中，本文举出了（1）至（4）的例子，将（1）（3）（4）三个例子再适用于有限合伙进行比较（以下为方便说明，假设在分配日之前，未进行过合伙财产的分配）：（1）当净资产金额为600万日元，合伙人出资总额为400万日元时，可分配金额为300万日元，剩余金额为200万日元。在剩余金额范围内合伙人可以不经其他合伙人的决议或决定等，有权要求进行分配；而超出该范围的100万日元，如未经全体合伙人同意则不能分配。与此相对，（3）当净资产金额为400万日元，合伙人出资总额为150万日元时，可分配金额和剩余金额均为250万日元，

---

[58] 即从分配日的净资产总额中扣除300万日元（合伙人的出资总额不足300万日元的，则是出资总额。《有限合伙规则》第37条）。

[59] 即从分配日的净资产总额中扣除出资总额（分配日之前根据有限合伙法第34条第2款的规定进行过合伙财产分配的，则是从出资总额中扣除根据该条第3款规定记载于合伙合同上的金额后得到的金额。《有限合伙规则》第38条）。

在该金额范围内合伙人可以不经其他合伙人的决议或决定等,有权要求进行分配。此外,(4)当净资产金额为250万日元,合伙人出资总额为100万日元时,可分配金额和剩余金额均为150万日元。

两者比较来看,关于获得利润的分配,有限合伙与共同公司的规制几乎相同,都比较宽松;关于出资的返还,有限合伙的规制在法律上不明确,虽不能一概而论,与有限合伙相比,共同公司的规制似乎更为宽松。

7. 知情权

公司可以通过章程规定将账簿阅览权等知情权赋予股东或社员。股份公司股东的账簿阅览权(公司法第433条)是法定的,只能通过章程规定放宽其权利行使要件。而共同公司中的业务、财产状况调查权(该法第592条)、财务资料的阅览权(该法第618条),法律规定可以通过章程进行限制,该限制只能在一定的范围内,而不能完全侵夺该权利。

有限合伙法第56条准用了民法第673条的业务、财产状况调查权。关于能否以合伙合同对该权利进行限制,这与共同公司在公司法第592条第2款的宗旨有关,一般而言,在事业年度终止时或有重要事由时限制调查权的规定无效。

8. 业务执行人的责任

a. 可请求赔偿的人

业务执行人在股份公司(公司法第330条、民法第644条)、共同公司(公司法第593条第1款)、有限合伙(有限合伙法第56条,民法第671条、第644条)中均负有善管注意义务。股份公司、共同公司中也规定了忠实义务(公司法第355条、第593条第2款),而共同公司、有限合伙的法人社员、法人合伙人的执业执行人也负有同样的义务（公司法第598条第2款、有限合伙法第19条第2款）。

如果违反这些义务给有限合伙造成损失的，其他合伙人有赔偿请求权（民法第415条）。与此不同的是，股份公司、共同公司中，赔偿请求权的第一拥有者是公司（公司法第423条、第596条），股东、社员被赋予了代表诉讼或者与此类似的诉权（该法第847条、第602条）。但是，股份公司、共同公司中遭受损害的股东、社员可以解释为第429条和第597条的"第三人"[60]，因此单个的合资当事人也可以请求赔偿。如果是违反股东（社员）间协议，则主要是合资当事人之间的赔偿请求问题。

b. 责任限制条款

关于业务执行人对公司和其他合资当事人负有的赔偿责任，是否可以事先在股东间协议和章程等中进行限制呢？

股份公司中，限制董事等（公司法第423条第1款）对公司赔偿责任的程序和要件属于强行性规定（该法第424—427条），若章程规定超过该限度对公司赔偿责任进行了限制，则应当是无效的。而股东作为"第三人"对业务执行人拥有的赔偿请求权，作为公司的内部关系似乎可以通过章程规定来进行限制，但考虑到对公司责任之间的平衡，应该不能无限定地对该责任进行限制。不过，如果股东间协议也将公司作为了当事人，限制公司或股东行使赔偿请求权效果的条款也不一定是违背公序良俗（民法第90条）的，也有可能认定为有效。

---

[60] 江頭书：前引注2第454页注2指出，封闭公司中，如果仅将少数派股东的救济方式限定在代表诉讼，实务中反复受到侵害但无法有效地得到救济的情形不少，因此有必要将股东遭受到的间接损害也纳入到董事赔偿责任的范围。

共同公司中，只要不违背公序良俗，限制赔偿责任的章程条款是有效的[61]。有限合伙中，亦同。

五、内部自治的可能性·分论（2）
——股份、份额的转让、合资的消解

1. 股份、份额的转让（限制）

a. 股份公司

合资企业中，合资当事人拥有的固有经营资源构成了合资事业的基础，有必要维持合资公司的封闭性。作为其中一环，股份、份额的转让限制是很重要的。

股份公司可以通过章程规定来进行转让限制。但在2005年修改前的旧商法中，对于合资公司而言，转让限制制度并不是很好用，新公司法在该点上进行了相当程度的改善。

首先，批准转让限制的决定机关不仅限于董事会，可以在章程中进行规定（公司法第139条第1款但书）。不批准转让的，公司自身要成为买受人需要股东大会的决议（该法第140条第2款）；指定公司以外的买受人的，由章程来规定进行该决定的机关（该法条第

---

[61] 江頭憲治郎「『会社法制の現代化に関する要綱案』の解説」『会社法制現代化の概要』（別冊商事法務288号〔2005年〕）90頁。武井一浩「日本版LLC制度とジョイントベンチャー実務への利用可能性」日下部聡＝石井芳明監修『日本版LLC：新しい会社の形』（金融財政事情研究会、2004年）140頁、156頁中也提到了这个不同点。

5款）。此外，并非所有的转让都需要公司的批准，也可以在章程中规定在一定的情形下视为公司进行了批准（该法第107条第2款第1项a、第108条第2款第4项）。还有，当事人通过继承和合并等一般承继等方式取得转让限制股份的，公司不得对取得本身进行限制（参见该法第134条第4项），但可以在章程中规定：此时公司可以向股份取得者请求将其股份出售给公司（该法第174条以下。不过，第174条以下的制度也可能会引起少数派股东的叛变，在是否采用该制度时应当进行慎重的讨论。平野敦士「会社法施行で注意したい相続人等への株式の売渡しの請求の問題点」税務弘報2006年4月号46頁）。

例如，由A、B两方组成的合资公司中，可以在章程中规定：当A转让股份时由B成为指定买受人，当B转让股份时由A成为指定买受人。此时，若规定A、B对转让限制各自均持有否决权，还可以产生下文合资的消除4a中的优先购买权效果[62]。关于优先购买权等合资消解的事项，请参见4a。

b. 共同公司、有限合伙

共同公司中，业务执行社员的份额转让需要其他社员的全体同意（公司法第585条第1款。另外，根据该条第2款，非业务执行社员的份额转让，需要业务执行社员的全体同意）。但允许章程中另行作出约定，这对于合资企业的实务而言是更好的。如在合资的消除中所述，股份公司的股东间协议中常见的优先购买权，在共同

---

[62] 藤原総一郎「合弁契約の補完機能としての活用」経理情報1104号（2006年）27頁、28頁以下。关于合资当事人为3人以上时的规定方法等，请参见：長島・大野・常松法律事務所編『アドバンス新会社法』（商事法務、第2版、2006年）163頁。

公司中经章程规定即可。这可以说是共同公司作为合资企业实体被灵活使用的一大理由[63]。

有限合伙中，不存在关于份额转让的法律规定，但一般认为经过其他合伙人的全体同意的，可以转让份额[64]。有限合伙法第4条第3款第4项以及第7项的变更，作为第5条第1款、第2款的解释，经其他合伙人全体同意的，可以转让份额，但不能通过合伙合同来放宽该要件。

是否可以通过合伙合同来规定优先购买权等，目前尚不明确。鉴于重要事项的全员一致原则（有限合伙法第5条第1款、第12条），应该不允许通过合伙合同来对此放宽。不过，根据第3条第5项"合伙合同中可以记载或记录不违反本法规定的事项"的规定，似乎又可以在章程中记载该内容。有限合伙合同的存续需要2名以上的合伙人，因此，至少在合伙人为2人时，优先购买权等不会成为太大的问题；合伙人为3人以上时，事先在合伙合同中规定优先购买权等内容，似乎不存在违背有限合伙制度宗旨（如用于不当避税的目的）的危险。无论如何，在合伙合同之外，作为合伙人间的协议是可以规定这样内容的。

2. 新股发行、社员（合伙人）的加入

a. 股份公司

新公司法下，非公开公司的新股发行由股东大会决定（公司法第199条第2款），作为例外，如有章程规定，以配股方式进行的新股发行可以由董事（会）决定（该法第202条第3款第1项、第

---

[63] 武井文：前引注61第153页以下。
[64] 経済産業省文：前引注15第27问。

2项）。但在合资公司中，无论是导致第三人加入公司的新股发行，还是对既有股东按照持股比例，或者不按照持股比例发行新股，有必要赋予每位合伙人一定形式的否决权。比如，使用附否决权的类别股，或者提高决议新股发行的股东大会的定足数等。

b. 共同公司、有限合伙

共同公司中，无论是社员的加入（该法第604条）还是既有社员出资额的提高，都需要变更章程（参见该法第576条第1款第4项、第6项），只要章程中无另行规定的，须经全体社员的同意（该法第637条）。

有限合伙中，无论是新合伙人的加入（有限合伙法第24条）还是既有合伙人出资额的提高，都需要变更合伙合同（参见该法第4条第3款第4项、第7项），须经全体合伙人的同意（该法第5条第1款。不允许通过合伙合同来放宽该要件。该条第2款的相反解释）。

3. 僵局的预防和消解

a. 股份公司

所谓僵局是指，因股东间的意见对立导致公司无法进行意思决定的状态。作为僵局的预防之策，有必要改善股东之间的意思疏通机制。具体而言，可以常设一个股东间的协商机关，实务中有设置由负责人组成的阶段性协商机关，或者在董事长拥有决定性一票（casting vote）的前提下，由各合资当事人派遣的董事轮流担任有任期限制的董事长；或者在股东间协议中规定合资当事人负有诚实协商的义务。

关于僵局的消解，还可以在股东间协议中规定仲裁、替代性争议解决机制（ADR）条款和合资的消解方法[65]。

b. 共同公司、有限合伙

与股份公司相同，可以考虑在社员（合伙人）间协议中进行规定。

4. 合资的消解

a. 总论

在企业决定开始合资事业之际，如何规定合资的消解方式是最重要的因素之一。因为合资的消解方式，对于案件中发生损失的止损、推定损失的上限金额具有决定性的影响[66]。

尤其是在无法消解僵局时，为规定产生优先购买权（后述）等的条款，有必要明确僵局的定义。该定义如僵局的预防和消解之股份公司（3a）中所述，作为经过一定程序仍无法消解意思决定不能的情形，有必要具体地进行规定[67]。

b. 股份公司

关于以股份公司为实体的合资企业的消解，有必要事先确定股

---

[65] 以上参见淵邊善彦ほか「合弁会社の設立・運営・解消（下）」商事法務1700号（2004年）65頁、71頁以下。

另外，在董事会设置公司中，日本法采用人数多数决（公司法第369条第1款），董事长能否掌握决定性一票还存在着疑问。参见江頭书：前引注2第379页注14。不过，在非董事会设置公司中，作为业务执行的方法允许不按人数进行多数决（如赋予特定董事复数表决权等。该法第348条第1款、第2款）。因此，即便是董事会设置公司，除法律强制设置的（该法第327条第1款）以外，可以准用非设置公司的情形，应当允许在章程设置决定性一票的条款。

[66] 关于合资企业的消解，参见：富澤敏勝「ジョイント・ベンチャーの終了」澤田ほか・前掲書（注3）217頁。该论文将合资事业终止的原因分为：起因于事业的原因与起因于当事人的原因，并进行了进一步的细分。参见该论文第218页以下。

[67] 参见淵邊文：前引注65第71页，棚橋文：前引注33第94页。

份处理的规则。但是，如1所述制定法上的股份转让限制制度中，公司法设置了如下程序，即股份转让人、受让人与公司、指定买受人之间不能协商一致的，由法院来决定买卖价格（公司法第144条），该规定以及转让批准程序的规定（该法第136—145条）的主要部分都是强行性规定。所以，合资合同中需求很高的关于股份转让的规则，例如，优先购买权（first refusal right）[68]、随售权（tag-along right）[69]、强制处分权（dragalong right）[70]、一方当事人购买他方当事人的股份[71]等，均在章程自治的范围之外。因此，以股份公司为合资企业实体的，一直以来都将这些规则规定在股东间协议中[72]。

关于合资公司的解散、清算，公司法第471条第2项允许在章程中规定股份公司的解散事由。如果不对僵局进行慎重的规定，则关于是否构成解散事由容易引起纠纷。如果能规定清楚，即使不构成该法第833条第1款（公司解散之诉）的情形，也可以解散。

另外，新公司法下，金钱以外的财产可以作为剩余财产进行分配（该法第505条）。同时，还要注意合资公司消解后的知识产权

---

[68] 即当某股东意图向第三人出售股份时，其他股东可以优先于第三人购买该股份的权利。

[69] 即当某股东意图向第三人出售股份时，其他股东可以以相同条件向第三人出售持有股份的权利。

[70] 即当某股东向第三人出售股份之际，也可以让其他股东以相同条件向第三人出售持有股份的权利。

[71] 以上参见渊邊力：前引注65第72页以下。

[72] 藤原文：前引注62第29页也持几乎相同的见解（根据事先确定的转让价格的决定方法，应看作"协商一致"〔公司法第144条第5款〕，当事人之间可以通过合同放弃向法院申请买卖价格决定的权利）。另外，虽然对股东回收出资额的机会进行不当限制的合同条款可能是无效的（参见相泽书：前引注24第145页），合资当事人之间根据交涉而签订的合同条款应当是没有问题的。

归属和商号的处理等[73]。

c. 共同公司、有限合伙

与股份公司不同，共同公司中存在任意退社、份额的返还等制度（公司法第606条、第611条）。章程中无另行规定的，返还的价格根据如下价值进行计算，即以企业的存续为前提，对资产、负债等进行实时价格评估，适当考虑将来的收益及其他情况后计算出的该共同公司的价值（相澤书：前引注24第589页）。虽然不能限制不得已情形下的退社的权利（该法第606条第3款），但一般性地限制退社的章程条款是有效的（该条第2款）[74]。

那能否在章程中规定返还份额的评估方法呢（该法第611条第2款的解释）？至少可以在社员间协议中进行规定。法务省的立法负责人认为该章程规定是有效的（相澤书：前引注24第590页）。可以认为，有交涉能力的当事人之间签订了这样的章程条款是有效的。

六、关于任意合伙的补充

1. 利用

任意合伙常作为建设共同企业体、电影制作委员会和律师事务所等的实体被使用。

---

[73] 参见渊邊文：前引注65第74页以下。

[74] 通过优先购买权条款等对投资回收的可能性进行实质性保障的情形下，限制"退出"自由的章程条款应当是有效的。大杉謙一「LLC制度の導入」企业会计56卷2号（2004年）62页、65页、宍户文：前引注18第17页。

建筑行业中的"共同企业体"多被略称为"合资企业"等，但共同企业体其实存在各种各样的种类[75]，虽然多数是任意合伙，但是否构成任意合伙要按照类型和实际情况进行判断[76]。共同企业体的实务中，很大程度上受国土交通省（旧建设省）通知中规定的影响[77]。

所谓专家业务不能成为有限合伙的业务（II 4），所以律师事务所等不能以有限合伙为实体。在建筑合资企业中，由于通知等的关系可以推测今后任意合伙的使用还会很普遍。

电影制作委员会也可以说是一种合资企业，今后其中有一部分可能会使用有限合伙作为实体。

2. 法律关系

a. 无法人格

任意合伙由各当事人出资并约定经营共同事业而成立的（民法第667条1项）。不过与英美法上的partnership不同，营利目的并非

---

[75] 关于共同企业体的类型和实际情况，函馆地判2000年2月24日判時1723号102頁中进行了详细介绍。

[76] 最判1998年4月14日民集52卷3号813頁，以及上述函馆地判2000年2月24日（注75），均认定共同企业体构成任意合伙，尤其后者是从正面回应是否是任意合伙的案例。

[77] 参见：规定官厅营缮合同有关程序的通知、有关共同企业体的诸通知。例如，「公共事業の入札・契約手続の改善に関する行動計画」（1994年1月28日、閣議了解）中也有提到共同企业体。关于共同企业体的沿革，参见：来栖三郎『契約法』（有斐閣、1974年）632頁注1、吉田直「建設工事共同企業体の事業上の債務と構成員についての商法511条の適用」江頭憲治郎＝山下友信編『商法（総則商行為）』判例百選（別冊ジュリスト164号〔2002年〕）90頁。尤其是1977年11月10日建设省通知「共同企業体の適正な活用について」的背景和当时建筑行业合资企业情况的资料，可参见：建設業共同企業体研究会『建設業共同企業体の解説』（清文社、1978年）。

合伙的要件。

任意合伙的成立无须制作合伙合同并登记，但即使想登记合伙的存在也无法做到，这也可以说是缺点。

如法人格、税务、当事人责任、设立有关的规则和法上的法人格（Ⅱ2）所述，有限合伙的法律关系（财产和债权、债务的归属）与任意合伙基本相同，但有一点存在着很大区别，即不动产登记。日本的不动产登记实务中不能以合伙名义或"○合伙代表人△"的头衔进行不动产登记，只能以记载份额的方式进行共有登记，或者以代表人个人名义（无头衔）进行单独所有登记。此外，学界多数意见认为：合伙人处分（转让、出质等）其对合伙财产拥有的份额，即便相对方为善意的，合伙以及从合伙处取得财产的第三人都可以主张该处分无效；合伙人个人的债权人强制执行合伙财产上的份额的，也不产生效力[78]。换言之，从外观来看，登记上的份额转让是自由的，但实际上份额处分受到了限制。为预防纠纷，在不动产登记时，可以将共有物分割禁止条款进行登记（不动产登记法第59条第6项），但分割禁止的合同不能超过5年，每隔5年要更新一次，这点会带来不便。

税务上，合伙不是纳税义务人[79]，从事业活动中产生的损失和收益穿透（pass-through）合伙，归属于合伙人进行征税[80]。

b. 合伙人的责任

任意合伙的合伙人对合伙的债权人承担无限责任。民法第675

---

[78] 根据民法第676条的解释。参见：鈴木祿彌『新版注釈民法（17）』（有斐閣、1993年）147頁以下〔品川孝次〕。

[79] 根据「法人税基本通達1-1-1」，任意合伙未包含在"无人格社团等"里。

[80] 合伙人为法人的，「法人税基本通達14-1-1以下」中有详细规定。

条的前提是，各合伙人不承担债务的全额，仅承担分割债务，即按照合伙人之间约定的损失分担比例承担债务，但从最高法院关于合资企业的判决[81]来看，公司结成合资企业，其成员履行合资企业事业的行为是为（合资参加企业）公司的营业而实施的行为（附属商行为。商法第503条），因此，关于合伙的债务基本上都是由合伙人承担连带责任的（该法第511条）。

另外，在两合公司、无限公司中，公司的债权人如果不向公司先请求清偿债务，是不能追究无限责任社员的责任的（补充责任、公司法第580条第1款）。而民事上的合伙缺少该规定，因此，合伙的债权人可以不向合伙请求，而直接向合伙人请求清偿（并存责任）。

（本研究得到了2005年度中央大学特定课题研究费的支持）

---

[81] 日本最高法院1998年4月14日判决（注76）。

第三章　意向书

泷泽昌彦

当事人就合同交涉的中间阶段（至那时为止）达成合意的事项制作成书面文件，称其为意向书，该意向书经常在企业并购等情形中使用。虽然不是最终的合同，但具有一定程度的拘束力，如违反有可能会承担损害赔偿义务等。本文先介绍一个英国的判例，然后说明美国关于意向书的讨论，进而在参照德国等国情况的基础上，对意向书的法律效力进行考察。

一、序言（一个裁判例的介绍）

1. 意向书的概念

当事人有时会就合同交涉的中间阶段（至那时为止）达成合意的事项制作书面文件，这被称为意向书（letter of intent）[1][2]。这本来是美国证券行业的习惯[3]，现在在企业并购和不动产交易等情形中也经常使用。这些交易中，合同交涉会持续很长时间，至最终合同签订之前合同能否成立都是不确定的，当事人会存在不安，因此通过意向书相互约定"积极地进行交涉"，同时就已经达成合意的事项进行确认并留下证据。然而，毕竟还有目前尚未达成合意的事项，相较（正式）合同而言，其仍有许多不完整之处，有时为了留有从合同中"逃出"的余地，而故意在意向书中插入否定法律拘束力的

---

[1] 除此之外，也有使用commitment letters或memoranda of understandings等用语的，不同的用语之间会有细微的差别。intent有"现阶段的意图"这个意思，commitment有"承诺"之意。不过，关于这点不做深入讨论。

[2] 关于意向书的文献有：则定隆男『契約成立とレター・オブ・インテント——契約成立過程におけるコミュニケーション』（東京布井出版、1990年）。英文文献有：Furmston, Norisada, Poole (1998). *Contract Formation and Letters of Intent*, John Willey & Sons.

另外，意向书这一用语在日本判决中实际使用的是比较少的，有：東京地判1992年9月28日判時1482号105頁。本案中，对于争议的文件，被告主张"这只不过是意向书，没有法律拘束力"，但法院驳回了这一主张。

[3] 则定书：前引注2第125页。

内容，如"留待今后签订正式的合同"等。另外，还有将交涉负责人之间的合意内容先以意向书的形式总结出来，再向律师进行咨询，或者提交董事会裁定，又或者提交给对该项目进行融资的金融机关供其参考。

本文的目的是讨论这些书面文件的法律效力，即合同是否成立，即便未成立，其是否构成承担某种法律责任的根据。因此，本文首先通过一个裁判例④，来形象地说明什么是意向书，以及会对其产生怎样的法律问题。

2.英国钢铁公司诉克利夫兰桥梁工程公司案〔British Steel Corp v. Cleveland Bridge and Engineering Co. Ltd., (1984) 1 All ER 504〕

a. 事实关系

被告克利夫兰桥梁工程公司（以下简称CBE）承接了沙特建设银行的工程，但由于建筑构造特殊，需要一种固定金属板的连接装置（node）。CBE获悉原告英国钢铁公司（以下简称BSC）能生产这样的部件，便开始与BSC洽谈委托其生产连接装置的事项。首先，BSC在当时根据不完整的信息于1979年2月9日以传真提出了报价，之后的2月21日，CBE将以下内容的意向书发送给了BSC。

"CBE非常高兴通知贵公司，关于生产、供给本项目屋顶连接装置的钢铁制造部件一事，有意向与贵公司签订承包合同。价格如1979年2月9日贵公司的传真（多朗斯向罗伯特发送的传真）所示，即773/73号规格的连接装置为各1225英镑，773/41号规格的连接装置为各941英镑。其他产品的价格为每吨1300英镑。另外，设计费用的总额为6500英镑。应签订的承包合同的格式使用以ICE标准条

---

④ 该判决在则定书：前引注2第176页中也介绍过。

款为基础的本公司标准承包合同条款，随信附上一份，供贵公司参考。另外，再附上一份客户要求的关于钢铁构造物的特别生产规格（包括5A.第1页至5A.第37页），在应当适用该特别规格时，必须严格遵循。但是，关于铸造部件的规格，原则上适用贵公司多朗斯等人参加的1979年2月20日在顾问技术公司办公室举行的会议的决定。贵公司应该已经持有我方连接装置的详细设计图一份，有待准备和签订正式的承包合同，请立即开始生产。"

实际上，在这个阶段BSC尚未持有一份设计图，BSC准备拿到设计图之后，经过计算再提交一份正式的报价。并且，ICE标准条款规定因迟延产生损害的，要承担无限责任，所以BSC并未同意，但其为了满足交货期已经开始生产产品。从之后CBE的联络情况来看，连接装置需要按照一定顺序来供给，并且（试验性制造的）最初的连接装置不能满足需求，因此双方于5月15日进行会面并修改了图纸。5月16日，BSC基于自己（BSC）的条款制作并发送了正式的报价，其价格为212100英镑，大幅度地超过了2月9日传真中的价格。CBE无法接受，故BSC提出可以降低9%的价款。此外，BSC为了努力挽回因最初产品失败导致的交货期迟延，故按照CBE要求的顺序铸造和供给连接装置。6月6日，BSC催促CBE接受5月16日的报价，但CBE使用自己（CBE）的条款并基于2月9日传真的价格提供了一个合同。8月1日，双方就5月16日报价上的价格达成了临时合意，但就其他合同条件尤其是损害赔偿责任以及保证金未达成合意。8月4日，BSC发送了如下内容的传真。

"未解决的问题过多。……这样的话，（我方）担心可能会在生产后期阶段增加费用、产生迟延。因此，在就全部问题达成合意前，以及在CBE认证的明细书完成之前，我方不能再继续推进该合同。"

虽然协商还在继续，但许多问题仍待解决，并且CBE尚未支付生产费用，尽管如此，BSC还是在持续供给连接装置，至12月28日全部137个连接装置仅剩下一个（未交付于CBE）。这最后一个产品是为担保CBE支付价款而留下的。但是，1980年1月1日发生钢铁工人的争议持续了数周，最后的连接装置的供给是4月1日完成的。在此期间，CBE以"只要最后的连接装置未送达沙特，CBE无法从订货人处获得支付"为理由均拒绝支付价款。但这与CBE当初承诺的"分期支付价款"相矛盾。2月6日双方决裂，BSC为请求损害赔偿提起诉讼，CBE也请求基于迟延履行的损害赔偿，主张抵销。

b. 判决

在上述事件中，罗伯特法官认为，BSC的主张既可以以合同为依据，也可以以"准合同"（quasi contract——类似于日本法上无因管理的法律构成）为依据，但CBE的主张是违反合同，因此本案的重点是合同成立与否[⑤]。而且，如果合同基于意向书而成立，这究竟是①双方当事人互负义务的一般合同，还是②A向B承诺"请求（B的）给付，在B履行时支付报酬"的合同（罗伯特法官称为"假设"合同，即实质上具有拘束力的要约）？

首先，前者①这样的合同成立与否要根据案件的事实关系判定，但本案中，CBE请求马上开始生产的意向书中有"有待准备和签订正式的承包合同"这一内容，这表示承包合同的价格、交货期、合同条件尚在交涉中。在此阶段，很难说因为BSC开始生产，

---

⑤ （1984）1 All E.R. 509.

其就得接受合同上的履行义务（拘束力）。虽然CBE当时确实相信合同交涉已经到了相当成熟的阶段，早晚会签订正式的合同，但是双方当事人尚处于交涉阶段，因此不能准确地预见合同条款会是怎样的。CBE主张，（在这个阶段）BSC一旦开始生产（即便合同条件的交涉受挫）就没有中止生产的自由，但该主张无视交易的现实，反而BSC在8月4日提出的"合意的明细书完成之前，我方不能再继续推进该合同"属于常识性的应对。

而且，也否定了后者②这样的"假设"合同。本案为商品供给合同的纠纷，标准条款中规定出现商品存在瑕疵和履行迟延的情形时由卖方承担责任，但可以免除关于扩大损害的责任，这是为了限制卖方的责任。本案中，究竟采用哪种条款尚未达成一致，CBE的条款未对卖方承担迟延责任进行限制，而BSC的条款中则包含了免责事项。因此，在无法预测卖方将承担何种责任的情况下，不能仅考虑买方的请求，即卖方开始生产后须就己方的履行承担责任。当双方当事人都相信（最后）会签订正式的合同，根据一方请求他方开始履行时，①（如预想的那样）之后签订了合同的，可以认为该履行是基于合同进行的；②（如与预想不同）未能签订合同的，请求履行的一方基于"准合同"或"回复法理"（restitution：相当于日本法上的不当得利和侵权行为），向相对方负有支付合理金额的义务[6]。（另外，罗伯特法官认为，即便"假设"合同成立，根据该合同BSC也没有继续生产的义务。）进而，罗伯特法官认为，即便BSC负有在合理期间内给付的义务，但其并没有违反（该）义务[7]，在此基础上，法官认可了

---

[6]　（1984）1 All E.R. 511.

[7]　（1984）1 All E.R. 512.

BSC的请求，否定了CBE的反诉和抵销的主张。

c. 若干评论

该案件的结果是，法院并没有基于意向书认定合同成立，但在意向书中CBE向BSC请求开始生产这点是"决定性因素"，从而支持了BSC的请求。按照本判决的法理，一旦履行合同就可以请求相应的金额（几乎相当于合同上的对价），但同时可以不承担合同上的责任，这就产生出了一种"不匹配"的状态。如果BSC是基于"合同已经成立了吧"这样的单方期待而开始生产的，这样的结果可能会不妥。但本案中CBE确实向BSC请求了开始生产，因此判决是合适的。

另外，本案中法院为了否定CBE的反诉（基于违约的损害赔偿和抵销），而否定了合同的成立。但如果BSC请求的是支付"相当于价款的金额"，那法院是否会认为合同已经成立了呢？并且，法院在随附意见中指出：即便BSC负有适时履行的义务，但其事实上没有违反义务。也就是说，法院一方面认定合同成立，另一方面又否定了CBE的反诉，因此，法院否定合同成立这点本身不过是一种"随附意见"。

该案中否定了合同成立，主要是因为双方就重要的点尚未达成合意。尤其是关于卖方责任的问题，双方不同的条款中有不同的责任限度，所以说未达成合意，可以说呈现出一种"书面文件战"的样子。然而，是否达成关于价格的合意却有所不同。1979年2月9日，BSC提供了报价，2月21日CBE的意向书中同意了该报价，因此可以说达成了初步的合意。并且，虽然在之后的交涉中（试验品失败后）BSC改变了产品规格，事情发生了变化，但之后的5月16日，BSC（再次）进行报价，8月1日CBE（虽面带难色）也同意了报价。

换言之，在价格问题上双方龃龉不合，因此卖方的责任问题才是决定性的内容。（但卖方的责任内容与价格之间有密切的关联……）

意向书原本就是英美法上的概念，因此在进行讨论时多以英美法为前提。本案如果以日本法（和德国法）来看，可以基于缔约过失责任引起的损害赔偿责任问题来进行处理。此外，罗伯特法官所说的"假设"合同，在日本法上是"基于意思实现的合同成立"（民法第526条第2款）问题。英美法的传统观点是合同的要约不具有拘束力，也对合同签订时的过失理论等持消极态度，或者说这些理论并不发达。

然而，基于大陆法上的缔约过失理论，责任的根据并不必然需要letter（书面）。但是，例如在本案中，如果CBE是口头要求BSC开始生产，那其请求能否得到支持尚存疑问。在讨论关于意向书的理论时，绝不能忽视重视书面的英美法传统（如防止欺诈法和口头证据法则等）。

其次，本文介绍现代美国的代表性合同法学者法恩斯沃思（Farnsworth）关于意向书的理论分析。

二、法恩斯沃思的意向书理论

1. 理论框架

法恩斯沃思在其著名的合同法教科书中提出了客观说，即"是否有合同的承诺"不由承诺人的内心意思来决定，而应该由表示等的客观状况来判断。但在其说明中设置了"到后来签订合同之前不受拘束的意思"一项，以后来签订合同为前提，讨论该合意（意向书也包含在其中）的法律效力⑧。当然，这也可能是签订合同之前，使（有拘束力的）合同的成立延期的意思，但不能一定说因为预计后来会签订合同，从而否定（有拘束力的）合同的成立。因为有可能在达成该合意时合同已成立，后来的签订合同只不过是（对已经成立的合同的）确认，仅仅只是履行形式上的手续。法恩斯沃思认为，这终究是当事人的意思问题，但当事人的意思不一致时，需要从表示中解读出何种内容才是合理的这点进行判断（即意思表示的客观解释，客观说的适用）。并且，到此为止的论述是一般论，法恩斯沃思随后在"预备性合意"（Preliminary Agreements）这一标题下，又讨论了非终局性的预备性合意的效力⑨。

法恩斯沃思先将"预计交涉后会达成集大成之合意，在交涉过程中达成的一切合意（无论是否有法律拘束力）"定义为预备性合意，在此基础上又将其分为几个类型（但也有混合型）。首先，最重要的是"含待定条款合意"（agreements with open terms）和"继续交涉合意"（agreements to negotiate）。

①所谓"含待定条款合意"是指，几乎所有的交易条款已经决定，当事人作出受（这些）条款拘束的合意。但是，应当包含在最终合意中的几个问题尚未决定，关于这点当事人负有继续交涉的义务。"含待定条款合意"为有效的，因当事人违反交涉义务导致无法达成最终合意时，当事人负有法律责任。与此相对，当事人继续进行了交涉但仍无法达成合意时，当事人受原来（待定条款以外

---

⑧ Farnsworth. (1998). *On Contracts*, Vol.1 (2nd. Ed.), Aspen Law & Business, 203.

⑨ Farnsworth. Supra note 8, 213.

的）合意的拘束，而其他问题由法院来补充⑩（但是，当事人违反交涉义务时〔虽有法律责任〕，合同不成立；当事人继续进行交涉但仍无法达成最终合意时，由法院补充使得合同成立。由此来看，两者的处理似乎有些不大平衡。或许法恩斯沃思的真实意思是，即便是在当事人违反义务导致无法达成最终合意时，也可以由法院补充使得合同成立）。而且，法恩斯沃思说这一类型的合意在不动产交易和企业并购中很常见（下文详述）。

②"继续交涉合意"中交易的重要事项也已经决定，但与"含待定条款合意"不同的是，当事人未就受（这些）条款拘束作出合意，仅约定为达成最终合意继续进行交涉。该合意为有效的，因当事人违反交涉义务导致无法达成最终合意时，当事人负有法律责任。然而，当事人继续进行了交涉但仍无法达成合意时，当事人不受任何合意（包括原来的合意）的拘束。该类型的合意在企业并购中很常见。

不过，法恩斯沃思说，除上述两种类型外，还有很多预备性合意，还可以将其分为"进行交易合意"（agreement to engage in a transaction）和"空白补充合意"（stop-gap agreement）。

③所谓"进行交易合意"是指当事人接受在将来进行（买卖和租赁等）交易的合意。该合意中没有留下未解决的问题，这与最终合意相同；但是以之后进行终局性的合意为前提，从这点看是"预备的"。该合意拘束着当事人要进行交易，但准备必要材料和产生随附费用的，可以进行延期。举例而言，在不动产融资之前，当事人会签订承诺书（a commitment letter），约定融资者以特定条件进行融资。法恩斯沃思说，这虽然是预备的，但为最终合意，之后的

---

⑩ Farnsworth. Supra note 8, 214.

交易（如举例中的融资本身）是该合意的履行。

④所谓"空白补充合意"是对交涉中当事人关系的一种临时处置。该合意与终局性合意都属于最终性的，但不包含交易条款本身（规制交涉中的当事人关系）。例如，建筑承包合同的交涉中承包人应当开始工作的合意［与上文介绍的英国钢铁公司（BSC）对克利夫兰桥梁工程公司（CBE）事件类似的情况］，或者公司合并交涉中，被吸收公司应当继续往常的营业、努力维持企业价值的合意。另外，"空白补充合意"也可能不是终局性合意，而只是预设交涉失败的可能性。例如，未能进行交易的，要补充相对方因此产生费用的合意等。

法恩斯沃思分类中的重要因素是要考虑"当事人就合同的哪些部分达成了合意"。具体而言，①"含待定条款合意"和②"继续交涉合意"的情形下，当事人就全部合同条件并未达成合意，还有尚待交涉的问题；而③"进行交易合意"的情形下，不存在未解决的问题，④"空白补充合意"原本就是规定（与合同内容无关的）交涉过程中当事人的权利义务。再进一步看，在仅就部分合同条件达成合意的2个类型中①和②，又分为该（不完整）合意①有拘束力的与②无拘束力的。与此相对，后两者③和④都有完整的拘束力（严格地说，③的情形下虽不产生拘束力，但合意内容"已经决定"，没有变更的余地）。并且，法恩斯沃思还举例对此进行了探讨[11]。

2. 六个具体事例

a. 不动产购买合同

在不动产中介的撮合下，买卖谈妥之际，买方和卖方（尚未

---

[11] Farnsworth. Supra note 8, 218.

见面时）会在一份名为"定金收据"之类的书面文件上签名，其中写有目标不动产的详细信息、价格和合同预期日等，而且买方义务中多附有"如获得融资"这一条件。此时，买方通常支付了中介费用，但如果之后买卖合同未成立的，不能取回中介费，所以如果说这一预备性合意具有拘束力，则中介获得了利益。此外，买方也想卖方能够拒绝他人的请求，并在为获得融资开始努力之前得到合同成立的保证；卖方也想在将目标不动产从市场撤回之前获得合同的保证。之后应当成立的合同内容预计会与（该）预备性合意的内容一致，为合同成立目前还留有一些应当协商的细节，对此当事人打算达成预备性合意之后进行交涉。

法恩斯沃思说这属于"含待定条款合意"，当事人负有就残留问题进行交涉的义务，如未达成合意的，由法院补充。预备性合意的内容过于笼统的，法院也会否认其拘束力，但一般不会否定在达成更详细的合意之前，该合意已经产生拘束力这点。

b. 企业并购中的意向书

企业并购中签署意向书的不在少数，其中包含合同条款的概要、支付条件和合同成立的条件等。通常会在意向书中表明之后签订"正式合同"的意思，有的还会表明"（预备性合意）无拘束力"等意思。

法恩斯沃思说，如果该合意拘束当事人的，则属于"含待定条款合意"。当事人受达成合意事项的拘束，负有就残留问题进行交涉的义务，但拘束力被限定的，当事人也可能仅负有交涉义务。当不构成有效的"含待定条款合意"时，（该合意）是否属于"继续交涉的合意"会成为问题，关于这点判例中也产生了分歧。

c. 融资承诺书

购买不动产的人想获得融资时，会填写融资书面文件并提出申请，该书面文件中会记载融资条件、融资金额、利息和还款条件等，这通常构成（融资合同的）要约。与此相对，融资人（贷款人）交付给被融资人（借款人）的"承诺书"是融资合同的内容概要，（承诺书的内容）与申请条件在某些点上经常会不一致，此时构成"新的要约"（a counter offer，相当于日本民法第528条——笔者注），所以需要借款人再次承诺，通常会向贷款人支付一些金钱（包括手续费）。之后进行融资时，按照承诺书向借款人出具律师准备的正式文件。

这一预备性合意一般是拘束贷款人的，贷款人以利率上升等理由拒绝按照承诺书进行融资时，对借款人负有损害（为获得替代融资而支出的利息和追加费用等）赔偿义务。法恩斯沃思说，这一承诺书中关于融资条件并未留下应当交涉的未解决问题，因此本质上是终局性合意，属于上文介绍的"进行交易合意"。

d. 交接承诺书（Take-out Commitment Letters）

在建筑项目中，当事人通常在最终阶段才能获得长期的融资，因此，开发商多会从建设融资者（a construction lender）处接受短期（＝工程期间内）融资，工程完成后再从最终融资者处接受长期融资。工程完成时由最终融资者进行融资，然后开发商可以向建设融资者进行清偿，以这种方式，由建设融资者和最终融资者进行"交接"（take out）。但是，如果在项目完成之际最终融资者不能就"交接"进行保证，建设融资者在一开始是不敢提供融资的，所以，最终融资者会向开发商提交承诺书。

虽然开发商多会援用该承诺书，但建设融资者仅仅是拥有偶然的反射性利益，所以建设融资者不太会援用。法恩斯沃思说，这也没有留下未解决的问题，故属于"进行交易合意"。

e. 生命保险的附条件受领证

保险合同的成立应当在保险人的事务所进行（要约的）承诺，因此，代理人仅仅接受申请书不构成对合同的承诺。这虽然可以留出时间审查保险是否是适格的，但申请人也可以撤回邀约。所以，为了避免在医学检查等事项后申请人撤回，保险人会发行受领证（或者临时接受证〔binder〕），以申请人适合保险为条件，保险期间自申请之日开始。

在此情形下，申请人在申请日以后死亡的，保险人的责任会是一个问题，尤其是根据保险条款，申请人虽无保险适格性，但（申请人死亡前）未通知拒绝保险合同的，常会引起争议。在司法实务中，虽有判决保险人免责的，但也有判决只要在死亡前未通知拒绝的，保险人均有责任。法恩斯沃思说，该受领证是不变更保险合同本身条款的临时措施，因此属于上述"空白补充合意"。

f. 接受股份中的意向书

企业在进行股份的公募之际，（根据联邦法）需要进行登记。此时，发行人想获得接受方确定接受股份的保证。但作为接受方，如果约定接受股份，则会承担（登记前）市场价格下跌的风险。因此，一般会签订无拘束力的意向书，在其中记载接受股份的条件，但也会规定"当事人之间不产生任何责任或义务[12]"。

法院按照合同的规定，否定其法律拘束力。如果意向书中未留下应交涉的问题时，属于无拘束力的"进行交易合意"；如果留下的，则属于"含待定条款（无拘束力）合意"。无论何种情形均无拘束力，所以不影响交涉中当事人之间的关系。

---

[12] 根据则定书：前引注2第125页，据说这一美国的惯例是意向书的起源。

3. "含待定条款合意"的提案

接下来，法恩斯沃思还论述了"含待定条款合意"这一提案中应当注意的点[13]。本文的目的是进行理论探讨，因此在这里以理论上值得关注的点为中心，仅介绍其概要。

首先，法恩斯沃思指出"含待定条款合意"存在有拘束力与无拘束力两种。有拘束力的情形下，①即便当事人就留下的问题无法达成合意，也会产生执行交易的义务，且②在对留下问题进行交涉时当事人也有公平行动的义务。而且，"含待定条款合意"成立与否，由当事人就留下的问题无法达成合意时是否具有受拘束的意图来决定。例如，买卖合同中当事人就价格商定事后再决定，此时，①若当事人意图赋予该合意拘束力的，则合意具有拘束力，如果有关价格的交涉失败，法院（根据美国统一商法典第2—305条[14]）会

---

[13] Farnsworth. Supra note 8, 226.

[14] 从田島裕『UCC2001——アメリカ統一商事法典の全訳』（商事法務、2002年）一书中引用译文如下（其内容与本文引用的法恩斯沃思的观点基本一致）：

第2—305条（未定价格条款）

（1）即使价格尚未决定时，若双方当事人意图签订买卖合同的，可以签订该合同。此时，其价格为：

（a）未提及任何关于价格的，或者

（b）当事人就价格进行了协商，但未达成合意的，或者

（c）价格是由一定合意的市场或第三方或者机关来设定时，或者由记录的其他标准来确定时，未进行这样的设定或者记录的，为交付时的合理价格。

（2）由买方或者卖方确定的价格是指当事人信义诚实所确定的价格。

（3）以当事人合意以外的方法来确定的价格，因一方当事人的归责事由（fault）不能确定时，其他当事人可以根据其选择解除该合同，或者自行确定合理的价格。

（4）但是，如果有该价格不能确定或者不能合意，当事人就不受拘束的意思，并且不能确定或者不能合意时，合同不存在。此时，买方应当返还已经受领的物品，或者不能返还的，应当支付交付时的合理价格。卖方应当返还支付到其账户的价格部分。

73 以"交付时的合理价格"来补充合同。相反,②只要当事人未就价格达成合意即没有受拘束的意图的,则合意不具有拘束力,即使交涉失败,任何当事人均不负有法律义务。

并且,法恩斯沃思还指出,"含待定条款合意"中当事人一般(=尤其是无明文规定时)在交涉中负有公平行动的义务,当违反该义务时会产生信赖利益的赔偿责任。进而,当该违反构成重大(material)时,(违反者的相对方)可以停止自己的履行,且此时无法补正违反的,则可以解除合同,请求基于违反合同的损害赔偿(应该是履行利益——笔者注)[15]。这里的损害赔偿不限于信赖利益,如果支付部分价款的,可以请求返还(但原则上仅能请求信赖利益的赔偿,当义务违反构成重大时,则可以请求这以上〔履行利益吗?〕的损害赔偿。至于这样进行区别的正当理由何在,笔者以为目前尚不明确)。

74 不过,法恩斯沃思在提出有拘束力的"含待定条款合意"时,也说其中存在这两个问题。第一是当事人意图的问题,意向书的起草人很多时候不会想起有明确的受拘束的意图。此外,例如,也存在仅就费用补偿条款有拘束力,而其他条款无拘束力的情形。第二是合同内容确定性的问题,无论在意向书中如何明示其有拘束力,但对留下的问题进行交涉失败时,如果不能达到法院可(就欠缺条款)进行补充程度的确定性,该合意也无法具有拘束力。对于起草者而言,有时也很难探寻上述美国统一商法典第2-305条所说的"合理的价格"这类"补充规则"。

关于法恩斯沃思的观点介绍就到此为止,这并不一定是"典型

---

[15] Farnsworth. Supra note 8, 229.

的"意向书的讨论。在普通的合同法教科书中很少会讨论得如此详细,在说明当事人的合同意思之际,会作为"很难判断是否有意思的情形"之一进行简单地说明[16]。法恩斯沃思也有关于合同交涉过程的重要论文[17],这里介绍的意向书的分析就是以该论文为基础的。正因为如此,尽管不是"典型的"分析,但作为合同交涉过程研究专家的分析,也可以说是极具启发性的重要成果。

三、探讨

1. 德国法

值得一提的是,尚有未解决的问题以及以之后签订正式合同为前提的情形下合意的效力问题,不仅英美法系,大陆法系也从很早就开始讨论了。例如,德国民法第154条进行了如下规定[18]:

---

[16] 例如,Corbin.(1993). *On Contracts*, Vol.1 (revised ed. by Perillo, 1993), Lexis Nexis, 46, 以及Calamari & Perillo.(1998). *The Law of Contracts* (4th. Ed), West Group, 34。除此以外,并非没有关于意向书的文献,但似乎多是针对实务人士的。

[17] Farnsworth.(1987). Precontractual Liability and Preliminary Agreements: Fair Dealing and Failed Negotiations. *COLUM. L. R.* Vol.87, 217. 介绍该论文的文献有:木原浩之「契約の拘束力の基礎としての『意思』の歴史的解釈とその現代における再評価」亜細亜法学40巻1号(2005年)193頁以下。此外,关于预备性合意的近期文献有:有賀恵美子「アメリカにおける予備的合意の法的位置づけ」法律論叢73巻4＝5号(2001年)181頁。

[18] 法条翻译引自:井出健「ドイツ民法典——総則」法務資料445号(1985年)。

第154条（已知的不合意、未制作书面凭证）

（1）当事人对合同的所有事项尚未进行合意的情形下，即使仅以一方当事人意思表示也应达成合意时，若当事人的意思不明确的，应认为合同尚未成立。即使对个别的事项进行了合意，并记载于书面的，也不产生效力。

（2）当事人约定对意欲订立的合同须制作书面凭证的情形下，若当事人的意思不明确的，应认为在该书面凭证制作之前合同尚未成立。

如此看来，在法律传统不同的大陆法系也同样探讨过该问题，因此，对德国法的讨论进行比较研究，有助于理解英美法系关于意向书的讨论究竟具有何种程度的普遍性。不过，本文无法对德国法进行详尽的探讨，因此以评注等为线索，暂且介绍围绕第154条讨论的概要。

原本在德国民法第1草案第78条第1款[19]规定，只要未依法就（该）合同本质的部分达成合意时，应认为合同不成立。这里的"本质的部分"应当理解为合同的"要素"（essentialia negotii）。但是，现行的德国民法并未承继这一规定，即便是"要素"以外的随附部分，只要当事人意图签订合同但（就该部分）尚未达成合意时，应认为合同不成立。如此一来，一方当事人为了从已经达成的合意中逃脱，可以以未解决的问题点为借口，阻碍合同成立。立法

---

[19] 德国民法第1草案第78条第1款："当事人只要就所签订合同的属于本质的部分以及法律规定的部分未达成合意的，应认为合同不成立。"

仅以一方当事人表示为必要的规定，当事人未达成合意时，无论就已经达成的合意是否制作证书，只要存在疑问时，均与（前款）相同。"

者似乎（对此）有明确的认识，故起草了第154条[20]。

根据德国民法第154条第1款，当事人的任何一方就意欲签订的合同所有部分未达成合意时，合同不成立。此时，当事人明确认识到有留下尚未达成合意的部分，因此被称为"已知的不合意"（offener Dissens）；如果是没有明确认识到的，则被称为"隐藏的不合意"（verstecker Dissens）。是否构成不合意是合同解释的问题，（就该部分）当事人的任何一方意欲签订合同是否是明确的这点，也是由解释来判定。这些仅凭内心的意思是不够的，有必要进行客观的表示，举例而言，在进行买卖合同的交涉时价款问题是未解决的情形，以及仅规定价款金额上限的情形等，构成"已知的不合意"。

第154条不过是解释准则，而不是推定规定，因此，尽管留下了未解决的问题，但双方当事人明确期望合同成立的，可以认定为是具有拘束力的合意。但是，如果对合同的"要素"未达成合意的，合同的拘束力不构成问题。

此外，该条第2款也是解释准则，合同中预定制作书面合同的，（只要无特殊事项）制作书面合同是签订合同的条件[21]。但是，如果书面合同仅仅是作为证明手段的情形，不适用该条第2款，在商事交易中这样的情形比较常见。还有，如果合意的内容是在合同有效成立之后制作书面合同的情形，也不适用该条第2款。另外，关于英美法系的意向书，德国法有观点认为：因为会产生类似

---

[20] Staudinger, *Kommentar zum Büergelichen Gesetzbuch mit Einfüerungsgesetz und Nebengesetzen*, Allgemeiner Teil 4（Neubearbeitung 2003）, S.647.（Reinhard Bork）.

[21] Nr.20, S.652.（Reinhard Bork）.

合同的信赖关系——虽无法律拘束力——所以也会产生基于缔约过失的损害赔偿责任，或者包含有拘束力的"前提合意"（Vorfeldvereinbarungen），如作为先履行的融资和信息义务（保密义务）的条款等[22]。

2. 分论性的探讨

以上对英国的判决、美国的学说和德国的讨论进行了介绍，接下来进入"总结"环节。意向书中存在各种各样的情形，因此成为问题的争议点也是多样的，为方便起见，逐一对争议点进行探讨。

a. 合同是否成立？

①当事人的意图

法恩斯沃思认为，即使留下了未解决的问题，当事人如果有受合同拘束的意图的话，合同成立（留下的问题由法院补充即可）[23]，故该意图的认定是问题的关键。如上所述，意向书中时常会含有"以后再签订正式的合同"等否定法律拘束力的语句，不取"某某合同"这样的标题，这一行为本身就可以说是对合同拘束力的否定。因此，原则上合同是不成立的，但如果法院认定"尽管留下了未解决的问题，但当事人期望合同成立"的，也可能认可合同成立。此时，留下未解决的问题对于当事人具有何种程度的重要性（只要该问题未解决的，会导致是否有不签订合同的意图）将会成为"关键"，关于该问题有两种路径：一是解释当事人意思的路径，二是从合同类型等客观事由出发考虑的路径（不过，因为现在日本的通说是从客观〔仅就外部表现〕来解释当事人的意思[24]，所以这两

---

[22] Palandt, *Büergeliches Gesetzbuch*（64.Auf.），S.156.（Heinrichs）.

[23] Farnsworth. Supra note 8, 214.

[24] 例如，我妻荣『新訂民法総則』（岩波书店、1965年）249頁。

个路径不存在很大的差异）。

笔者自己认为，原本当事人会在多大程度上意识到合同具有拘束力的问题是值得怀疑的（俗话说"无可挽回时"是合同成立时，但当事人经常对此没有清晰的认识），此外，如上文介绍的英国钢铁公司诉克利夫兰桥梁工程公司（*BSC v. CBE*）事件一样，当事人明知卖方责任这一重要之点尚未达成合意（但预见会达成合意），便开始履行合同的情形下，其处理是比较困难的。罗伯特法官采用了一种"小聪明"的解决办法，即（根据一方请求他方开始履行时）"①（如预想的那样）之后签订了合同的，可以认为该履行是基于合同进行的；②（如与预想不同）未能签订合同的，请求履行的一方向相对方负有支付合理金额的义务"[25]。但"之后签订了合同的，可以认为该履行是基于合同进行的"这一论证是对当事人意思的一种拟制，即履行时（自己认识到仍有未解决的问题）尽管意识到了无合同的拘束力，到后来"拟制"出了受拘束的意思。与其进行这样的拟制——只要当事人的意思没有清楚地表明——不如采用后一种路径（从合同类型等客观事由来考虑的路径）更为实际。这也跟下面探讨的问题有关。

②当事人就哪些事项达成了合意（合意内容的确定性）？

首先，当事人有必要对其合同类型要求的"要素"达成合意，如无此合意，不能认定（作为整体的）合同成立。如果是买卖合同，标的物的特定以及价款支付的合意是不可缺少的，在日本也有这样的解释[26]。

---

[25] (1984) 1 All E.R. 511.

[26] 例如，司法研修所『増補　民事訴訟における要件事実（1）』（法曹会、1989年）138頁。

但反过来看，只要就"要素"达成了合意合同就成立，其他的事项（凭任意性规定等）由法院进行补充即可的话，合同的成立时间就会异常地被提前。因此，只要当事人未对"要素"以外的事项达成合意的，有时也应当否定合同的成立。但在理论上，这是由当事人的意思来决定的（这一点与上述问题①有关）。不过，如笔者在上文所述，对于意思的认定持怀疑的态度，结果还是会避免由法院进行拟制。法恩斯沃思也认为，因合意内容不确定，法院无法进行补充的情形下，不构成有拘束力的合意㉗，这是否意味着要认定法院的补充是可能的（妥当的）。如果合意内容是模糊的、没有补充的线索，尽管如此法院仍进行补充的，则可能会导致当事人意想不到的结果。相反，如果补充的线索包含在合意中，以及从任意性规定和交易习惯出发可以进行常识性的补充，则不会违背当事人的期待。实质上，应当从这样的角度出发来进行认定。

b. 个别条款的法律意义

①个别条款的拘束力

如果合同不成立的，合意以及记载于意向书中的个别条款也不具有拘束力。德国民法第154条第1款2对此进行了明文规定。与此相对，从法恩斯沃思的论述中可以解读出如下含意，即如果当事人有受意向书中个别条款拘束的意图，则（个别条款）具有拘束力；不过，如果当事人受意向书中个别条款拘束时，属于"含待定条款的合意"，预计由法院来补充待定条款㉘。相反，若法院不能进

㉗ Farnsworth. Supra note 8, 231.
㉘ Farnsworth. Supra note 8, 214.

行补充时,(已经合意的)个别条款也会被认为是不具有拘束力的条款(但这也是一种意思的拟制),结果是(作为整体的)合同不成立,此时也很难说个别条款具有拘束力。

但是,意向书中的个别条款在合同不成立之时,完全没有任何法律意义吗?如下所述,当事人负有诚实交涉的义务,当事人之间交涉的结果是达成了一定的合意,并写在了意向书中,如果事后"推翻"了该个别条款,不能说其态度诚实。因此,虽然个别条款在合同不成立时不产生法律拘束力,但在之后的交涉中作为既定条款是当然的前提,尤其是在事情没有发生变化时,是不允许变更它们(个别条款)的,应当承认其具有一种"确定效力"(类似日本民法第696条)。

此外,与上述讨论不同的是,也有应承认其具有完整拘束力的条款。例如,在规定不得泄露交涉过程中所获知秘密的义务(保密义务)时,无论合同成立与否,该保密义务是当事人应当负有的,所以即便合同不成立也应当具有完整拘束力,这是法恩斯沃思所说的"空白补充合意"。同样地,交涉失败时应当补偿支出费用的合意也应具有拘束力。如果是这样的话,那在企业并购中达成的"在谈判交涉期间,不与其他企业进行合并等的交涉"的合意是否有拘束力呢?从表面上看,确实与合同成立与否无关,这似乎是在设定交涉过程中的义务,该条款作为"空白补充合意"具有拘束力。但是,如果合同不成立的话,禁止与其他企业进行合并交涉也没有意义,不如说是一种不当的拘束。因此,在已经无法期待合同成立的情形下，应认为该条款不会产生法律义务㉙。结果仍将归结于下面讨论的诚实交涉义务的问题。

②诚实交涉义务

法恩斯沃思说，在"含待定条款合意"和"继续交涉合意"中当事人负有（就留下的未解决问题）继续交涉义务㉚，并且即便诚实交涉义务未在意向书中明确规定，也是当然产生的㉛。这也是在日本（和德国）的缔约过失理论中当然产生的，如此看来，为何法恩斯沃思没有就"进行交易合意"和"空白补充合意"讨论诚实交涉义务反而会让人觉得不可思议。"进行交易合意"的情形中，由于没有留下未解决的问题，似乎不涉及继续交涉义务的问题，但如上所述，当事人就已经合意的事项负有"不得推翻"的义务，这也应当是诚实交涉义务的内容之一。原本制作意向书本身就是"互相积极交涉"的约定，在制作了意向书的情形下通常是负有诚实交涉义务的。即使未制作意向书也负有诚实交涉义务，但以意向书这样的形式来约定继续交涉，应负有更强的义务。不过，也很难指出两者之间存在的具体程度差别。

㉙　旧UFJ控股（现三菱UFJ投资集团）撤销了其与住友信托之间达成的基本合意，后双方争议至法院。在本文执笔过程中，2006年2月13日法院作出了该案的判决。根据媒体报道，在履行最终合同的义务的主张未被法院认可，旧UFJ控股违反了其独占交涉义务，但违反义务与具有相当因果关系的损害之间未能举证。由于并未看到判决书，暂不作详细的评论，但笔者认为，如本文所述，在无法期待合同成立之后，仍保留独占交涉义务的话，会是一种不当的拘束。不过，在该案中是旧UFJ控股单方撤销了基本合意，所以判决的结论是妥当的。此外，在本文校对阶段，有介绍、讨论上述判决的文章出版（金融・商事判例第1238号）。

㉚　Farnsworth. Supra note 8, 214.

㉛　Farnsworth. Supra note 8, 228.

违反诚实交涉义务的法律效果仍然是（在日本法而言，基于缔约过失责任的）信赖利益的赔偿。不过信赖利益的举证往往比较困难，反倒是以合同成立为前提的履行利益更好证明损害金额。但是，意向书中留下了未解决的问题，如果没有违反交涉义务，要证明合同的成立是很难的。如果双方的交涉已经很成熟，足以让法院就留下的未解决问题进行补充（理论上，如上述"合同是否成立"中讨论的合同已成立），则（即使不主张合同成立）可以请求赔偿履行利益。总之，都会归于合同成立"可能性"的问题。当然，可以按照可能性的程度认定相应的比例，但作为当事人而言，倒不如请求信赖利益赔偿来赢得一个"麻利的"了结。

③书面化的效力

如上所述，在英美法上有防止欺诈法和口头证据法则等给予书面文件特殊效力的法律，那这些法律是否也适用于意向书呢？根据防止欺诈法，一定金额以上的交易应当采用书面方式，如果这适用于预备性合意的话，一个交易包括数个合意时，有的合意记载在意向书中，有的合意仅仅只是口头确认，后者的法律效力很可能会被否定。不过，如上所述，即使记载于意向书，只要合同（作为整体）未成立，个别条款的效力仅仅是"被作为今后交涉的当然前提"，所以最终还是要归结于在"诚实交涉义务"中探讨的诚实交涉义务问题。

所谓口头证据法则是指，在制作书面文件的情形下，禁止以（证言等）口头证据来否定书面文件的规则[32]，如果该规则适用

---

[32] 关于口头证据法则，请参见：拙稿「口頭証拠法則をめぐって——意思表示の成立の問題に寄せて」—橋法学3卷1号（2004年）53頁。

于预备性合意的话，不得以"（虽然书面记载）实际上是这样理解的"（证言等）来否定记载于意向书的合意事项。法恩斯沃思虽认为口头证据法则也适用于预备性合意，但对其实际意义持怀疑态度[33]。的确，依据口头证据法则，书面文件的"确定效力"是完成（integrate）（=完整记载当事人间的合意）书面化后的效果，但意向书不过是遗留了尚在交涉事项的中间性合意，因此很难被看作是已完成的书面文件。当然，因为部分的合意已完成书面化，所以理论上也可以说意向书（就部分合意）已完成了书面化。其实，这作为上述诚实交涉义务问题来处理就已足够了。

但是，"空白补充协议"等（无论合同成立与否）被认为是完整效力的合意，因此可以适用防止欺诈法和口头证据法则。

c. 对第三人的效力

举例来说，意向书常被看作是对项目进行融资的金融机关的判断因素，所以此时会出现其对于第三人的效力问题。一般而言，如果是为了欺骗金融机关使其进行无根据的融资而制作意向书的，当然会产生侵权责任，但此时仍有两个问题值得考虑。

第一，如果是第三人无意间看见意向书的，这不能成为使第三人负有法律责任的（正当）信赖根据。在法恩斯沃思举出的交接承诺书的例子中，最终融资者向开发商出具了约定（交接建设融资者的融资）承诺书，即使开发商援用承诺书要求执行融资，但"仅仅具有偶然的反射性利益的"建设融资者也不得援用承诺书[34]。第三人应当是在制度上已预见会看见意向书的人，并且应当（在某种意义

---

[33] Farnsworth. Supra note 8, 211.

[34] Farnsworth. Supra note 8, 223.

上）是意向书指向的人（这似乎也是"在制度上已预见其会看见意向书"的证明）。

第二，已不是"对第三人效力"的问题——如果意向书在制度上的构想是由第三人制作而成的，也可能仅是为了满足程序上的要件而制作的，在当事人之间的意义不大。在日本的不动产交易中交付证明书和买受证明书出现的问题比较多见，但这仅是为了满足国土利用计划法的程序而制作的，因此，法院正是基于这样的理由，一般不会承认其具有使买卖合同成立的效力[35]。

3. 结论

最后，针对本文的讨论进行如下总结。

①很多意向书中都会设想之后会制作正式的合同，此时，其不具有合同的拘束力。但是，在例外的情形下也具有拘束力的，法院可能会就留下的条款进行补充。理论上这是当事人的意思问题，但实质上涉及由法院进行补充是否可能（或妥当）、是否存在可能违背当事人期待的危险。当事人的意思可以抽象化为"（对合同成立的）当事人的期待"。

②合同未成立的，记载于意向书的合意事项也不具有法律拘束力，但当事人负有诚实交涉义务，因此，只要无特殊事由，不允许"推翻"意向书中的合意事项，这是之后交涉的出发点。另外，诸如保密义务，该类规定是与合同成立与否无关的义务条款，可以认可其具有通常合同的效力。

③在与第三人的关系上，如果是在制度上已设想第三人会看见

---

[35] 较近的判决有：東京地判1990年12月26日金判888号22頁；東京地判1991年5月30日金判889号42頁。

意向书的,可以成为承担法律责任的根据,但意向书通常只是当事人之间的"备忘录",难以在与第三人的关系上成为责任根据。

  理论上,围绕意向书的讨论不仅是在合同成立过程,也多会直接涉及合同成立的根据,因此具有重要的意义。合同是基于双方当事人的合意而产生拘束力,这是比较"牢固的"古典合同观,但有必要向保护基于期待和信赖的行动(也与不当得利法、侵权行为法相交叉)以及灵活的合同关系论进行转变。

第四章　股东间协议和章程

福田宗孝

合资企业是基于合资股东的相互信赖和合意而设立的，其内容记载于股东间协议和章程中并成为规范，违反这些规定的行为成为了抑制、纠正的对象，且其存在一直都被视为重要的问题。这样做的背景是：当股东有"不安"时，首先要消解其不安，如果贸然强制履行，反而会加重问题的严重性。该问题解决机制的关键词是"动机激励"，它使得合资企业能够灵活地适应时刻变化的商业环境，获得永续的活力。

一、总论

1. 问题设定

在公司设立之际，准股东们会在事前就公司的设立、成立后公司的运营方针等达成一定的合意（以下总称为"股东间协议"）。此时，这些股东们意在依据该合意内容来实际设立、运营公司，其典型是合资公司（以下称为"合资企业"）。但是，具有该目的的合资企业在公司设立取得法人格后，会根据法律法规和章程独立经营事业，而股东对于事业运营的参与是间接的、迂回的。因此，股东会产生各种强烈的不安，例如："合资企业的经营者（尤其是对方派遣的董事等）是否会依照股东间协议来经营事业呢？""其他股东是否会依照股东间协议来行使股东大会表决权和其他的股东权呢？"本文的问题设定正是基于如何消解这些不安。

应对不安的策略，一直以来理论上都是强调在"章程自治"的法理下有效地利用章程。换言之，股东对合资企业治理的强化手段，一直都是采用如下两种路径：一是将股东间协议的内容反映到章程规定中；二是对于那些如果记载在章程中会违反强行性规定而可能导致其无效的事项等，另行规定在股东间协议中，以股东间的债权合同来达到拘束对方股东的效果[①]。实务界则是更加直接用"合

---

① 江頭憲治郎『株式会社法』（有斐閣、2006年）58頁。

资事业合同的内容能否全部反映至章程中"这一标准来进行应对[②]。

本文先从实务的角度对"股东间协议"、"合资企业"和"章程"分别进行考察，在此基础上尽可能地列举股东间协议和章程的具体规定事项来整理它们之间的相互补充关系，最后指出在公司僵局等功能不全的特殊情形下，股东间协议和章程的作用有限，有必要引入"动机激励"的解决路径[③]。

另外，本文在执笔过程中，日本新公司法公布并实施，在信息如洪水的情形下，实务中的操作目前尚未成熟且未被确立，因此本文不得不进行取舍，仅选取新公司法的法理和显著的修改点在必要且最小的范围内进行分析。

2. 从股东间协议进行考察

a. 狭义的股东间协议（Shareholders' Agreement）

一般而言，在公司设立时，实质上除由单个股东设立的情形外，准股东们会就设立的宗旨、各自的作用或者设立后的理念达成共识，该合意不因无书面合同而不存在。如今，即使在公司成立后，为了通过设立的新公司来实现当初股东间的合意事项，股东之间也是需要债权合同（对行使股东权进行制约的"表决权拘束协议"、以对方的同意为条件的"同意条款"等为典型）的，比较合适的公司类型是封闭公司，其典型正是上文介绍的合资企业[④]。

---

② 铃木正貢「株主間協定の法的諸問題」商事法務1043号（1985年）24—25頁。

③ Zenichi Shishido. (1987). Conflicts of Interest and Fiduciary Duties in the Operations of a Joint Venture. *Hastings Law Journal*, Vol.39, 63-123. 该文从利益冲突交易、公司机会、信息披露三个角度讨论了利益冲突问题。本文与该论文第81页以下的Alternative Solutions和Conclusion的宗旨相同。

④ 江頭书：前引注1第308—311页。

因此，本文将下文的"合资事业合同"作为"股东间协议"来处理。

此外，下列适用股东间协议的情形，虽然不是典型，但也需要注意。

①公司成立后股东间（既有股东间、新加入股东与既有股东间）就事业运营达成了新合意的情形。为公司重振的合作、资本参加合同等；

②签订股东间协议的股东合计持有的股份数不满表决权总数（部分股东间的协议）的情形。在上市公司等典型的公开公司中，若控股股东间签订股东间协议，可以实质上控制公司的事业运营[5]。还有起步时是合资企业，之后再进行增资、公开发行股份的情形[6]；

③作为股东间协议的内容，股东间的参与作用和关心程度、权利义务存在较大不同的情形。一方是投资者，另一方是业务执行者时，前者作为"隐名合伙人"（Silent Partner）比较关心投资回报和对业务执行的监督，后者希望有业务执行的自由。如签订风险投资（Venture Capital）合同等[7]。

除此以外，签订股东间协议的股东在企业规模和资金力量上存在着差异，这在事实上会产生较大的影响，因此也有观点指出要从

---

[5] 江头书：前引注1第7页。在日本，存在大量的控股股东间签订的股东间协议（有时被称为集团企业经营、事业合作等）。

[6] 星巴克咖啡日本股份公司在公开发行股份时，其招股说明书中记载：虽然终止合资事业合同，但作为商业模式骨干的重要合同仍会维持下去。如果出现除当初合资股东以外的大股东（20%以上）的，可以解除这些重要合同。

[7] 宍戸善一「ジョイント・ベンチャー契約とベンチャー・キャピタル投資契約」澤田壽夫＝柏木昇＝森下哲郎編著『国際的な企業戦略とジョイント・ベンチャー』（商事法務研究会、2005年）191—206頁。

理论上重视主观要素[8]。

在讨论股东间协议时，这些也是重要的问题，但如在问题设定中所述，本文以合资企业这一典型情况为对象。另外，如无特别说明，本文所设定的股东间协议是以可以进行合理经济行为的企业为当事人，根据当事人股东间（表决权总和为100%）的合意来设计公司、制定章程的情形。

b. 合资事业合同和股东间协议

本文探讨的合资事业合同是典型的股东间协议。在企业成立前的准备阶段，当事人之间会签订保密合同（Confidentiality Agreement）、意向书（参见本书第三章）、实物评估及评估法有关的协定等（Valuation Agreement, Warranties and Indemnities），在此基础上再制作、签订合资事业合同。它的规定内容涵盖了合资企业从设立、运营、解散有关的所有事项，合资企业成立后，合资企业与各股东之间签订交易合同的情形也不少见[9]。从效果上来看，根据

---

[8]　森田果「株主間契約（1）—（6）」法学協会雑誌118巻3号（2001年）396頁以下、119巻6号（2002年）1090頁以下、119巻9号（2003年）1681頁以下、119巻10号（2003年）1926頁以下、120巻12号（2003年）2319頁以下、121巻1号（2004年）1頁以下，对股东间协议从理论上、实体上进行了细致地分析。

[9]　江頭书：前引注1第60页注6。合同内容通常包括：①当事人。②用语的定义。③合资的目的。④前提条件。⑤公司的设立时间、总部所在地等。⑥资本（增资程序等）。⑦股东大会（决议事项、表决权行使的有关合意等）。⑧董事及董事会（派遣方、选任方法、权限、董事会的决议要件等。有时会将法定决议事项委托给由股东的代表人组成的委员会）。⑨财务（分红政策、股东对借款的保证等）。⑩会计（会计方针等）。⑪业务运营（原材料采购、生产、销售、研发等。股东通常在公司的原材料供应、产品销售、研发技术的利用等方面具有利益）。⑫股份的转让限制。⑬竞业禁止义务、保密义务。⑭争议解决（公司僵局的处理方法、合资的解除）。⑮其他（合同准据法等）。

合资事业合同，合资公司的几乎所有事项均成为其规制对象[10]。

实质性的合资事业合同不仅包括股东间协议的内容（股东间的债权合同、表决权拘束协议、同意条款等），还包括准备阶段的各项合意。但不同的是合资事业合同也会在事前规定股东（包括其指定的人。下同）与合资公司之间交易合同的内容。

换言之，合资事业合同是包含狭义的股东间协议在内的广义合同。

3. 从合资企业的商业模式进行考察

a. 合资企业性质论的历史——与法人格的双重构造

考察合资企业的性质论及其历史，再直接得出现代的"股东间协议"和"章程"的有关结论并不一定妥当。但是，从实务感受来看，与欧美发达国家相比，受到多方面不同因素的影响，如：法律文化上的差别、合同起草技术上的优劣、公司法教义和相关实务中的权威主义、海外企业一方的压倒性优势地位、国内产业保护政策，实务界在夹缝间不断地进行摸索，迫不得已地妥协。因此，合资企业的历史一定会对今日的实务添上浓墨重彩的一笔，对其进行考察会具有启发意义。

在日本合资企业的起步阶段，以海外先进企业为相对方、引进技术的合资企业等国际合资占有重要的地位。由于当时缺乏本土经验，主要以海外企业起草的英文合资事业合同为模板进行交涉，也有海外律师事务所的参与。当然，有海外先进企业的实力作为支撑，日本受其法律文化和合同实务水平的强烈影响，引进了国际合资事业合同，而当时国内的合同文化尚处于不成熟的阶段，所以从

---

[10] 森田文：前引注8，法学協会雑誌118卷3号443页以下。

一开始就引进了惊人的高水平的合同实务[11]。

合资企业中有"合同型合资企业"与"公司型合资企业"两种类型。当事人可以根据拟打算设立的合资企业的事业内容和战略意义、税法和有限责任，或者事业开始的速度等因素，选择最合适的类型。

从事国际合资业务的法律实务专家在考虑合资事业的法律性质时，直接借用了英美法系上的合伙概念；除此以外，当时日本国内法并未找到稳定的、便于使用的成熟法律制度（类似的有任意合伙、隐名合伙），为了便捷而采用了公司形态[12]。因此，这里存在着合资企业的双重构造问题。

一旦合资企业的法律性质成为双重构造，在与海外企业交涉中容易产生误解和分歧，合资企业成立后也容易在运营中产生纠纷。此外，这一被搁置的问题一旦现实化，其解决也会变得更加困难。

某一实务专家对该问题的本质进行了如下论述："合资公司是披着法人格外衣的合伙。因此，其在实际形态上是合伙，其合伙性的权利义务关系因公司法上的社团性处理被折射后实现。围绕合资公司运营的法律问题，起源于合伙实体与公司法律形式的双重构造，故存在着特殊性[13]。"

---

[11] 浅田福一『国際取引契約』（布井書房、1974年）183—219頁。作者是国际商事仲裁协会的实务专家。坪田潤二郎『国際取引実務講座（I）合弁事業・技術契約』（酒井書房、1977年）第1編3—11頁。

[12] 在美国的判例中，不仅仅看合资企业的法律性质是什么这一问题，也有即使采用了公司形态，但实体上被认定为合伙的例子，产生了较大影响。这里涉及到滥用法人格的问题，不作深入探讨。

[13] 坪田书：前引注11第56页。

另外，还有学者在讨论合资企业法律性质的基础上，将合资企业称作"未实现'经营与所有分离'的企业体的最典型代表。因此，讨论的重点不应是经营的自主性、独立性，而是如何将共同事业者的意向反映至合资公司的经营中，反映方法是否合适的问题[14]"。这与本文的问题设定不谋而合。

今后或许会对合资企业的法律性质进行探讨，但目前仅进行教条式的讨论实属无益[15]。

b. 为何会偏爱公司型合资企业

如上所述，与海外先进企业之间的合资事业是合资企业的先驱，作为有效的商业模式之一将合资企业的概念引进了日本。因此，当事人在签订合资事业合同的基础上设立合资企业，以此为契机，随着合同内容有关知识传播开来，日本国内企业间设立合资企业的实例也越来越多。既然如此，除上述双重构造问题外，下一个疑问是"为何会偏爱公司型合资企业"。

关于这点，从"合同型合资企业"与"公司型合资企业"两种类型的利害得失进行考察的文章较多。初看上去，在"企业间的事业合作"等情形下，公司确实是实务界使用非常多的事业形态，但在事业合作中合同具有与合资企业相同的企业集中功能[16]，程序上合

---

[14] 井原宏『企業の国際化と国際ジョイント・ベンチャー』（商事法務研究会、1994年）60頁。另外，该书的第1—31页讨论了合资企业的法律构造。

[15] 柏木书：前引注1第8—9页。另外，川口敏郎『ビジネスマンのための国際法務読本』（商事法務、2005年）84頁指出，作为金融实务专业也不必拘泥于性质论。这反映出实务操作中的现状。

[16] 日本公平交易委员会公布的《关于企业集中审查的反垄断法运用指针》（2004年）规定，作为企业集中的审查，在以共同出资公司为对象时，会考虑业务合作及其他合同。这是因为这些合同在事实上有企业集中的效果。

同型合资公司在设立和运营中所需的劳力较少,至事业开始前的速度也占优。因此,若将结论归于合同型合资公司不适合,法人格是必需的,则不得不说有些说理不足。当然,作为相互信赖的证据,当事人对具有永续性的公司组织比较有信赖感。即便如此,真实的理由究竟是什么,实际上还是有些不明确。

本来,沿着这些讨论,再与海外各国的公司法制进行比较,可以延伸出适合日本的合资公司的法人形态是什么这一问题。正在此时,因新公司法实施,关于组织设计事项有了更多的选择,此外,新公司法引进的共同公司(LLC)等也开始进入大众视野,所以今后还需要进行综合性的探讨[17]。

尽管如此,如果选择了具有法人格的公司组织,不能一概说都是有利的,也会受到种种的制约。关于股东间协议和章程的问题,也正是因为选择了"公司型合资合同"而产生的。

c.关于合资事业合同规定与章程规定差别的考察

合资事业合同规定与章程规定存在差别,这在实务中已是默认的事实。

理由是:若从合资事业合同的角度进行考察,法律上不可能将合资事业合同中决定的所有事项都规定在章程中,实际上也无法做到,所以也存在无法纳入章程的条款。此外,关于公司法中规定的章程绝对记载事项和明显不违反合资事业合同且希望记载于章程的

---

[17] 江头书:前引注1第10—12页就在限定目的中使用公司组织形态这一论点进行了概述。森田文:前引注8对适合合资企业的海外先进各国的公司法制进行了彻底比较。另外,参见:武井一浩「日本版LLC制度とジョイント・ベンチャー実務への利用可能性」江頭=武井編『上級商法　閉鎖会社』(商事法務、第2版、2005年)129—138頁。

事项，实务中即使合资事业合同中未进行规定，也会记载在章程中[18]。

关于合资事业合同规定与章程规定的差别，认为合资企业带有强烈合伙性质的实务专家（熟悉国际合资和外国法的实务专家），一般会将合资事业合同的规定内容看作是"宪法"（在此意义上，将合资事业合同拟制为完备合同），并在前述"合资事业合同的内容能否全部反映至章程中"的问题意识下，期待章程具有"补充合资事业合同的效果"。但实际上，由于过去日本的公司法上存在"章程自治的界限"和"公司法的强行性"这些教义上的限制，实务中不得不进行很多妥协，当事人也曾经感到过沮丧[19]。

既然章程有不合适之处，那就回到合资企业的"合伙合同"性质的本意，忠实反映意图进行的国际合资事业的事业内容，来制定详细且坚固的合资事业合同，但实际上这也是很难做到的。因为，如此会将原本含糊其词的海外先进企业与日本国内企业的意图分歧和实力关系摆到台面上来，作为日方当事人反而会产生强烈的犹豫；如果是对日本企业一方过度不利的合资事业合同的内容，还可能因为当时日本国内产业保护政策的各项法律制度（反垄断法、外汇法等），受到种种的制约，在司法上也存在被否定其拘束力的风险[20]。

在此背景下，实务中的应对之策是，合资事业合同反而不明确

---

[18] 田中信幸『新国際取引法』（商事法務研究会、2001年）166頁。

[19] 参见铃木文：前引注2第25—26页。

[20] 关于反垄断法的现状，请参见：大原慶子「国際的ジョイント・ベンチャーと独占禁止法」澤田壽夫＝柏木昇＝森下哲郎編著『国際的な企業戦略とジョイント・ベンチャー』（商事法務研究会、2005年）101—149頁。

记载一些重要部分，而只停留于一份绅士协定等[21]。

在此值得一提的是日本国内企业间的合资企业情况。其特点是，合资事业合同的合同条款与海外企业相比并不是很详细，作为补充的主要是当事人之间相互信赖的、模糊的期待感[22]。即便是合资事业合同可以自由设计的事项，也交由日后的诚实协商，避免明确规定。如果合资事业合同都是模糊的，那章程也仅是在形式上使用一个极为普通的内容，缺乏章程的规范性。因此，原来也就不大会出现股东间协议与章程的分歧这一问题。

d. 损害赔偿额的事先约定的问题

"损害赔偿额的事先约定"的规定不依赖章程而依据当事人的自我努力，常被人讨论是否可以作为股东间协议的强制手段而积极使用。但是，该方法虽然被广泛知晓，但在实务中合资企业很少会作出损害赔偿额的事先约定。

其理由是，合资企业以永续性的事业为前提，企业经营时会不断地暴露在不可预测的危险中，同时企业也是拥有大额现金流的企业体，所以当涉及事业生死的违约、违章发生时，应当向对方股东请求的损害赔偿金额，这在事前几乎不可能进行确切的计算，甚至是很难预测究竟何种事态会发生[23]。

实务中的总体情况是，因为不知道哪一方会成为违反者，所以

---

[21] 田中书：前引注18第167页。另外有分析写道，实际情况是当事人在明确知道只是绅士协定的基础上，选择信赖对方而签订合资事业合同。

[22] 参见：森下哲郎「ジョイント・ベンチャーと契約、一般法理、信頼、そして弁護士」澤田壽夫＝柏木昇＝森下哲郎編著『国際的な企業戦略とジョイント・ベンチャー』(商事法務研究会、2005年) 67—68頁。

[23] 田中书：前引注18第167页等。

不想生硬地进行规定；因为事业环境的变化很激烈，所以即使有规定，但无法遵守的规定还是无法遵守。

4. 从章程进行考察

a. 章程的意义

①章程有两个意义。实质上它意味着公司的根本规范，形式上它意味着记载其规则的书面文件。并且，在接受公证人的认证后方才生效。

章程的记载内容由："绝对记载事项（法律规定的应当记载于章程的事项，如果欠缺该规定会导致章程无效）"、"相对记载事项（即使不记载于章程，也不影响章程的效力。但只要章程中未规定的，不承认其效力）"和"任意记载事项（不记载于章程，以股东大会决议、董事会制定的规则等方式规定的也有效。但为了明确事项等目的规定在章程中的事项，一旦规定后，要变更这些事项应当依据章程变更程序）"这三者构成（另外，"无益记载事项"请参见注[24]）。

②在新公司法中也维持了这一构成（公司法第27—30条等）。与旧法相比，未追加绝对记载事项，任意记载事项也本不是基于法律而记载的，因此实务中重要的是追加了许多相对记载事项。这被认为是"章程自治的扩大"；也有让一直以来有些模糊的相对记载事项的意义更加明确之意（该法第29条[25]）。

---

[24] 所谓"无益记载事项"是指即使在章程中设置了条款，但与作为公司根本规范的章程的性质不相符，不产生公司法上效力的事项。

[25] 相澤哲＝岩崎友彦「会社法総則・株主会社の設立」商事法務1738号（2005年）4—13页，尤其是第12—13页。这里提到的"章程自治的扩大"一般认为是因为新公司法提供了多样化的公司机关设计的可能性，并增加了相对记载事项的选择，但将任意记载事项交给自治这点上一般持消极的看法。不过，实际到底会如何，还有待今后的适用实例。

新公司法并非是旧法的修改，而是新法典的制定，所以同时也制定了整备法，目的是让旧股份公司等能够依据新公司法的规定得以存续。整备法中规定了"依据视同规定的章程变更"，目的是解决现有章程规定在新公司法上应当如何处理的问题。另外，"依据视同规定的章程变更"事项、因章程自治的扩大而追加的设计事项、因法律用语和条文变更而应当变更的事项，都需要履行章程变更程序。关于这些情况有许多实务解说的文献[26]，本文不再赘述。

b. 关于合资企业章程的基本论点——记载

①如上所述，一直以来的论点是股东间协议的规定事项如何有效地记载在章程中。

旧公司法的构成是以上市企业为大前提的，但在新公司法下，是以"有转让限制规定的公司"、非公开公司、中小公司为原则来构成的。正如"章程自治的扩大"所述，关于公司的机关设计事项，如果记载于章程中将具有与法律条文相同的法律效果。

从法定的选项中，将成为合资股东的当事人进行机关设计，选择最适合该合资企业的事业方案，将其规定在合资事业合同的同时，也在章程中规定同一宗旨。但这里存在如下问题：第一是很难判断什么适合该合资企业商业模式的公司机关设计图（对于法定选项的详情，实务解说书中介绍了很多一览表，可参照）；第二是如果不存在很适合的公司法上的机关设计选项时，是否可以作为任意

---

[26] 参见：三菱UFJ信託銀行証券代行部編『新会社法の定款モデル　定款作成・変更の記載実務』（中央経済社、2005年）1—7頁。另外还有：全国株懇連合会編『全株懇モデル　定款・株式取扱規程・招集通知・営業報告書』（商事法務、2005年）、法務ガイドブック等作成委員会編『新会社法対応　定款変更ガイドブック』（経営法友会、2005年）等。

记载事项记载于章程中，以此来扩大创设机关设计选项，这是一直以来的讨论的焦点；第三是由于公司法上的制约，与之前一样，如果有效的章程与合资事业合同的规定之间不得不产生差异的，如何来进行应对[27]。

②新公司法下，关于如何起草合适的章程规定，实务中已经探讨并公布了章程模板。该模板考虑到公司机关设计事项的多样性，也同样设置了非常多的选择项。不过与之前相同，该章程模板主要是根据新公司法的条文用语来制作的，实务中的应对并没有太大的变化，所以较国际合资或新设的共同公司的章程而言稍显不足，许多人对此颇有微词。

在此情形下，笔者期望回到如下本质问题进行探讨，即与"契约自由原则"相对应，能否依据"章程自治"而对章程规定的用语进行创造性的记载。但实务中的应对首先是从章程模板中进行选择，选择哪个模板是与合资事业合同相近的，或者在其范围内的。因此，可以预想的是这仍无法解决合资事业合同的规定内容与章程的规定内容不一致的问题。

此外，实务界等有观点认为章程认证制度不方便或者麻烦，这与股东间协议的内容无关，可以先以一般性的章程设立合资企业，

---

[27] 有观点认为，与新公司法第29条相关，是否允许任意记载事项规定在章程中，如果将这一问题交给解释进行判断可能会欠缺法律的稳定性（相泽文：前引注25）。由此来看，也存在从事实上选项进行选择的方法。如果是这样，还会产生新公司法第577条中相同表述的规定能否进行同样解释的疑问，但考虑到是在有限公司等基础上新设持分公司的立法沿革背景，一方面期待章程实务能得以延续，另一方面，将创设共同公司的宗旨与海外各国进行比较，应当认为是实现了广泛的章程自治。

然后通过合资股东间对话后变更章程来解决该问题。这一在过去并不令人满意的章程实务，在新公司法下得以改善。因为新公司法给出了一个更为简单的方法，即对组织设计事项进行选择，结果是确立一定的标准来选出符合合资公司性质的组织设定事项的组合[28]。

③正如"依据视同规定的章程变更"所反映出的一样，随着新公司法的实施，需要对既有合资公司的章程重新进行审视，看能否维持合资股东在合资事业合同中合意出的最初意图。换言之，实务中的焦点逐渐集中于既有合资公司的章程是否需要进行维护这一问题。原本章程的维护就是必须的，这也恰好反映出章程会随着公司法修改而被一起修改的宿命，或者说其意义是反映出了关于章程的根本问题，即公司法制约下的"章程自治的界限[29]"。

c. 关于合资企业章程的基本论点——效力

①上面讨论的是如何将股东间协议的规定事项以任意记载事项记载于合资公司的章程中这一问题，除此以外还涉及的问题是：假设已记载于章程中，其效力又将如何？

既然已经在章程中规定，那么公司和股东都要受其拘束。此外，董事等直接执行公司业务的人员也有义务遵守章程的规定。违反章程的行为会被否定其效果，会被请求停止实施该行为，也可以通过判决来被纠正。

②在股东间协议效力的传统讨论中，双方当事人（双方股东）之间有债权效力，所以不会直接涉及非合同当事人的公司，仅通过股东行使表决权（表决权拘束协议、同意条款等）来间接地影响公

---

[28] 此处合资公司的本质论再次登场。例如，封闭公司性是合资公司的骨干，公开公司那样的章程与合资公司不相符。

[29] 江頭书：前引注1第51页。

司[30]。在章程中记载的基本目的是对股东间协议进行补充（因为相对记载事项具有类似于公司法的效果，任意记载事项具有类似于章程的效果，也有一定的权威性）。

关于这点，如上所述，新公司法增加了相对记载事项的选项，而对任意记载事项也有消极的意见。由此来看，与之前相比，关于章程效力的讨论也没有太大的变化。

d. 与章程有关的其余问题

与章程有关，其余的主要问题如下：

①股东间协议与章程记载的不一致问题

首先是关于可记载范围的问题，即尽管公司法上对章程有强制约，但是否可以或者应当将全部事项都记载于章程中呢？关于这点，正因为是股东间协议，所以无法将所有内容穷尽都写进其中（不完备合同），因此，与不完备合同的两难困境相同，要问是否可以将、或者应当将全部事项都记载于章程中，这原本就是难以做到的。也就是说，当事人按照其自由约定的合同来制定章程即可。

②期待章程来执行股东间协议的问题

也就是当股东间协议的实际履行遇到了某种阻碍时，能否依赖章程的强制力（公司法赋予的权威）来执行这一问题。关于这点，股东间协议的规定一般比章程规定更加详细且全面，因此，若股东们对于股东间协议的规定产生疑问，即便同一条文被规定在章程中，也很难期待章程能赋予其强制力（指任意记载事项的情形。若

---

[30] 与此相对，近期理论界积极地在探讨，直截了当地强制股东间协议的内容遵照合同法理。详情请参见：前引注8森田文。

是相对记载事项，根据公司法的解释，有可能赋予其效果）。实际上，即使股东间协议的规定条文与章程的规定条文几乎相同，那股东和公司董事等是否就会按照"章程无记载的不遵守，章程有记载的遵守"这一原则来行动呢？

不过，公司的业务执行中存在遵守法律法规、章程的义务。当事人对于违反义务有一定的"心理压力"，或许也会有一定的效果。但是，当权利义务明确时，也时常会有不遵守某规定的情形。另外，当一方股东下定决心打算违背股东间协议时，"章程有记载的遵守"这一原则也就不存在了。这属于"公司僵局"，下文再详述。

③对于股东而言章程有应当被遵守的权威吗？

即便说章程应当被遵守，但如果章程中缺乏应当遵守的权威，这也不过是一句空话。例如，对于上市公司等公开公司的章程，几乎没有人会仔细阅读全文。在修改章程时，一般也只是就修改条文进行说明。如果一般股东向公司请求阅读章程全文，可能会被怀疑。如今，对于上市公司等的股东而言，由于经常在不断地更替，作为宪法的章程的作用和存在感其实很低。由于章程丧失了实体功能和权威，上市公司是通过投资者关系（IR）活动来替代章程的。

相反，属于封闭公司且由极少数股东构成的合资企业中，作为股东间协议反映出的内容，当事人通过交涉和合意而制定章程，其内容的认可度较高；章程中如果有不合适的地方，程序上在股东同意的情况下任何时候都可以灵活地变更，所以有合理的理由来强制实现章程的规制性。换言之，封闭公司的章程是有权威的。

具体而言，有必要设定适用的场景，从"章程是否有值得强制的权威？"这一朴素的观点出发来讨论章程的效力[31]。

二、分论

1. 合资企业中的争议

a. 合资企业的合资股东间的合作与对立

①如果合资企业的合资股东间，就合资企业的事业有牢固的合作合意时，不会起争议。即使发生违反股东间协议和章程规定的情形，只要进行合意或者追认，也不会起争议。在事前修改或变更股东间协议和章程即可（事后则是追认）。如果双方股东的表决权之和是100%时，这样灵活的应对也不会有问题。

②与上述情况不同，如果合资企业的合资股东间存在巨大的利益冲突时，以及在利益分享上有显著的不均衡，遭受不利的当事人对维持现状的规定有强烈的抵触时，则会形成相互不信任、不合作、对立的局面。此时，即使作为妥协方案，在客观上合理的事项，也会因为相互不信任，导致一方行使否决权（VETO）而陷入公司僵局。另外，如果有其他激烈的经营上的对立和停滞，还会让事业程序本身陷入危机。

b. 合资企业争议的类型

①合资企业内的争议——"公司僵局"

---

[31] 大杉謙一「合弁企業のガバナンス」澤田壽夫＝柏木昇＝森下哲郎編著『国際的な企業戦略とジョイント・ベンチャー』（商事法務研究会、2005年）161—164頁对于章程的有效性要件，从周知性、明确性、合理性的角度进行了说明。

公司僵局是指当事人在股东大会和董事会等会上意见对立，无法形成决议，从而导致经营停滞的状况。这是具有强烈消极面的病理现象，损害了公司的收益功能。而且在极端的情况下，不仅会导致经营停滞，还会涉及合资企业的生死存亡。例如，因双方当事人各持有50%的表决权等，但两派股东产生了对立的情形；或者就某一特定的事项，一方当事人虽持有同意权但拒绝同意的情形等。

在现实的商业社会中，即使是一方股东的主张明显违反股东间协议和章程的规定时，也有该股东坚决拒绝合作的情形。这点在合资企业的历史上，是从早期开始就意识到的问题。换言之，公司僵局是当事人进行自卫的最后底线，无论如何都应当消除公司僵局的"公司僵局性恶观"其实是不妥当的。公司僵局意味着维持现状，在"消极的经营控制"的意义上，拒绝变更可以说是一种经营战略。另外，公司僵局也有牵制对方否决权的功能[32]。

一般认为，在过度的公司僵局导致公司陷入生存危机的情形下，有必要采取措施来消除公司僵局。但是，就像身体发烧后，在未确定原因的情形下就胡乱吃退烧药，有时是很危险的，正确的做法是发现、消除导致出现公司僵局的原因，恢复股东间的信赖关系。换言之，为了消除公司僵局的目的，有时反而会成为新的火种。因此，首先是让双方股东阵营都冷静下来；如果这难以实现，就以顺利地进行公司清算为目的[33]。顺带一提，如果经济环境发生了剧烈变化，无法维持合资企业的存在意义时，将其解散也是一种合理的对策。所谓事业是考虑成本收益基础上经营的对象，靠没头没

---

[32] 坪田书：前引注11第64—65页。
[33] 江頭书：前引注1第876页注3。

并购和合资企业

脑的原则主义是不成立的。

②合资股东间的争议

合资股东间意见无法协调的，争议会波及合资事业合同（包括交易合同）有关的所有事项。这也会导致公司僵局。此时，合资互动的一方或双方会在继续事业的优点与清算合资企业的优点之间进行比较衡量，进行高度的经营判断。一旦决定清算的方向，废除股东间协议就会摆到桌面上来。若至此，合资企业的章程规定等会被轻视甚至无视。此外，公司僵局也是与其他股东的谈判材料，而派遣董事的行动原则是优先考虑派遣方公司的利益。

③合资股东与合资企业间的争议

典型的情况是关于交易合同的争议。根据合资事业合同（包括交易合同），由其他合资股东的监督来防止利益冲突。这是为了纠正合资企业内部意思决定的功能不全（公司僵局对策），或者转化为股东间的直接协议和争议解决交涉。

c. 合资事业的争议——"既有解决路径"的界限与"依据动机激励解决"的可能性

①合资企业的合资股东间签订合资事业合同的目的是，按照合意内容来制定、签订股东与合资企业之间的交易合同（也包括附属合同），并按照合同的本意来履行。若非如此，合资企业的事业就会无法实现其经济目的，就会失败。也就是说，所谓合资事业合同的争议，不仅是关于狭义的股东间协议（表决权拘束协议、同意条款等）的争议，还包括关于一切相关交易合同的广义上的争议[34]。

此处应当注意的问题是：一是其他股东仅履行狭义的股东间协

---

[34] 田中书：前引注18第166页。

议的债务部分，而不依据股东间协议的本意与合资公司之间签订交易合同的问题；二是虽然表面上签订了合适的交易合同，但作为合同当事人的其他股东并未诚实地履行交易的问题（动机激励问题。例如，激励的低下、榨取、机会义务的应对方式、对追加投资的消极应对等）。

如果发生了这样的问题，实际上就会在合资企业的事业活动中，产生股东间的投入成本与收益不平衡的问题（觉得自己是被利用了，而不满），合资企业中的相互不信任问题会更加尖锐，从而产生混乱。结果是合资企业的实效性降低，无法达成合资事业所期待的目的。不仅如此，诚实履行的一方股东会丧失投入的成本，考虑到当初也有单独进行事业或者与别的合资方组成合资企业的选项，有可能因错失合资企业有关事业的商机从而蒙受更多的损害。如果进展到这一阶段，可以说合资企业已经崩坏。这其实是最坏的争议状态。

②如本文开头的问题设定中所述，合资企业成立后，合资股东关于交易合同的履行也会产生两方面的不安：一是"对合资企业的经营层的公司治理和控制上的不安"；二是"对其他合资股东的不安"。不过，前者的不安，如果能获得其他股东的合作将不会是问题，本质上还是其他股东的动机激励问题（=主观因素）。

一直以来的既有解决路径是期待股东间协议和章程的补充作用，但这是不够的。无论是股东间协议还是章程，都是在合资企业成立时（通常是成立前）制定的，事实上不可能涵盖将来的一切事项。它们不可能事前准确地预测不断变化、变迁的商业来进行规定，因此是不完备的。如果强行设置不完备的规定一律进行规制，反而会无法满足时刻变化的现实经济的要求。

在此，来验证一下既有解决路径。

首先探讨一下依据章程的解决路径，合资企业的章程是直接规制合资企业的行为的，对于仅仅是接受反射性、间接性效果的其他合资股东而言，很难期待章程可以强制他们制作、签订交易合同，并在交易合同的履行状态上也能达到诚实信义这样高标准的要求。这恰恰是动机激励的功能。

其次是依据股东间协议的解决路径，合资企业作为公司是以相当长的时期内持续存在为前提的，所以有必要预测长远未来的所有事项，事前进行交涉，作为合意事项进行完善的规定。但是，这在事实上是不可能的。合同理论上将这称为"合同不完备性"的困境。仅靠提高合同起草技术（完善规定中的词句），很难骤然提高请求其他股东现实履行的可能性（正当性＝正义）。日本的裁判中，根据合同法理，在确保现实履行请求权和强制执行力上自然也存在着界限。

换言之，在这种状况下，实际上要"消除不安＝解决争议"的话，允许其他当事人的任意履行来进行预防、回避或发展性地修改是更有实效的。为此，有必要提高合资企业组织内的动机激励体系的精细化程度[35]。

这点在下文详述。

d. 其他解决方法——公司内规章和公司外机关的灵活运用

上文探讨了股东间协议和章程的效果，实务中还有两种解决路径：一是完善合资企业的股东大会、董事会以及业务执行权限有

---

[35] 参见：宍戸善一「動機付けの仕組みとしての企業（1）」成蹊法学52号（2001年）39頁。宍戸论文：前引注3和注7也是持相同观点的。

关的各种规章（董事会规章、决定权限规章、董事的职务分担决议等）；二是灵活运用合资企业的公司外机关（将经营有关权限委托给由股东的代表组成的委员会）。关于前者，与章程规定词句的刻板相比，规章可以自由地使用规定词句，所以可以设计出更符合实际情况的灵活规则。关于后者，作为股东的治理，因为是设立时的股东间协议（合资事业合同）的延伸，所以设立的目的得以维持；再加上是股东间的委员会，可以以股东权限为背景，更直接地、当机立断地迅速实施。合资企业的立场会变得更加具有从属性。

2. 章程的规定词句和股东间协议的重要事项

a. 股东间协议和章程——潜在问题和注意点

①新公司法下的章程功能如上所述，但此处仍以章程模板为基础进行若干具体的考察[36]。合资事业合同中多会附上双方当事人合意过的原始章程。因此，章程的全部条款都是经合意所制定的。但如上所述，其规定的词句也多是在某种妥协下而采用的。

以下，分为不同的记载事项，逐一总结其问题点。

②绝对记载事项（公司法第27条）

1）目的：在合资事业合同交涉中，事业目的是实务上的一大争议点，是合资公司的商业模式设计、经济设计上最重要的事项。一般而言，海外企业比较重视事业目的，对于章程规定词句的细节也要求说明。在进行国际合资时，需要与外汇法上国内产业政策进行调整，此处的详细词句也会成为审查对象。此外，关于特定的技术领域，当事人一般对于直接地规定"不得进行研究开发"这样的禁止行为（"竞业禁止义务"等）是比较反感的。

---

[36] 参见前引注26介绍的参考书。

并购和合资企业

2）商号：会将合资股东的公司名称的一部分拼接在一起，直接作为公司名称的重要部分来使用。这不属于狭义的商标权使用许可合同，而是某种许可合同。考虑到还会使用公司徽章、品牌等徽章和图案，章程的此项记载有其局限性。

3）总部所在地：合资企业有工厂的，一般会租借合资股东一方的工厂。事实上会提升该股东的发言权，在工厂使用合同等中该股东的参与度更高。此时重要的是监督，但相比于章程，合资事业合同更适合进行调整。

4）设立时出资财产的金额或者其最低金额：合资股东一方的财产对于公司事业有着决定性意义时，其主观价值会极高。在章程的记载中很难说明其与客观评估方法之间的差距。

5）发起人的姓名或者名称以及住所：日本企业的实务中，一般会优先考虑以法人为发起人来设立公司，对该项内容多进行形式性的处理。

③相对记载事项（公司法第28条及公司法各条）

1）绝对记载事项转为相对记载事项：可发行股份总数、公告方法。

2）关于类别股：如果在战略上、经济上承认其效力，采用定型化的词句即可。只要宗旨是一样的，即使与合资事业合同的用语多少有区别，但也可以援引法律法规上的效力，因此没有问题。

3）股东大会的召集期间的缩短：在合资企业中，股东之间的关系协调、相互信赖关系稳固的时候，该事项不会产生问题。但如果因为形式上的事情发生纠纷，是因为有相当深刻的互不信任，不仅是本项规定，在很多点上都会产生大问题。另外，哪怕满足了形式要件，但在实际开会时也可能会产生公司僵局。

4）董事会的设置、会计参与或监事的设置：这涉及是否赋予合资企业自治权的规划。如果合资股东想直接管理的话，将经营委托给由股东的代表组成的委员会等会更好。至于职位，涉及合资企业的董事等和业务执行者的激励问题，可以说是一个重要的组织设计事项。

5）董事等任期的延长：尚不清楚实务中的效果。不如根据合资股东各方的人事政策来制定。

6）董事等责任的减免：在合资企业中董事等对公司负有责任，这在法律论上一般是正确的，但在合资事业合同的交涉中要注意通过公司向对方股东负有责任的情形。很多时候，虽然想追究对方派遣董事等的责任，但也没有确切的证据表明己方派遣董事等没有错误。因为有监督责任等，也可能会因对方派遣董事等的错误而被牵连。该事项在合资事业合同的交涉和合意内容的适当性上，都是可能会暗藏危险的困难问题。

7）解散：在章程中记载存续期间届满和解散事由发生（公司法第471条）是需要勇气的。此外，关于解散事由，在合资事业合同中也可以规定模糊的事由，但问题是能否规定在章程中。

8）其他新公司法各条文中有"应当规定在章程中"、"可以规定在章程中"、"规定在章程中的"规定的：一般而言，这些都是新公司法的亮眼规定，在公开征集意见阶段经过了广泛的讨论，可以说在战略上、经济上是有效力的，在章程中可以采用定型化的词句。只要宗旨是一样的，即使与合资事业合同的用语多少有点区别，但也可以援引法律法规上的效力，因此没有问题。

④任意记载事项（被解释为不违反公司法的惯用事项）

1）定期股东大会的召开月份：这属于被解释为不违反公司法

的惯用事项，实务中一直有规定。

2）董事等的人数：这属于被解释为不违反公司法的惯用事项，实务中一直有规定。此外，紧凑型的业务执行体制有其经济上的合理性。

3）会长、社长、专务常务等职位：这属于已经固定下来的实务做法。

4）营业年度：对双方的公司而言，关联公司的营业年度在管理上有着重要意义。如果海外企业的营业年度是1—12月，日本国内企业是4—次年3月，就无法确定会计处理和营业活动的重点月份，比较麻烦。

5）其他：如果法律法规上存在疑问，可以咨询公共机构的意见，抱着"试一试"的态度在理论上也是可能的，但总是向法务省等公共机构咨询"作为章程的记载事项是否有效"，既拐弯抹角又烦琐。按照一直以来的做法，仅在合资事业合同中规定，以合同效力的方法来应对是比较实际的[37]。

b. 持分公司

①持分公司的利用可能性

对于共同公司（LLC）和有限责任事业合伙（LLP），在美国是承认其经济作用，也承认其产业促进效果的。

---

[37] 参见铃木论文：前引注2第26—28页。最近合资事业合同的规定内容详细了很多，有逐渐与章程的记载相分离的趋势。想补充什么，又要补充到何种程度，这属于判断事项。例如，在章程规定利润分配政策和交易合同的内容等、公司清算时的财产处分方式等是有利的。如果以交易合同的签订和存续为条件来设计合资企业的（参见前引注6的星巴克咖啡日本公司的例子），可以利用信息披露，就重要事项事前获得增资认购新股股东的同意。这是一种解决方案。

新公司法在新引进持分公司时，在立法过程中，学界、经济产业省、经济团体曾经交换过意见并讨论过许多次，其组织设计以契约自由为前提，可以自由地、有效地进行设计，有很大的优点。持分公司作为合资企业的一个强有力的组织形态被寄予了厚望[38]。

②示范合同和章程模板

关于LLC和LLP，在美国的实务中，各自都制定"示范合同"，各州给予减税效果进行鼓励，以此来促进企业的使用。在设置了这些制度的州，企业可以放心进入，这也成为了该州的产业振兴政策。在"契约自由"的前提下，推出便于使用的指南，这是体现美国实用主义的地方。

鉴于此，日本也应该由学界、经济产业省、经济团体来推出诸如共同公司的"示范合同"和"章程模板"，让国民理解该制度，并促进其广泛使用。

三、结语

新公司法可以说是由产业界提倡、由官方推动、学界真挚地接受，努力地进行共同研究后获得的成果[39]。期待其今后对产业界产生出的经济效果。但另一方面，新公司法也有不少让实务界感到困惑

---

[38] 参见武井论文：前引注17。

[39] 在学界活动中，以"东京大学商业规划研究会"等为代表，主导立法的学者在吸收产业界实际情况的基础上开展研究活动，并将其成果迅速反馈回产业界，这是本次新法制定的特色。

的地方。

　　本章中提出，既有的解决路径是以章程与股东间协议的互补关系为核心的，但仅靠此路径无法消除股东的不安。也就是说，有必要引进对合资企业的相对方股东（其他合资股东）的动机激励路径。

　　合资企业的最终目的是在时时刻刻变动的商业环境下，从合资企业商业中获得的收益达到最合适，可以说能够灵活多变才是合资企业商业的灵魂。

　　与此相对，如果轻视发生的变化，一方股东利用自己曾经的优越地位获得有利的合资事业合同条件，将其规定在章程中，并以此为手段在现实中强制履行，也会丧失经济合理性。不过一旦经合意的事项，当事人因强制履行而遭受不利的，也没有必要对其给予过多的同情，只能说是责任自负。但如果是以动机激励将收益曲线扭亏为盈，合资企业的社会经济价值会再次上升，与其在零和游戏的状况下互相争夺损害赔偿金，不如在正和游戏的状况下让双方都获益。

第五章 管理层收购

北川彻、宍户善一

　　管理层收购（MBO）是经营者自己取得本公司的控制权的企业并购，因此包含深度的利益冲突因素。但同时这也是可能有效地改变企业利益相关者的激励构造的改组行为。所以，一方面要促进管理层收购的经济合理性，另一方面要解决其法律问题。本章将管理层收购分为四个类型，并进行探讨。

一、前言

管理层收购是经营者自己（或者与投资基金等共同）取得本公司的已发行股份，获得本公司控制权的企业并购形态之一。此外，在收购本公司的过程中，很多情形下都会伴随着排除既有少数股东的私有化交易。

企业活动是由拥有"人力资本"和"货币资本"的出资人双方，为实现己方利益最大化，通过交涉谈判所描绘出来的，如何让出资人双方赋予相对方企业价值最大化的激励是有效地开展企业活动的关键。①但是，尤其是在公开企业中，如果各种资源的出资人之间的利益冲突愈加复杂化，则动机激励的交涉就会受阻，需要对人力资本或者货币资本的出资人进行改组。②

由此来看，管理层收购同样也是以改变激励构造为目的的改组，其特点是既没有人力资本出资者的改组，也没有资产的移转，而是仅由货币资本的出资人进行的改组。让资本出资人之间的复杂动机激励交涉，回归到单纯的双方当事人之间的交涉，就如创业企业中创业者与投资者（风险投资者）之间的交涉一样。③

另一方面，管理层收购是由经营者等取得公司控制权的交易，其利益冲突的因素十分明显。特别是：第一，经营者等取得本公司

---

① 参见：宍戸善一『動機付けの仕組みとしての企業——インセンティブ・システムの法制度論』（有斐閣、2006年）。
② 宍戸书：前引注1第338页。
③ 宍戸书：前引注1第383—384页。

第五章　管理层收购

股份的行为本身可能会产生忠实义务的问题。第二，经营者、董事等作为股份的卖方，对既有股东负有以尽可能高的价格出售股份的义务，同时，自己作为股份的买方也想以尽可能低的价格购买股份，具有私人利害关系，因此，围绕着出售价格的决定存在构造上的利益冲突关系。④

日本近年来，以上市企业的私有化为目的实施的管理层收购接连不断地发生。⑤这样以私有化为目的的管理层收购，与日本一直以来在企业重组中实施的管理层收购之间有许多的不同点。尽管如此，关于管理层收购的法律问题的讨论并没有被很好地整理。

因此，本章就对众多利益相关人产生影响的管理层收购这一改组行为进行探讨，先根据其特征进行分类，再分别整理、讨论不同类型的问题点。尤其是将讨论的焦点对准具有潜在利益冲突的、进行意思决定的经营者，从客观角度和主观角度两方面进行验证。客观角度是指经营者在实施管理层收购之际，是否处于能够进行独立交涉的当事人的立场；主观角度是指经营者以何种动机、目的实施管理层收购。

---

④　See e. g., Louis Lowenstein. (1985). Management Buyouts. COLUM. L. REV., Vol.85, 730, 732; Dale A. Oesterle & Jon R. Norberg.（1988）. Management Buyouts: Creating or Appropriating Shareholder Wealth? VAND. L. REV., Vol. 41, 207, 214.

⑤　2005年，在东京、大阪两个证券交易所上市的服装行业大企业World实施了管理层收购（MBO），该MBO的目的不以事业再生为目的，是日本首个优良企业实施的私有化交易。同年，饮料行业大企业Pokka Corporation和投资基金共同实施了MBO，还有在新兴市场JASDAQ上市的模具零件制造商Technol-eight实施的MBO，可以说近几年以私有化为目的的MBO显著增多。另外，据报道，2006年6月，东京证券交易所上市的日本国内最大型的餐饮连锁店Skylark将实施日本最大规模的MBO，其金额超过了2005年World实施的MBO。

经过这些验证得出的结论是,因为经营者等的利益冲突,既有少数股东的利益被侵害的危险,同时也享受改善经济效率这一经营管理层的优点,为了将该危险最小化,日本也应当像美国一样,根据经营者等的利益冲突程度,引进相应的行为规制。

在本文第二部分中,先就管理层收购的结构进行简单地介绍,再按照其特征分为4类。这4个类型是:①私有化目的型管理层收购,②公司分立(分家)型管理层收购,③企业再生型管理层收购,④企业并购防御型管理层收购。并提出各种类型中的不同问题点。

在第三部分中,首先介绍经营者等以何种动机来实施管理层收购,尤其是其改善经济效率的可能性,然后再说明经营者、董事等的潜在利益冲突会带来的问题点。并且,在此基础上考察实施管理层收购的经营者、董事等的利益冲突问题会根据上述不同的类型而产生怎样的不同。

在第四部分中,为解决管理层收购中内生的潜在利益冲突带来的问题点,应当进行何种程序上的规制,在参考美国法规制的基础上,提出针对日本法的启示。

在第五部分中,总结本文的结论。

二、根据管理层收购的结构、特征的分类及其问题点

1. 管理层收购的结构

典型的管理层收购的程序如下:

第五章　管理层收购

首先，经营者、投资基金等主导管理层收购的收购集团会设立收购公司。⑥其次，收购公司以目标公司及其持有的资产或者未来的现金流为担保，从投资基金和金融机构等获得投融资金，收购目标公司的股东持有的股份。然后，收购公司现金吸收合并目标公司，并以该目标公司未来产生的现金流来返还借款。并且，经营者、投资基金等收购者的很多收购资金都是从金融机构融资来的，可以通过发挥杠杆效应来提高投资效率。⑦

管理层收购给予经营者拥有本公司股份的激励，以此可以降低、消除股东与经营者之间的代理人成本。对企业经营者而言，将自由的现金流掌握在手中，动不动就会进行不符合股东利益的非合理投资，有时甚至说不上是投资，而是为了其自身的一种浪费。因此，管理层收购可以让股东与经营者的利益保持一致，从结构上消除代理人成本，此后该企业可以说成为一种基本上不存在股票市场的监督，而是由经营者等进行自治以及由投资基金和债权人进行监督的组织形态。

不过，经营者和投资基金等、新加入股东的利益并非完全一致。尤其是，该企业在私有化之后，还要考虑今后的战略，比如存在再上市、向他人出售股份、由经营者再次进行收购等多种选项。

---

⑥　使用收购公司的理由是，在收购之际，将从金融机构等借款的主题限定于收购公司，可以明确借款的无追索权贷款的性质（西村総合法律事務所编『M&A法大全』商事法務研究会、2001年、833頁）。

⑦　多数管理层收购都是杠杆收购（LBO）。投资基金对管理层收购（MBO）进行出资的动机是杠杆效应带来的良好投资效率。不过本章将主要的论点集中于经营者等的利益冲突上，不涉及杠杆效应的经济效率性及其带来的债权人保护的问题。

作为投资者的受托人的投资基金与想维持经营权的经营者之间很可能会产生新的利益冲突，特别是经营者在资本利得以外还拥有其他利益。

根据收购集团的成员的不同，可以将管理层收购进行如下分类：[8]

首先，（狭义的）管理层收购（MBO）是指仅由子公司和事业部门的经营者、事业部门负责人等组成新公司经营层的情形。员工收购（EBO Employee Buy-Out）是指员工成为收购集团中的一员的情形，主要是通过员工持股制度。无论是（狭义的）管理层收购，还是员工收购，都是为了让熟悉事业的人员继续留在新公司中，进行管理层收购时比较容易强调维持原雇用与被雇佣的关系。因此，在长期维持雇用习惯的基础上，进行改组时公司内部的倾轧会较少。

此外，主动管理型收购（IBO，Institutional Buy-Out）是指收购基金等本身主动地参与经营的情形。其中，收购集团选派新的经营者进入新公司的情形被称为更换经营者型收购（MBI，Management Buy-In）。不过，为了有效地灵活运用原经营层拥有的企业内部信息，也有新旧经营层共同负责新公司经营的情形，被称为共同经营型收购（BIMBO，Buy-In Management Buy-Out）。

2. 管理层收购按特征分为4种类型

自20世纪90年代以来，日本实施的管理层收购多是所谓"分

---

[8] 关于实施MBO成员的分类，参见：丹羽哲夫『図解でわかるMBO』（日本能率協会マネジメントセンター、2000年）20頁、村上勝＝北村元哉『MBO入門』（東京経済新報社、2000年）20頁以下、松木伸男＝大橋和彦＝本多俊毅『バイアウトファンド——ファンドによる企業価値向上の手法』（中央経済社、2004年）9頁等。

家"的改组行为，即以企业子公司和非核心部门的事业部门的分离或独立为目的，该子公司的经营者和事业部长等进行事业转让甚至取得股份的改组行为。[9]尤其是在经济不景气时进行事业的选择、集中，这是企业生存所不可或缺的。不过，近年来实施的管理层收购中，有以企业私有化本身为目的的，有利用管理层收购的友好型收购的一面，意图进行针对敌意收购的防御措施的等，各种各样的情形下存在多种具有不同目的的管理层收购。

因此，在对管理层收购（MBO）按类型分类之时，有以下两点视角很重要。

第一个视角是经营者、董事等具有的"主观视角"。这是因为，是否实施管理层收购是经营者、董事的判断事项，根据他们具有的动机、目的的不同，以交涉当事人经营者为中心，利益相关人的利益对立构造结构会产生变化。

第二个视角是经营者、董事是代表谁的利益而处于交涉当事人的立场，尤其是不被经营者自身的利益冲突所影响，能否保证其处于独立当事人的立场，这是所谓"客观视角"。

按照这两个视角对管理层收购进行分类，大致可以分为以下4类：

（1）上市公司以私有化为目的的管理层收购——私有化目的型管理层收购；

（2）非核心部门分立或独立的管理层收购——公司分立（分

---

[9] 关于当时MBO的讨论，参见：1999年4月2日日本经济产业省公布的资料「MBO研究会・提言——『我が国におけるMBO導入の意義とその普及に向けての課題』の公表について」。该资料中对MBO进行了如下说明："类似'分家'的行为，因为可以将丧失雇用最小化，所以在日本是比较容易接受的方式。"

家）型管理层收购；

（3）企业再生型管理层收购；

（4）企业并购防御型管理层收购。

（1）私有化目的型管理层收购是通过挤出上市公司少数股东而实施的私有化交易。

在2006年5月施行的公司法下，进行吸收合并、吸收分立、股份交换时，可以以现金等为对价来取得股份，实现了并购对价的多样化。⑩此外，公司法减少了小规模改组行为的要件，不再需要存续公司等的股东大会决议；并增设了简易改组行为等。经过这一系列减轻规制，不仅使一直以来处于控制从属关系的子公司等更容易进行私有化，而且在管理层收购中，收购者在要约收购后更容易挤出仍留在目标公司的少数股东。

（2）如上所述，公司分立（分家）型管理层收购是以企业子公司和非核心部门分立或独立为目的实施的，在企业的重组中作为有效的改组行为而使用。不过也有上市子公司的全资子公司化的情形，此时也会产生挤出少数股东的问题。但是，这不过是进行重组时所随附的行为，与挤出少数股东本身为主要目的的上述私有化目的型管理层收购之间有着本质区别。

（3）企业再生型管理层收购的特征是不会产生挤出少数股东的问题。⑪在此意义上，不太会产生经营者等与既有股东的利益冲突，

---

⑩ 公司法第749条第1款第2项等。但本规定在公司法施行后1年内不适用（公司法附则第4款）。

⑪ 不过，公司无法清偿到期债务时，其股份价值是否真的是零，关于这点整合新公司法解释和破产法制的论文有：田中亘「事業再生から見た会社法の現代化（1）（2・完）」NBL822号（2005年）20頁、823号（同年）22頁。

而是在既有债权人与承担主导作用的投资基金等新股东之间产生利益冲突关系。

（4）企业并购防御型MBO的典型是，已成为敌意要约收购目标企业的经营者、员工等，作为友好收购者，且多数情况下与投资基金等联手实施的管理层收购。在敌意要约收购实施后，作为对抗手段实施的MBO是典型的防御措施。而在敌意要约收购实施前，经营者等自己实施管理层收购时，多倾向于在发布的信息中否定其具有企业并购防御措施的目的，这就导致很难与上述（1）私有化目的型MBO进行明确区别。但是，围绕控制权的改组中，是否有第三人实施对抗性收购，对于讨论经营者、董事等的行为规制——尤其是保证价格公正性的程序规制——是一个重要的事实。

3. 各种类型的特殊问题点

本节对上述各种类型的特有问题点进行梳理。

首先，私有化目的型MBO中，经营者、董事等进行退市本身就是一个问题点。在公开的判例中仅有1例，[12]法院在追究作出股份退市决议的董事的损害赔偿责任的案件中认定："被告董事等，……作出退市决议是基于合适的理由和必要，不能说违背了董事的忠实义务……"，因此驳回了原告股东的请求。

在本案也有观点指出，如果董事仅以维持控制权的目的采取申请退市措施的，可以构成违反忠实义务。[13]当直面敌意收购的经营

---

[12] 东京高等法院1963年8月31日下级法院民事裁判例集第14卷第8号第1701页。不过本案中存在着一些特殊事由，即已发行股份总数的94.5%掌握在30名股东手中，因部分大股东的买断股份导致流通股份减少，成交金额很少，结果按照当时大藏省的指导，向诉外公司发出了申请退市的劝告。

[13] 山口幸五郎「株式の上場廃止決議に参加した取締役の責任」竹内昭夫编『新証券・商品取引判例百選（別冊ジュリスト No.1000）』（1988年）48頁。

者、董事等作为收购防御措施的实施者，实施管理层收购从而导致退市甚至私有化的情形下，也存在董事是否违反忠实义务的问题。

其次，从上市子公司的私有化这点来看，公司分立（分家）型MBO也会发生少数股东的排挤，可以说与私有化目的型MBO存在同样的问题。但是，私有化目的型MBO中经营者等的利益冲突程度极高，而公司分立（分家）型MBO中旧经营者等的利益冲突程度则较低，因此在探讨时有必要考虑到这点（会在下文第三部分中探讨）。否则，仅以排挤少数股东为理由，对董事等施加与私有化目的型管理层收购中同样的行为规制的话，这对公司分立（分家）型管理层收购而言是一种过度规制，会影响其在企业重组中发挥的有效功能。

再次，在企业再生型管理层收购中，围绕是否属于资不抵债，股东与债权人交涉时的激励和财务体制与平常的情形大为不同。此外，陷入资不抵债后的企业在进行再生之时，投资基金等新股东与既有债权人之间会产生利益冲突关系。特别是当最初承担很大风险参与的出资方企业提出了某一收购价格，新的出资方企业提出以更高的价格进行收购的，应当如何进行处理。这与"事先包装（Prepackage）型"事业再生计划中存在的问题类似。[14]

最后，企业并购防御型管理层收购中，实施管理层收购的经营者等具有明哲保身的目的，这会产生极强的利益冲突，所以侵害既有股东利益的可能性很高。但问题是企业并购防御型管理层收购与上述私有化目的型管理层收购有时不太容易区分，对于既有股东而

---

[14] 关于"事先包装（Prepackage）型"事业再生计划的问题，参见：事业再生研究機構編『プレパッケージ型事業再生』（商事法務、2004年）。

言，并不一定能够证明经营者等的明哲保身目的。因此，在探讨企业并购防御型管理层收购中经营者、董事等的行为规制之际，不能基于经营者等的动机、目的这样的主观理由，而应当着眼于该管理层收购的来龙去脉这一客观行为标准。

三、经营者、董事等进行管理层收购的动机和内在的利益冲突

1. 进行管理层收购的动机

通常在企业并购中，向目标公司的股东支付的对价会大大高于该企业的市场价格——其差额被称为收购溢价，经营者等愿意支付收购溢价来进行收购的动机何在，这是十分有趣的一点。特别是既有股东被成功排挤出目标公司的管理层收购中，对既有股东而言，该支付的对价可能就是全部。

关于对价的多样化，2006年5月施行的公司法将修改前商法规定的"若无批准决议时其应当具有的公平价格"（旧商法第408条之3）修改为"公平价格"（公司法第785条第1款等）。该规定修改的意义是，从排挤少数股东的角度看，被现金挤出的既有股东当然无法获得存续公司将来现金流的好处，所以应当让其参与合并产生的协同收益的分配，存续公司的股东无法再独占协同收益。[15]

因此，上述规定修改也会对管理层收购中，向被现金挤出的既

---

[15] 神田秀樹「組織再編」ジュリスト1295号128頁。

有股东支付的溢价产生较大的影响。

管理层收购中支付的溢价可以反映出经营者等实施管理层收购的动机和目的,关于这点已经积累了许多实证研究,大体可以列举出如下可能性。⑯

第一是"减轻代理人成本的效果"。在企业成长过程中,股份持有的分散化会扩大经营者与股东间的代理人问题。管理层收购是一种有助于减轻、消除代理人成本的交易。并且,通过取得本公司的股份,可以激励经营者等提供人力资本,这是提高该企业将来附加价值的重要因素,除了减轻代理人成本以外,还有更多的意义。

第二是享受"税制上的优惠"。1980年代的美国,杠杆效应所生负债的利息在税务上属于扣减的对象,会对企业支付的法人税金额产生直接影响。⑰

第三是"从既有利益相关者处转移财富的效果"。这里的利益相关者是指目标公司的债权人和员工。管理层收购可以将利益从这些股东以外的利益相关者处向股东转移。

第四是"削减维持上市成本的效果"。⑱上市的意义在于融资手

---

⑯ See e.g. Robert L.Kieschnick, Jr.（1989）. Management Buyouts of Public Corporations: An Analysis of Prior Characteristics. YAKOV AMIHUD EDS., LEVERAGED MANAGEMENT BUYOUTS; CAUSES AND CONSEQUENCES 35, 36-41; L. Renneboog & T. Simons, Public-to-Private Transactions: LBOs, MBOs, MBIs and IBOs, Tilburg University Discussion Paper（August 2005）. 本章中由于篇幅所限,无法逐个讨论实证研究的结果,但伦尼布格和西蒙斯（Renneboog & Simons）的这篇论文整理和比较考察了先行实证研究结果,值得借鉴。

⑰ 不过,经过1986年的税制改革后（The Tax Reform Act of 1986）,在美国许多税制上的优惠也没有了。

⑱ 近年来,在美国因萨班斯法案（Sarbanes-Oxley Act of 2002）的实施,有观点指出削减维持上市成本的效果是进行私有化的理由之一（See Joshua M. Koening.［2004］. A Brief Roadmap to Going Private. COLUM. BUS. L. REV. 505）。

段的多样化和提高该企业在客户中的知名度。但是，近年来随着投资基金和风险投资等的繁荣，上市并非是唯一的巨额融资手段。只要企业的信息披露是充分的，即便不上市也能够确保融资，结果导致融资手段的多样化这一优点，[19]仅仅是随着股份公开的信息披露义务而产生的优点。此外，许多成熟产业的企业内部已积累了充足的资金，开展新事业的空间也较少，因之前上市已经确保了在客户中的知名度，可以说今后继续维持上市的优点已较少。对于这样的企业而言，削减维持上市成本的意义不小。

第五是"作为敌意收购防御措施的效果"。

第六是"起因于信息不对称的企业价值过低评估所产生的效果"。经营者由于掌握内部信息，在确信该目标企业在股份市场上被过低评估时，经营者有以便宜的价格收购该企业的动机。

由此可见，通过管理层收购，经营者等收购者是否有必要向既有股东支付超过市场价格的溢价，其根据存在各种可能性，不能一概而论。根据经营者等具有的动机、目的的不同，有时会非常有效地改善该企业的效率，有时也会带来非有效的结果。

但是，从先行实证研究来看，存在如下一些方向性。首先，以"减轻代理人成本的效果"为目的的管理层收购带来的效果，对于改善企业效率是有利的可能性较高。尤其是在结构上能够赋予经营者等在将来进行人力资本出资的激励，这一结构能够极大地有助于改善效率。然而，"减轻代理人成本的效果"这一目的以外的各种各样的动机，因为会被该企业的个别、具体的情况所左右，至于能

---

[19] 参见：柳川範之「株式公開とコーポレートガバナンス」財務省財務総合政策研究所「実態経済の変化と法制度の対応に関する研究会」報告書（2006年5月）137頁、155頁以下。

否有助于改善企业的效率，会因经营者等是否存在利益冲突关系及冲突程度的不同而产生较大的不同。因此，在对实施管理层收购的经营者、董事等进行行为规制之际，有必要考虑到如下课题：即如何赋予经营者等进行人力资本出资的激励，同时不损害经营者进行提高企业效率组织变革的动机，并且如何在事前将潜在利益冲突带来非有效结果的危险性降到最低。

2. 管理层收购中企业价值和收购溢价的分配

所谓企业价值是指企业在将来产生的附加价值在现在的折现价值的总和，所谓附加价值是指企业的各种生产要素经过合适的组合而产生的价值。[20]另外，企业价值研究的《企业价值报告》(2005年5月27日，经济产业省发布资料)，将企业价值定义为股东价值与归属于利益相关者价值的总和，并提到"股东价值与企业价值是不同的"。附加价值不仅只归属于股东，也归属于对于实现该附加价值有贡献的利益相关者，因此，企业价值不仅有归属于股东的部分，也要加上归属于其他利益相关者的附加价值的部分进行讨论。[21]假如只将机会成本支付给经营者和员工等的话，则附加价值全部都归属于股东，但如此一来就会有损于进行人力成本出资的人的激励，他们对企业的创新等是贡献出巨大利益的。所以说，附加价值的全部并不是都归属于股东的，也会产生归属于经营者、员工等的部分。[22]

因此，从这一角度出发，可以对管理层收购中的要约收购作出如下说明（参见图5-1）。

---

[20] 柳川文：前引注19第139页。
[21] 柳川文：前引注19第147页。
[22] 参见柳川文：前引注19第147页以下。

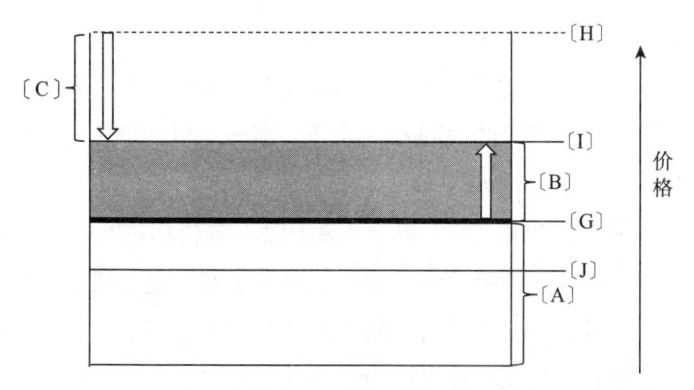

图5-1 管理层收购中的要约收购

首先，图5-1中的〔A〕表示即便是其他经营者经营现在该目标公司的公司资产所能获得的企业价值。其次，〔B〕+〔C〕表示该经营者等通过管理层收购所能附加的溢价部分。而且，该溢价的上限（图中的线〔H〕）取决于该经营者等对于改善经营的"自信"，重要的是这不过显示了主观上的最大预想值，客观上是谁也无法弄清楚的预测数值。

（1）当以图中〔J〕价格进行要约收购的情形

假设以图中〔J〕价格进行要约收购的情形下，因未达到〔A〕这一本来归属于既有股东的财产部分，故当然会诱发第三人进行竞争要约收购，直到收购价格上涨到〔G〕以上。万一要约收购以低于〔G〕的价格成立的，该MBO则属于非有效交易。

（2）当以图中〔I〕价格进行要约收购的情形

对于实施管理层收购的经营者等而言，有以尽量低的价格收购股份，并将分配给自己的协同效应最大化的动机（图中〔C〕的箭头方向）；同时，在定价时也有尽量不诱发第三人进行竞争要约的反向动机（图中〔B〕的箭头方向）。而且，会以两个动机相撞时的价格〔I〕来发出收购的要约。此时，图中〔B〕表示向被现金挤出的既有股东支付的协同效应的分配部分，图中〔C〕表示实施管理层收购的经营者等的协同效应的分配部分，也就是相当于经营者等的动机。

由此来看，当以〔G〕以上〔H〕以下的价格进行要约收购的情形下，经营者的动机（协同效应的分配）和向既有股东的协同效应的分配都得到了保障，对于两者而言是有利的局面。因此，即便未出现竞争要约收购，也可以说经营者实施管理层收购的要约收购价格〔I〕是公平价格，因为这是市场给出的评价，认可提出实施管理层收购的经营者等可以最有效地经营该企业。

未出现竞争要约收购的管理层收购，难免会被人怀疑是否是经营者等利用内部信息进行的不公平交易，但至少第三人能够进行竞争要约收购本身是具有防止经营者等实施非有效的管理层收购这一功能的，对于出售股份的既有股东而言也是有利的。然而，也有观点指出：要约收购支付的收购溢价中存在收购方股东进行过剩支付的风险[23]。因此，从帕累托最优的角度看，应注意竞争要约收购并非通常是带来最合适资源分配的唯一方法。

---

[23] 参见：井上光太郎「日本企業のM&Aに対する株式市場の評価——大買収時代をモニタリングする視点」企業会計57巻6号（2005年）22頁。该论文中引用了英文论文：Michael Bradley & Anand Desai & E. Han Kim. (1988). Synergistic Gains From Corporate Acquisitions and Their Division Between the Stockholders of Target and Acquiring Firms. *J. FIN. ECON*, Vol.21, 1。该文指出，"在美国从1960年代到1980年代，平均收购溢价从19%上升到35%，而与此同时，买方企业的股东的超额回报从正4%下降到了负3%"。不过，要注意的是1980年代是美国异常火热的并购年代。

3.经营者、董事等内在的利益冲突问题

公司法对董事等赋予了忠实义务[24]。不过，董事在股东大会（公司设置董事会的，在董事会）上披露交易的重要事实并获得其批准的，可以实施竞业或关联交易行为（公司法第356条、第365条）。这是为了预防董事牺牲公司利益而为自己或者第三人谋利。

管理层收购可以说是以对股东信任关系为基础的经营者、董事等利益冲突行为的终极形态。经营者种种追求自身利益的结果导致利益冲突行为，由此将遭受损害的既有股东的保护问题推到了台前，若是如此，对其进行保护、规制的可能性之一是完全禁止管理层收购[25]。但是，如果承认商事交易的经济效用的话，法律事前对行为一律进行规制是不合适的。如果通过管理层收购改变利益相关者之间的构造产生的冲击，在实质上有助于增大企业价值的话，激发管理层收购的法律制度设计也是必要的。因此，董事等的利益冲突问题中具有复杂性，即在承认利益冲突行为本身的同时，也有必要确保其公平[26]。

因此，为确保实施管理层收购的经营者等的公平性，不仅要从经营者等的动机、目的这一主观视角出发，还有必要从客观视角出发进行探讨。并且从该视角出发，结合之前进行的分类，对"私有化目的型管理层收购"和"公司分立（分家）型管理层收购"进行

---

[24] "董事应当遵守法律法规和章程以及股东大会的决议，为股份公司忠实地履行其职务"（公司法第355条）。

[25] See Victor Brudney. (1975). A Note on Going Private. *VA. L. REV.*, Vol.61, 1019; Victor Brudney & Marvin A. Chirelstein. (1978). A Restatement of Corporate Freezeouts. *YALE L. J.*, Vol.87, 1354, 1366-1368.

[26] 宍户善一「会社における利益相反関係」法学教室139号（1992年）102頁。

探讨。

首先,"私有化目的型管理层收购"中代表买方和卖方进行交涉的当事人是唯一的,即决定实施管理层收购的经营者,经营者既代理卖方股东,又代理买方股东,存在自己交易、双方代理的特点。与此相对,"公司分立(分家)型管理层收购"中,代表卖方(公司股东)利益的是经营者,代表买方利益的是因管理层收购而分离、独立出来的新公司的新的经营者。在存在交涉对手这点上,两者存在较大的区别。

的确,从卖方公司独立成为自主经营的人也无法保证就能以合理的价格收购股份。但是,新的经营者一般是通过负债来筹措股份收购资金的,一旦存在自己作为公司所有者的动机,就会有以尽量低的价格收购股份的意愿。而公司的经营者有以尽量高的价格出售股份的意愿,两者之间存在交涉合理价格的余地[27]。不过,新的经营者通常之前是该子公司和事业部门的负责人,交涉时有信息上的优势,除进行独立当事人之间(arms-length)的价格交涉外,也可能会考虑对自己有利的结果,不能否定卖方公司的既有股东可能会遭受损害。但是,这一可能性总归是双方当事人之间价格交涉的结果,并非卖方的经营者自身利益冲突带来的结果。这与原本就不存在价格交涉余地的上市公司私有化管理层收购明显不同,掌握并维持该公司经营权的经营者是存在利益冲突的。

由此可见,在探讨实施管理层收购的经营者等内在的利益冲突

---

[27] 有观点指出,"公司分立(分家)型MBO"中,新的经营者有以尽量低的价格收购股份的动机,但卖方(母公司)的经营者是否有以尽量高的价格出售股份的动机值得怀疑。因为他们在考虑卖方公司的股东利益之外,是否也会考虑与原下属之间的情义等。不过这涉及母公司的治理结构问题,需要另行探讨。

问题时，能否从客观上确保经营者自身作为独立当事人进行交涉这一角度很重要。

四、美国管理层收购的法律规制和对日本的启示

1. 美国的法律规制——从原则上禁止到程序性规制

如上所述，特别是在以私有化为目的的管理层收购中，经营者、董事等处于终极性利益冲突关系的立场上，一方面他们对该目标公司的股东负有信义义务，要求其以最高的价格出售股份；另一方面他们从自己利益出发，想以尽量低的价格收购该股份。

并且，美国正是对以该利益冲突关系为前提实施的私有化交易的公平性产生了怀疑，开始探索对经营者、董事等应当采用何种行为审查标准。

一开始是严格对待经营者等的利益冲突问题，主张管理层收购的交易本身是违法的，原则上应当予以禁止[28]。其理由是，管理层收购"不过是将一般股东的股份转移至内部人手中，不能给公司带来任何经济利益，即便私有化会产生成本削减效果，但无法与对既有股东产生的压迫性和滥用的危险性相抵消[29]"。

---

[28] See Brudney & Chirelstein, supra note 25.

[29] See Brudney & Chirelstein, supra note 25 at 1366-1367; Nicholas R. Williams, Procedural Safeguards to Ensure Fairness in the Management Buyout: A Proposal, 21 COLUM. J. L. & SOC. PROBS, 191, 225, n189.

不过，管理层收购是对处于利益冲突关系的双方——经营者等与既有股东——都带来或者可能带来经济利益的交易。虽然不能完全消除经营者等内在的利益冲突，但一味地禁止所有的管理层收购这一结论，作为解决复杂问题的对策来说还是过于简单[30]。因此，至少可以在程序上设置保护既有股东的手段，使得经营者等的利益冲突带来的影响最小化[31]。美国此后从这一立场出发，讨论许多程序性的规制手段。因此，以下介绍这些具有代表性的程序规制的概况[32]。

a. 公平意见

公平意见是投资银行等专家表明该交易的价格是公平且合适的意见。不过，对于如何定义"公平价格"，使用何种"价格计算方法"等，投资银行等有广泛的裁量权[33]。此外，随着成功交易，投资银行等会取得报酬，以及作为交易资金需求的供给者，投资银行等也有利害关系，难免会优先照顾自己客户——现经营者的利益。这些都是公平意见中存在的结构性问题[34]。

---

[30] Bill Shaw.（1990）. Resolving the Conflict of Interest in Management Buyouts. *HOFSTRA L. REV.*, Vol.19, 143, 157-158.

[31] Ibid.

[32] 以下本章列举的程序规制限定于管理层收购的交易前和交易中。不过，事后以救济既有股东为目的的程序规制主要有异议股东的股份回购请求权。关于股份回购请求权，一直以来存在着诸多讨论，如确定"公允价格"的困难性，协同效应的分配是否应当加进"公允价格"中。此外，本章中已经指出，在日本2006年5月施行的公司法已经对此进行了肯定，即在计算对被挤出的股东支付的价格时，应考虑协同效应的分配。另外，关于合并对价的讨论请参见本书第8章。

[33] Lucian A. Bebchuk & Marcel Kahan.（1989）. Fairness Opinion: How Fair Are They and What Can Be Done about It? *DUKE L. J.* 27, 29-37.

[34] Ibid at 37-42.

在私有化目的型管理层收购中，由于经营者与既有股东之间不存在交涉当事人，公平意见不具有修复这一本质问题的功能，所以不足以作为确保公平性的手段。与此相对，在公司分立（分家）型管理层收购中，当事人在交涉之际可以使用数个相互对峙的公平意见，在此前提下可以使得当事人之间的价格分歧最小化。因此，公司分立（分家）型管理层收购中的公平意见可以担保当事人之间的交涉经过和内容的正当性。

由此来看，我们在判断公平意见的功能之际，除关注公平意见本身的问题点之外，更重要的是看其在何种情形下使用，以及是否存在数个交涉当事人和数个相互对峙的公平意见。

b. 独立委员会特别委员会（Special Committee）

作为缓解董事、经营者等内在利益冲突的对策，可以由与该交易无利害关系的第三方构成独立委员会。

在管理层收购中使用独立委员会的理由有二。第一是为了避免违反忠实义务[35]，第二是独立委员会的批准可以成为该交易公平的指针。

当然，这里也存在着许多值得讨论的点，如是否真的能确保独立委员会的独立性，或者是否可以把意思决定的权限转移至对公司和股东不负任何忠实义务的外部人员——独立委员会的委员[36]。但是，从治理结构的角度来看，独立委员会对于弥补不存在交涉当事人这一结构性缺陷——典型是上市公司的私有化目的型管理层收购——是有作用的。换言之，代表既有股东利益的独立委员会与现经营层或董事之间可以进行交涉，这就构建了双方当事人之间交涉的结构。

---

[35] Williams, supra note 29 at 206-207.

[36] See Shelby D. Green.（1990）. The Illusion of Fairness Through Special Committees in Management Buyouts. *W. ST. U. L. REV.*, Vol.18, 161.

因此，独立委员会可以保证数个交涉当事人的存在，从而将私有化目的型MBO中董事的行为标准从忠实义务的判断问题，转化为经营者的经营判断问题。

c. 竞争要约收购

既有股东的利益因管理层收购的利益冲突有遭受损害的危险，1986年的雷维伦（Revlon）判决[37]中确立了减少这一危险性的"雷维伦标准"——即向提供最高价格的人出售公司的义务。这属于诱发第三人进行竞争要约收购的拍卖规则。

拍卖规则是指通过最终实现"公平价格"来减轻从利益冲突中产生的代理人成本的规则，完全交给市场来判断支付给从公开市场被挤出的既有股东的对价的公平性。

如果按照美国判例法上的标准，管理层收购正是构成"雷维伦标准"的情形。换言之，美国判例法上"雷维伦标准"的适用情形是：此前市场中存在持有公司控制权的股东，但交易的结果是出现新的控股股东，其向控股股东转移控制权。在此情形下，"一般股东丧失将来获得'控制权溢价'的机会，此时就会启动雷维伦义务——即寻找可能获得的股份最高价格[38]"。

---

[37] Revlon, Inc. v. MacAndrews & Forbes Holdings, Inc., 506 A. 2d. 173（Del. Supr., 1986）. 关于雷维伦判决的概要，请参见本书第7章。

[38] 参见：John C. Kofi, Junior「意见书〔翻訳〕」『企業買収をめぐる諸相とニッポン放送事件鑑定意見』別冊商事法務289号（2005年）398頁。此外，岩倉正和＝大井裕紀「M&A取引契約における被買収会社の株主の利益保護〔下（2）〕——Fiduciary Out条項」一文指出，与改组后未出现控股股东的合并相比较，管理层收购（MBO）是改组后会出现控股股东，其控制权溢价只集中于控股股东，（考虑到雷维伦标准背后的合理分配目标公司控制权溢价的目的，）关于日本的管理层收购（MBO），也可以对经营层赋予与雷维伦义务相同的义务。

对于管理层收购一系列的交易而言，适用"雷维伦标准"的最大优点是：通过"价格"这一非常客观的指标，将经营者等具有的利益冲突最小化。

然而，也有担心是：适用"雷维伦标准"可能会阻碍经营者自己实施有效管理层收购的积极性。因此，为了将实施有效管理层收购的动机赋予经营者等，签订交易保护条款㊴可以起到一定的作用。不过在何种范围内允许签订交易保护条款又是很难的问题。

d. 信息披露规制

股东与经营者之间通常存在信息的不对称。因此，管理层收购在该企业的信息和收购时机上，有时会在对既有股东不利的条件下实施㊵。因此，让经营者等披露该公司的信息的意义就很重大。但是，企业的"非公开信息"本身可以说是其竞争力的源泉，不能否认这也是实施管理层收购的决定性因素，故我们不得不说法律制度上的信息披露也只能停留在一定程度上。

美国的证券交易委员会（Securities and Exchange Commission: SEC）准用1934年证券交易法（Securities Exchange Act of 1934），于1979年引进了13e-3规则（Rule 13e-3）。13e-3规则的目的是保护面临私有化交易的少数股东，要求审查有无独立董事和一般股东的批准，以及该目标公司是否受领公平意见。不过也有观点指出，

㊴ 关于美国交易保护条款的概要及其正当性有关的判例介绍，请参见：松本真辅「友好的M&A取引における取引保護条項（上）（下）」国際商事法務31巻7号、8号（2003年）。

㊵ 在日本，2005年的世界（World）、Pokka这两家公司的管理层收购中，都是在要约收购结束后公布了修改提高业绩预期的信息，这从投资者的信息披露来看存在着疑问（日本经济新闻2006年6月16日早刊第17面）。

13e-3规则仅仅是"陈述对于一般股东而言是否合理地相信交易是否是公平的",对于不公平的管理层收购,并非是有效的对抗手段[41]。

2. 对于日本的启示

对于管理层收购,以其是终极性的关联交易为理由,加以统一的行为标准规制是不合适的。因为要让具有不同特征的管理层收购服从统一的规制的话,有可能会使得有效的企业改组行为产生过多的成本。因此,比较合适的做法是:通过设计、引进程序性的规制,根据经营者、董事等利益冲突的程度适用相应的行为标准。如上节所介绍的,美国法上的一系列程序规制就是按照参与该交易的经营者等有无利益冲突以及利益冲突的程度不同来设计的。

在美国,从确保股东利益的角度出发,以参与交易的董事是否具有利害关系为前提来区分其行为标准。具体而言,通过以下两分法:与该交易无利害关系的董事适用"注意义务",与该交易有利害关系的董事适用"忠实义务",使得适用于董事的行为标准从一开始就是不同的。

然而,根据日本最高法院判例,并没有区分善管注意义务(公司法第330条)与忠实义务(该法第355条)的功能[42]。但按照类别

---

[41] Williams, supra note 29 at 196-197.

[42] 日本最高法院对于"忠实义务"认定为:"仅仅是详细说明、并进一步明确善管义务的内容,……不能说是规定了与一般委托关系中的善管义务不同的、高度义务"(最判1970年6月24日民集24卷6号625页)。"在日本缺乏截然区别两者要件、效果的构想,一般解释是忠实义务不过是善管注意义务的一部分,即在与公司利益相冲突时不得谋取私利的义务。"[江头宪治郎『株式会社法』(有斐阁、2006年)390页]。

第五章　管理层收购

来区分不同的管理层收购，并以经营者、董事等是否有利益冲突是重要的、不可或缺的指针，所以美国法上的区分对日本法也是非常有益的。

因此，以下参考特拉华州判例法上的董事行为标准[43]，来讨论不同类型的管理层收购。该董事行为标准是从是否尽到对股东的信义义务出发而逐渐形成的。

首先，"经营判断原则（Business Judgment Rule）"的适用以董事不具有利害关系为要件之一，该原则要求法院不就董事等行为的合适性进行事后的审查。在上述管理层收购的分类中，公司分立（分家）型管理层收购中，卖方的经营者等代表既有股东的利益，与买方的新的经营者之间进行交涉。因此，公司分立（分家）型管理层收购中，卖方经营者等的利益冲突对既有股东产生的影响较少，是可以适用"经营判断原则"的管理层收购的类型。

与此相对，私有化目的型管理层收购（MBO）中，由于经营者等具有潜在的利益冲突关系，既有股东的利益被侵害的可能性较高。尤其是在最终通过现金合并将残存于目标企业的少数股东挤出的情形下，不适用经营判断原则，而适用"完全公平标准[44]"，事后由法院对交易的公平性进行审查。为了进一步确保交

---

[43]　关于特拉华州的一系列判例法理，在本书第7章中有介绍。
[44]　温伯格（Weinberger）判决中确立的"完全公平标准"由"公平的对待（fair dealing）"和"公平的价格（fair price）"这两个要素构成，关于交易公平的举证责任在董事一方。"公平的对待"要件会审查交易是"何时怎样开始、构成、交涉，何时怎样向董事披露，以及怎样取得了董事和股东的同意"。"公平的价格"要件会审查"包括资产、市场价格、收益、将来预测、对该公司股份的本质以及固有价值带来影响的其他一切关联因素在内的、经济、金融性的因素"[Weinberger v. UOP, Inc., 457 A. 2d. 701, 711（Del. 1983）]。另外，可参见本书第8章。

易的公平性，还积极地引进独立委员会和公平意见等保证中立性的措施。

134　　其次，值得一提的是，对于控制权转移至控股股东的管理层收购，属于可以适用"雷维伦（Revlon）标准"的情形。特别是在企业并购防御型管理层收购中，经营者、董事等为了明哲保身的目的有可能会使得非有效的管理层收购成立，为了打消这一疑虑，适用"雷维伦标准"将胜负交给最终的价格来决定，不失为一种方法。

　　不过，董事等可以通过交易保护条款来对"Revlon标准"中的拍卖规则进行干涉。关于交易保护条款的允许范围，根据管理层收购的类型不同而有所区别。例如，与平时实施的私有化目的型MBO中的交易保护条款相比，当第三方发出敌意收购的要约后，在明显有防御意图下实施的管理层收购中，经营者等与己方收购集团签订交易保护条款，其公平性被怀疑的可能性较大。与此相对，如果在企业再生型管理层收购中适用"雷维伦标准"，就会打击到最初参与的、承受费用和最大风险的出资方企业（并购基金）的积极性，反而抑制了以有效企业再生为目的的管理层收购。由此来看，作为"事先包装型"事业再生实务中的优点，要具备不阻碍最初的出资方企业等的诱因功能。此时签订的交易保护条款——即拒绝事后提出更好条件的新的出资方企业的请求，不解除与最初的出资方企业的合同这一选择——的容许范围，可以说会更加宽泛。

第五章　管理层收购

五、结语

　　管理层收购是公司的经营者、董事等取得控制权的交易，具有两面性。一方面，这是有助于解决经营者与股东之间代理人问题的有效改组行为；另一方面，这对经营者等而言是极其深刻的关联交易，可能成为牺牲既有股东的非有效交易。

　　因此，在探讨对实施管理层收购的经营者、董事等的行为规制之际，如果加以统一的规制可能会抑制本来是有效的管理层收购。所以，最好根据其不同的特征，对管理层收购按照类别进行整理，针对不同类型引进可适用的行为规制。

　　在美国已经积累了丰富的有关企业并购的判例和讨论，按照经营者、董事等利害关系的有无和程度来适用行为标准，进行程序性的规制。在日本，针对管理层收购这一终极性的利益冲突，也应当根据经营者、董事等的利害关系来进行探讨。

　　因此，笔者根据管理层收购的特征不同，将其分为四个类型，参考美国的判例法，根据利益冲突的有无和程度探索适用不同行为标准的可能性。而且，对于纯粹是明哲保身目的的非有效管理层收购，要尽量抑制经营者等的诱因；而对于经济效率高的管理层收购，可以赋予经营者等实施的动机。

　　今后，在日本想必还会出现各种各样情形下的管理层收购，有必要进行更加个别、具体的探讨。此外，公司法施行后引进了更加灵活的对价方式，而关于保护被现金挤出的少数股东还有许多尚待解决的课题，例如，如何确定股份回购请求权中的"公平价格"，以及在股份回购请求权之外还有哪些事后的救济少数股东的方法等。

从公司治理结构和融资的角度看，管理层收购中包含了董事等的利益冲突问题、代理人问题等许多迫切的问题。它对该公司有关的各种各样的利益相关者也会产生巨大的影响。因此，对于管理层收购问题的考察，可以说是作为利益调整法的公司法制度整体的一个缩影。

第六章　企业收并购中尽职调查和声明保证义务

中野通明、浦部明子

在日本，企业并购等日益活跃，对此进行尽职调查也得到了一定程度的理解，但还不能说相关人对此都形成了共通的认识。第六章从进行尽职调查的一方（收购方）与接受尽职调查的一方（被收购方）双方的立场出发，结合最近的判例，就①尽职调查中产生的法律和实务的各项重要问题，以及②并购协议中常设的声明保证条款、补偿责任的有关问题进行探讨。

一、前言

在日本，企业并购等日益活跃①，作为其中的一环而开展尽职调查也作为一个专业术语被人们所接受。但是，就尽职调查的意义和用法尚未达成共通的认识。本文对企业并购中尽职调查②发挥的作用和实务进行探讨，并考察实施尽职调查过程中及其结果可能产生的法律和实务上的问题点，针对M&A合同中的卖方声明保证条款，结合最近的判例进行研究。

---

① 根据《日本经济新闻》2006年4月4日早刊的报道，经企业并购中介机构Recof公司（东京都千代田区）统计，2005年度日本企业实施的企业并购，无论是数量还是金额（按发表数据统计）均达到了历史最高值，与上一年度相比较，数量增加了24%，达到了2841件（3年连续刷新历史最高值），金额增加了2%，达到13兆4782亿日元（2年连续刷新历史最高值，排名前9位均为超过2000亿日元的大型案件）。

② 英文due diligence的意思是"相当程度的注意"（田中英夫编『英米法辞典』東京大学出版会、1991年）。英美法上，diligence的意思是注意，所以，due diligence作为表示注意程度的用语之一，意味着具有合理注意力的人，在该情形下被期待的、通常采用的、谨慎的手段、行动或者关照。与之类似的用语还有：extraordinary diligence（具有非一般的谨慎和准备充分的人，为获得、保存自己的财产和权利而行使的关照、注意等高度手段）和great diligence（具有非一般的谨慎和判断力的人，为自己的事务而行使的，或者具有通常谨慎的人，为自己的显著重大事项而行使的关照、注意、准备充分程度。Black's Law Dictionary, 5th edition）。在企业并购的语境中，有时被翻译为"并购监查"。

第六章　企业收并购中尽职调查和声明保证义务

二、尽职调查发挥的作用和实务

1. 何谓尽职调查

企业并购等的立项和实行之际，计算目标公司的企业价值和风险（企业分析）是不可或缺的。为进行企业分析，要从①经营和事业判断，②会计和税务，③法务等各个角度出发，对目标企业进行调查、探讨、评价，一般将这些统称为尽职调查。

在经营和事业判断层面，调查、探讨、评价目标公司事业在今后的可能性和风险[3]。这些工作收购方在进行时，通常不会意识到是尽职调查的一环，有时也会委托外部顾问等来进行调查、评价。

会计和税务角度的调查对象有：目标公司的会计和税务处理的合法性、正确性，账簿的正确性、保管情况，是否存在表外债务，今后被追缴税金、债务的可能性，是否存在各种风险（包括不良债权及其评价）、对损失和收益预测等的合理性。

法务角度的调查对象有：能否确保目标公司活动整体的合法性、正确性，法律（合同）上是否存在承担新的偶发债务的风险及其可能性，计划实施的M&A给目标公司的批准许可、资产、合同

---

[3] 从经营和事业判断角度，参考会计和税务调查、法务调查的结构，对以下事项进行调查、分析，即：目标企业的业界动向（成长性和风险因素）的确认，目标企业在业界中的地位，目标企业的财务稳定性、收益性、成长性、优点和缺点，风险以及风险出现后的应对可能性，持有资产或负债，投资行动，融资行动，分红政策，现金流，对员工、交易相对方的影响等各种各样的事项。

关系产生的不利影响等。根据案件不同，如果需要对特殊项目进行评价的④，也会邀请该领域的专家加入到尽职调查团队。

会计、税务和法务的尽职调查委托注册会计师、律师等专家进行的理由是：一是委托有经验的外部专家更有效率；二是作为第三方存在的专家可以进行客观性的评价。并购的最终决策是在综合经营、金融、会计、税务、法务等调查分析结果的基础上，计算目标企业的价值、协同效应、业绩和风险预测，并考虑今后的经营方针和融资方法等之后作出的。

2. 尽职调查与董事的善管注意义务

进行尽职调查的理由中也存在董事遵守善管注意义务的一面。实施企业并购一方的董事，对该交易做出意思决定（判断能否进行并购、并购方法、价格的合理性等）时，要尽到善管注意义务。另外，"判断是否尽到了善管注意义务时应当遵守以下标准，即：是否按照当时的情况进行合理的信息收集、调查、讨论等；以及从该情况和董事所要求的能力水平来看，是否属于不合理的判断；不得进行事后的、结果性的评价⑤。"这一经营判断原则，与美国各州公司法中的"经营判断原则"类似。但依据日本的判例，董事的判断明显不当

---

④ 目标企业的工厂旧址土地存在土壤污染可能性时，委托建筑公司和土壤顾问等对土壤污染进行调查；目标企业的重点是专利和商标等知识产权的资产组合时，邀请专利代理人等加入团队。

⑤ 江頭憲治郎『株式会社法』（有斐閣、2006）423頁の注3中写道："经营中不可避免会冒险，而董事有回避将股东利益最大化的冒险的倾向（相比于可以分散投资的股东，通常公司破产给董事带来的损害更大），所以更不能对董事的决策进行事后评价，这会使得董事的冒险心进一步萎缩，与股东的利益相悖。因此，许多法院的判例中都认定，如果在该情况之下，董事的事实认定、意思决定过程中没有不注意的，可以承认董事具有广泛的裁量权。"

第六章　企业收并购中尽职调查和声明保证义务

时，不能免除违反善管注意义务的责任[6]。而在美国法上，法院的认定"均不涉及判断内容的合理性[7]"，这一点上两国存在着不同[8]。

日本的企业并购中，尚未发现正面涉及是否进行尽职调查与董事的善管注意义务、经营判断原则问题的事件。不过在朝日新闻社代表诉讼事件中涉及了进行企业并购的董事的善管注意义务和经营判断原则的问题[9]。在该事件中，大阪地方法院以董事被赋予了广泛的裁量权为前提，认定在满足如下两个条件时，与其措施有关的经营判断并未超越裁量的范围，不违背董事的善管注意义务、忠实义务，即：①董事对于判断前提的事实认识中不存在重大且不注意的错误[10]；②作为企业经营者，在其意思决定的过程、内容中不存在不

---

[6] 前田庸『会社法入門』（有斐閣、第10版、2005）380頁。

[7] 江頭・前揭書（注5）423—424頁注3。

[8] 前揭注7参照。

[9] 朝日新闻社从软银股份公司等购买全国朝日放送股份公司（非上市）的5136股份时，购买价格是软银公司等取得时价格417亿5000万日元。对此，朝日新闻社的股东提起了股东代表诉讼，要求执行交易的董事等向朝日新闻社进行损害赔偿。一审：大阪地判1999年5月26日判例時報1710号153頁；二审：大阪高判2000年9月28日資料版商事法務199号300頁。二审判决支持了一审判决。
关于朝日新闻社事件的详细论述，参见：手塚裕之「企業買収における経営者の責任——買い手企業の取締役の責任」西村総合法律事務所編『M&A法大全』（商事法務研究会、2001年）549頁以下。

[10] 关于该标准，手塚・前揭論文（注9）指出："是对野村证券损失填补事件股东代表诉讼一审判决中的标准进行改良后得出的"，该标准"作为日本式的'经营判断原则'，已逐渐被下级法院所接受"，给出了肯定性的评价。
但是，对于该标准，也存在着反对意见。例如："对董事是否过于宽大？董事进行经营判断时，前提是收集必要的、充分的信息、知识，正确地调查、确认事实关系，若有必要可以征求律师、注册会计师等专家的意见等，需要尽到作为这一类企业的经营者通常具有的注意义务（善管注意义务），而不是只要没有重过失就够了。"平出慶道「支配権確保のための株式高値取得と経営判断原則による免責——朝日新聞社株主代表訴訟事件」ジュリスト1186号（2000年）104頁。

合理、不合适的地方。

141　　在该事件中，朝日新闻社以比会计师事务所鉴定报告、证券公司评估报告中的评估价更高的价格购买了股份，成为了争议焦点。但是，法院认定：卖方软银公司表达了如果不是与其取得价格相同或者更高则不会转让该股份这一强烈意向，并且一直坚持这点；在达成基本协议后，由朝日新闻社的负责人、顾问注册会计师和顾问律师组成的谈判团，"详细调查了软银方实质购买本股份时的合同、支付通知书等一手材料，再次确认了软银方向旺文社支付的金额为417亿5000万日元"等，实施了尽职调查，可以说"董事对于判断前提的事实认识中不存在重大且不注意的错误"。在此基础上，针对购买非上市股份，"从朝日新闻社的长期经营计划来看是不可或缺的，基于这一经营判断，以与软银方的取得价格相同的购买价格购买本股份，并未超越其裁量范围"，因此，可以说"作为企业经营者，在其意思决定的过程、内容中不存在不合理、不合适的地方"。

另外，即便专家实施的尽职调查中未能发现的重要事项在日后被发现的，如果是依据律师、注册会计师等专家的意见进行的判断，只要不存在值得怀疑超越该专家能力的事由[11]，就不能说信赖专家意见的董事存在"重大且不注意的错误"，因此可以受到经营判断原则的救济。

142　　此外，其他常被指出的风险有，董事在认可尽职调查的基础上实施了M&A，但日后遭受了损害，是否可以说尽到了善管注意义务？不过，M&A是一种获得公司（事业）这一复杂权利义务关系

---

[11] 例如，即便是律师和注册会计师，存在值得怀疑其缺乏该领域的专业性的事由的，或者就其信赖存在值得怀疑的事由，如在极其短的时间内就出具了调查报告或意见书中存在多数保留意见等。

第六章　企业收并购中尽职调查和声明保证义务

主体的交易,可以说没有不存在风险的事例。企业活动是伴随着风险实施的,如果因为存在风险就停止所有的M&A,这是不现实的。即使是善管注意义务,也并非要求回避所有的风险。在朝日新闻社事件中,股份的购买价格超过了委托第三方进行评估的价格,但关于M&A的判断,如果"作为企业经营者,在其意思决定的过程、内容中不存在不合理、不合适的地方",并是在理解潜在的风险,经过相当程度的讨论后实施的,应当认为根据经营判断原则,不构成违反善管注意义务。

如果没有进行尽职调查,或者进行了尽职调查但并未进行充分的讨论,之后发生问题造成损害的,将产生并购方的董事责任问题。换言之,关于是否构成"董事对于判断前提的事实认识中不存在重大且不注意的错误"这一问题,进行尽职调查并非适用经营判断原则的绝对要件,但为了适用经营判断原则,董事至少也要针对不构成"不注意"采取必要的措施,例如:不进行尽职调查有相当程度的理由,不进行尽职调查的判断在董事会经过了讨论得到了批准等。

3. 未进行尽职调查的企业并购

在很多的企业并购中,虽然进行了尽职调查,但仅仅依据目标公司提交的资料和声明等进行了交易[12]。即便给予了尽职调查的机会,但自己未进行尽职调查就实施的M&A,日后发现目标公司提交的资料等不正确的,买方能否向卖方请求损害呢?

---

[12] 未进行尽职调查而实施M&A的例子有:①母公司对子公司进行合并等,并购方熟知目标公司的财务、经营、法务,没有必要再进行尽职调查的情形;或者②目标公司或者交易的规模很小,进行尽职调查将产生过大的费用负担的情形。

并购和合资企业

143 　　在吉布事件[13]中，出资人依据目标公司的先行行为[14]，未进行尽职调查而向目标公司进行了300亿日元的基金出资。但是，实际进行基金出资时，目标公司处于实质破产状态，出资人以目标公司的侵权行为[15]为理由，请求赔偿出资金的损害。

　　在吉布事件中，法院认为：目标公司对于"因自己先行行为而形成的原告认识有进行纠正的注意义务"，"（目标公司——笔者注。括号内下同）当然地掌握自己的财务状态，或者可以容易地掌握上述财务状态与之前公布的财务内容存在着明显的差别，就此来看，（目标公司）未告知上述财务状态，放任因自己的先行行为而形成的（出资人）认识，可以说认识到或者可以容易地认识到会给（出资人）带来损害，故被告就本行为存在故意或者重大过失"。因此，关于出资方的侵权行为成立[16]。

144 　　不过，法院同时又认为：进行300亿日元的巨额基金出资之际未进行尽职调查，属于过失相抵的减额事由，并考虑本基金出资投

---

　　[13]　東京地判平成15.1.17判時報1823号82頁。

　　[14]　判决认定目标公司实施了如下先行行为：①根据目标公司交付原告的资料显示，最近决算期目标公司的偿付能力充足率为259.3%，注册资本为64亿8100万日元；②上述偿付能力充足率作为公司健全性的标准，既然高于行政当局确立的标准，故宣布经营的健全性完全没有问题；③通过提交进一步的资料，追认了上述注册资本的公布值等。

　　[15]　在判决中，当事人之间签订了《关于保密等的承诺书》《关于业务和资本合作的备忘录》《基金出资合同》《消费借贷合同》，但并没有提到后述的声明保证条款，因此推测不存在声明保证条款，可能存在很难追究合同责任的事由。

　　[16]　法院简单地认为，如果原告的认识得以纠正，"大概执行300亿日元的基金出资是难以想象的"，所以向处于实质破产状态的被告进行300亿日元出资，就遭受了300亿日元的损害（前注13）。但无法否认的是法院关于损害的认定计算有些粗糙。

资的规模和危险性、原告的机构投资者性、目标公司的事业特性、原被告的关系等事由,最终认定了4成的过失相抵。针对目标公司(被告)的过失相抵主张,出资人原告虽然提出反对意见,即目标公司进行了巧妙的财务造假,连其审计人都无法看穿,因此,"即便进行了尽职调查,也很难说可以看穿"。但法院并未采纳该反对意见。

另外,也有观点认为:"尽职调查是买方的权利,并非义务[17]。"但基于诚信原则,应当期待买方(资本出资人)也应当尽到一定程度的注意;本案中原告是生命保险公司,作为机构投资者具有一定程度的注意力;未进行尽职调查而实施了300亿日元的巨额投资这一事由判决并未详细阐明,其合理性值得怀疑。综上所述,可以认为本判决进行过失相抵在一定程度上是合适的。

三、尽职调查

1. 尽职调查的实施

并购方委托专家进行尽职调查的,要在协议中确定在哪些范围内进行尽职调查。虽然一般当然是希望进行广泛无遗漏的、确切的尽职调查,但这会导致尽职调查的成本和时间的增加。从委托方来看,考虑案件规模、业态、报告的必要时期、设想的风险,有必要将尽职调查的范围、方法限定在合理必要的范围内。

---

[17] 金丸和弘「M&A 実行過程における表明保証違反」NBL830号(2006年)4頁。

尽职调查的方法是以详细调查目标企业的文件，采访经营者和相关员工为中心，调查分析目标企业[18]。为了对接受尽职调查的乙方的员工进行信息管理[19]，减轻给正常业务造成的负担，目标企业有时会准备数据调查房间，并在其中进行实际的操作。

以M&A为前提的，合同关系调查中重要的是目标公司的资本变动和合同关系的趋势。有些合同约定，目标公司的资本关系有变动的，目标公司有事先通知该合同的相对方的义务以及取得相对方同意的义务，或者相对方可以终止合同关系[20]。尤其是许多事关事业存续基础的重要合同（下文2①的类型）中会存在这些规定，需要注意[21]。

2. 根据事业内容开展尽职调查

根据目标公司事业内容的不同，应重点调查、分析的事项当然

---

[18] 成为调查对象的项目因目标企业的业态各有不同，但一般涉及：目标企业的设立，董监高，资本和股份相关情况，遵守公司法、商法、证券交易法、反垄断法及其他各种业法的情况，与关联企业的资本、人事关系和事业内容，关联交易，事业内容和事业相关合同，租赁合同，雇佣关系，包括税费在内的负债，批准许可，加盟团体，ISO，个人信息保护法相关事项，不动产、动产、知识产权（包括许可合同等），其他资产有关事项，借款合同，融资租赁合同，保险合同，针对环境规制的对策，计算机系统，外国投资规制，诉讼相关事项。

[19] 在尽职调查的阶段，M&A能否成立是不确定的。第三方以购买公司为前提进行尽职调查这一信息，通常只在董事长、董监高等公司内部有限的范围内披露。尤其是目标公司为上市公司的，会直接对股价产生影响，有必要彻底进行信息管理。

[20] 也可以说是一种敌意收购的防御措施。

[21] 这种Change of Control条款的有效性，以及依据该规定解约时是否有争议的余地属于另外的问题。但作为实施M&A时的当然要求，尽可能地去除针对重要资产的不稳定因素。

也存在着差异。以下分为几种类型讨论具体的例子。

①并购外国品牌在日本的总代理店的情形，被并购方的事业主要依靠代理店合同，所以详细调查代理店合同是最重要的项目。有必要调查合同的剩余期间、解除理由、存续可能性、是否存在违约等内容。另外，除调查合同文本外，有必要调查此前与合同相对方的交流情况（邮件往来等），就合同的遵守情况进行访谈等，以作为补充。

如果总代理店的合同业绩（期间）较短的，与海外的品牌厂家之间形成的信赖关系可能不充分，存在因资本变动而终止合同关系的风险。此外，如果总代理店的合同业绩（期间）较长的，与海外的品牌厂家之间形成信赖关系一般较强，但该信赖关系不少基于董事长个人和负责董事监事高管（简称董监高）个人。在并购谈判时，除要求海外厂家约定在并购后继续维持合同关系外，若预计更换经营者的，要事先取得海外厂家的谅解等。

②并购建筑公司或其他涉及公共事业的法人的情形，有必要调查是否有因串通投标等有被行政处罚和责令停业的可能性。如果因串通投标事件被公平交易委员会调查开始审理的，有必要调查其应对情况和趋势等。另外，串通投标事件的应对也会对同业其他公司的应对（也有不少中途就同意了审理决定）产生影响，也有必要对该风险进行防范。

③并购在多地开店的零售业公司的情形，有必要注意零售店的店铺（租赁）合同、各店铺的劳动关系等。有打算关闭亏损的店铺的，在解除租赁和雇佣时将产出意想不到的成本。

④在研发型企业，需要对申请中的专利等进行评价[22]，尽职调查团队中除律师外，通常也加入了专利代理人。选择适合事业内容的团队成员，合适挑选出调查对象项目，这对有效的尽职调查是必不可少的。

⑤并购处理有害物质的工厂、设施的企业的，要对该工厂或设施的占地土壤污染进行调查。依据土壤污染对策法[23]，都道府县的知事可以命令被特定有害物质[24]污染的土地的所有人、管理人或者占有人除去污染等；有时可能会承担庞大的费用。存在这些危险性的业态的，有必要委托土壤调查的专家确认污染情况。不过鉴于其高额的费用，可考虑在法务、会计尽职调查结束之后再另行委托。

3. 尽职调查中要求的事项

尽职调查中要求的事项因案件不同而各有不同。

例如，对于正适用公司重整法（民事再生法）的企业，由备选支援机构进行的尽职调查中，负债限定在重整计划（再生计划）的权利变更范围内，缺乏调查的必要性。此外，除不动产和公开公司的股份这样的具有市价的资产外，破产程序开始后，公司的资产价值多会急速下跌。在合同上认可的资产价值，合同相对方可能会以

---

[22] 从笔者的经验来看，许多实用新型虽然已申请、注册，但基本是没有什么价值的实用新型（对于实用新型，现在不审查其内容即可注册）。

[23] 2002年法第53号。这比美国的The Comprehensive Environmental Response, Compensation, and Liability Act of 1980, 42 U.S.C. 9601晚了22年。

[24] 指铅、砷、三氯乙烯等物质（放射性物质除外），法律法规规定的因包含在土壤中有给人体健康产生危害风险的物质。

第六章　企业收并购中尽职调查和声明保证义务

破产程序开始为理由，要求解约[25]，由此导致丧失资产价格。因此，需要掌握破产企业如何维持、提高其事业价值。破产程序开始后，有能力的员工被其他公司挖角、跳槽的事情也并不罕见。如何将重要合同解约的风险最小化，如何维持资产价值，谁有辞职的可能性，辞职的影响如何，为防止辞职应该采取何种对策等，针对这些破产案件固有的问题，寻求相应的意见。根据案件的不同特性来调整尽职调查的方法和实际操作。

4. 尽职调查的困境

计划实施企业并购的当事人之间，通常会就交易的框架签订基本协议，在此基础上进行尽职调查。但是，仅凭尽职调查无法保证目标企业将正确的信息[26]全部披露给买方。另外，实务中很多情况

---

[25]　合同中许多都规定一方当事人开始破产程序、公司重整程序、民事再生程序的，构成解除合同的原因，当事人以此为理由行使解除权的事例并不少见。但是，在继续性买卖合同中，买方自行申请开始公司重整程序的情形下，卖方可以解除买卖合同取回已收货的商品的特约条款，是不能对抗保全管理人（重整管理人）的（東京地判昭和55.12.25判時報1003号123頁）。在所有权保留的分期销售合同中，买方开始破产重整程序的情形下，卖方可以以该事实为事由解除合同的特约条款，被认定为有害于公司重整程序的宗旨、目的，因此无效（最判昭和57.3.30民事判例集36卷3号484頁）。日本最高法院通过判决确立了在公司重整程序中该特约条款无效；该判例规则适用于民事再生程序应该是合适的，所以在公司重整和民事再生程序的情形下，被解除合同的法律风险并不高（但破产的情况很难适用该判例）。

但不能否定的是，如果合同相对方以合同规定为理由，坚决主张解除合同，拒绝履行的（尤其是相对方在日本国外的）情形下，事实上会给重整（再生）程序产生巨大的障碍。

[26]　对于重要的消极信息有意识地不披露，除此之外，在尽职调查时，目标公司的负责人对于是否是应当披露的重要信息缺乏认识，由此导致即便没有隐藏的意图，也没有进行披露。

下，因为需要在短期内实施企业并购[27]，所以尽职调查的期间有限，信息披露并不充分。在已披露信息的基础上，要求进一步披露文件后，目标公司方才披露的情形也并不少见。从这点来看，尽职调查只是对目标公司任意披露的信息进行调查，不得不说存在着局限。

具体的理由有如下几项：①在基本协议阶段，基本协议的内容一般没有法律约束力（买方和出资人在尽职调查前不会承诺）；②在尚未确定是否实施企业并购的时期签订的基本协议中，具体且明文规定目标公司（或者股份持有人）的披露义务并未成为一种交易习惯，目标公司很多时候也缺乏积极披露的意识；③作为尽职调查的前提是计划实施企业并购，但一般只是目标公司内部的少数干部知晓[28]，这对于获得一线人员的充分配合存在着困难；④在尽职调查之际，当事人之间就披露秘密信息这点，尚未形成充分的信赖关系[29]；⑤目标公司担心披露消极信息可能会导致交易流产[30]；⑥进行尽职调查的一方会委托律师、注册会计师等专家进行，目标公司跟这些专家并不熟悉，对于隐瞒信息的结果很多时候没有获得充分的意

---

[27] 为披露公司重要信息，需要披露方进行一定程度的准备，但由于要在短期内披露，所以并未做好充分准备的情况并不罕见。

[28] 当事人为上市公司的，讨论企业并购这点属于给股价产生影响的重要信息，因此要进行严格的信息管理。结果导致，一线人员在不能充分理解为何而进行调查的情况下就提交了资料，进行了说明。这也成为日后发生问题的原因。

[29] 在尽职调查时，企业并购交易能否成立尚不确定。因此，若有同业其他公司也计划实施并购的，或者M&A不成立的，作为对象公司，有可能担心披露的信息会不会被用于对己方不利的地方，因此会对信息披露反应迟缓（即便没有隐瞒的）。这在尽职调查的实务中也时常导致问题的发生。

[30] 特别是重组基金对濒临破产的企业实施的企业并购中，不利信息的披露可能会导致交易终止。哪怕只是重组基金退出的信息，也可能会引发目标企业的崩溃。从这点来看，目标公司很可能不会进行完全的披露，需要注意。

见，因此目标公司对于消极重要信息（例如之前的假账）的披露多采取消极的态度。但是，尽职调查之际未披露的信息，在企业并购结束后没有不被发现的。并且，根据未披露信息的内容、程度的不同，会引发声明保证责任的问题。关于这点，将在第4节IV中论述。

5. 接受尽职调查一方的义务

接受尽职调查一方应当承担何种义务？是真实披露义务，还是容忍对方调查的义务？目前，并未形成通过书面文件来确认义务范围的交易习惯[31]，也并未形成共通的认识[32]。另外，即便有真实披露义务，由谁承担披露义务，承担何种程度的披露义务，也并没有形成

---

[31] 在笔者所见范围内，尽职调查开始前制作的备忘录等文件中会规定，并购方在一定期间内进行尽职调查，被并购方和目标公司对其进行配合，对于披露的信息负有保密义务等内容，但几乎没有见到具体约定披露程度、违反效果等内容的情形。

[32] 在吉布事件（前注13）中，并非尽职调查，而是披露义务出现了争议。被告以《关于保密等的承诺书》中规定的"原告因本交易讨论为目的从被告处获得的信息（包括秘密信息），未取得任何法律权利，并不保证该信息的正确性，原告因该等信息万一遭受任何损害，也不追究被告的责任"（免责条款）为依据，就披露信息的正确性主张免除其责任。

但是，上述判决（東京地判平成15.1.17判例時報1823号82頁）认为，本承诺书以备忘录的规定（合作所必要的被告的经营内容的披露，应依据诚实信用原则，确保透明性的基础上进行披露，具体披露时，应以当事人之间签订的承诺书规定为准）为前提，"如本案一样伴随重大结果的基金出资时，披露偿付能力充足率、资本金额等重要财务内容的，在诚实信用原则上负有应尽可能提供合适信息的义务"，因此，"未依据诚实信用原则，确保透明性的基础上，披露本基金出资所必要的被告的经营内容的，不适用本免责条款"。

从该判决来看，就"偿付能力充足率"这一重要信息，一旦披露与事实不符的信息，可归结为因故意或者过失未披露合适信息的案例，不正确重要信息的提供者有义务另行提供合适的信息。但不能说该判决承认了就重要信息一般具有披露义务。

并购和合资企业

共通的认识。

　　基于尽职调查应当在短期间内分析庞大的资料，靠近信息的是目标公司的股东（卖方）等理由，有意见认为，"卖方不是仅仅将声明保证对象事项的有关资料（看见后就可以发现问题点的资料）交给候选的买方就结束了，而是需要直接告知候选的买方[33]"。确实，在尽职调查的现场，如果没有卖方的积极配合（信息披露），很难在一定期间内进行有效的调查，友好型企业并购中就是以卖方提供确切的信息披露为前提的。由此来看，掌握控制股份的老板、社长或者出售子公司的母公司，最了解声明保证对象的重要事项，所以根据诚实信用原则，认为其负有真实披露义务，且以不导致候选买方误解的形式进行披露（告知）是合理的。

　　但是，"目标公司的股东"并非千篇一律。即便是完全母公司，有作为经营者负责每天业务的股东，也有不参加经营几乎不掌握公司信息的股东，各不相同。哪怕是法定的股东大会，不少公司中也并未召开。这些非经营者股东（即便成为名义上的董监高[34]），虽说是卖方，但与候选买方相比，也不能说买方是"靠近信息"的。反

---

[33]　岡内真哉「表明保証違反による補償請求に際して、買主の重過失は抗弁となるか」金融・商事判例1239号（2006）2頁。

[34]　也有意见认为，即便是名义上的，只要就任董监高，就有参加经营的义务。所以，即便是名义上的董监高，也应该就重要事项负有披露义务。但是，旧商法要求股份公司最少设置3名董事和1名监事，这导致了产生了许多不参与公司业务的名义上的董事、监事。新公司法允许只设1名董事的股份公司，消除了名义董事、监事存在的必要性，因此可以说以名义性为理由来主张减免责任将变得更困难［東京地方裁判所商事研究会編『リーガル・プログレッシブ・シリーズ2 商事関係訴訟』（青林書院、2006年）205頁］。但公司法施行后，许多公司仍继续保留着旧商法下的体制。

第六章 企业收并购中尽职调查和声明保证义务

而是有实力进行尽职调查的买方有时是"靠近信息"的。对于这些非经营者股东，让其负有与负责经营的主要股东同等的披露（告知）义务，也很难说公平[35]。因此，即便认可卖方负有真实披露义务，考虑到各自的地位、作用、实际知识、参与尽职调查等事由，也应当限定于负责经营的主要股东或者与此地位相当的人。

6. 尽职调查报告（Report）的使用

尽职调查的结果是将监查的前提条件（在与委托人协商的基础上，通常会限定审计范围和调查对象资料）、具体的监查方法和监查结果总结成报告，提交给委托人。如前所述，该报告在决定是否实施企业并购（M&A）时予以考虑，并反映在M&A的合同制作中。声明保证条款的保证内容会参照报告，不遗漏地来进行起草。这点在下文中进行介绍。

此外，尽职调查报告中随附记载的资产、负债、合同等文件的清单，在各种M&A合同中，作为应承继的资产、负债和合同关系清单等所使用。例如，事业（营业）转让的情形下，被转让事业（营业）是指"为一定营业目的的组织化的、作为有机整体而发挥作用的财产[36]"，这是包括客户关系、供应商关系、营业上的名声、营业上的秘诀等在内的非常广泛且抽象的概念。实际上，在事业转让合同中逐一列举应转让的全部资产、债务、合同关系等，也是不现实的。但是，如果应承继的合同关系等缺乏特定性，事业受让人对事业转让人就很难追究其违反声明保证的责任，因此应当尽可能

---

[35] 在笔者参与的M&A中，实际上许多都将非经营者股东与经营者股东分开对待（声明保证为不同的内容）。

[36] 关于旧商法第245条第1款第1项的解释，参见：最判昭和40.9.22民事判例集19卷6号1600页。

并购和合资企业

地进行特定。

在尽职调查报告中，会以清单的形式列举调查确认的资产、合同等事项。因此，既然规定了"转让包括附件1至3记载的不动产、动产、知识产权在内的一切资产"，那么至少清单列举的资产应当属于转让对象资产，而不存在争议。

四、声明保证条款和补偿责任

1. 声明保证和补偿责任

所谓卖方的声明保证[37]，是指在企业并购（M&A）合同[38]中，卖方就目标公司有关的过去和现在的一定的事实[39],[40]向买方进行声明

---

[37] 声明保证是英美的合同中常见的责任和担保（representation and warranties）条款（不仅是股权转让合同，在不动产转让合同、许可合同、贷款合同等各种合同中也会使用representation and warranties条款）。关于声明保证和补偿责任，请参见：江平亨「表明・保証の意義と瑕疵担保責任との関係」弥生真生＝山田剛志＝大杉謙一編『現代企業法・金融法の課題』（弘文堂、2004年）82頁。这可能是从正面讨论声明保证责任的意义和瑕疵担保责任的最早的论文。

[38] M&A合同也有各种各样的形态，"Ⅳ 声明保证条款和补偿责任"中以最典型的股份买卖合同为对象进行探讨；在"5. 以第三方定向增发进行的并购与声明保证"中探讨第三方定向增发的情形。

[39] 東京青山青木法律事務所編『合併・買収後の統合実務』（中央経済社、2006年）542頁中，介绍了股份转让合同中常见的典型声明保证内容的模板，可以在考虑行业、业态、尽职调查结果的基础上，进行增补。

[40] 除前注的一般事项外，根据不同案件的不同特性，成为声明保证对象的事项也各不相同。民法上的瑕疵担保责任限定于物的"隐性瑕疵"，但声明保证的对象可以进行广泛的、灵活的设定，这更适合于M&A的情形。

和保证[41]。M&A的股份买卖合同中，买卖对象是目标公司的一定数量的股份，如果仅凭股份及其凭证股票在法律上完整的这点，买方还不能达到股份买卖合同的目的。证券市场上进行的股份买卖，其合同目的是转让目标公司法律上完整的一定数量的股份，但M&A的股份买卖则有所不同。当事人以交易为前提，就目标公司的价值（综合事业内容、财务内容、法律风险事项）进行合意，在此基础上进行价格合意。如果发现足以影响公司事业价值的事项与其前提内容不符，则需要调整价格；如果程度严重的，则需要重新审视交易。但是，"并非预想的目标公司价值这点，并不一定构成标的物（股份）的瑕疵[42]"，仅凭民法规定的瑕疵担保责任很难得到灵活且合适的解决。

设置声明保证条款的意义在于自由设计[43]并明确作为合同前提的事实（即便是有潜在问题的事项，如果明确从声明保证合同条款中排除的，则买方不能以该事项为理由提起争议）。如果声明保证的事项与事实不符，通常情况下会规定：买方可以拒绝进行交易的支付（买方义务履行），卖方承担补偿责任[44]。违反声明保证的补充

---

[41]　这里的"保证"是warranty的意思，不同于民法第446条规定的保证（主债务人不履行其债务时应履行的责任）。但是，由于"产品保证"（"保证"产品在一定期间正常地运转）这一用语已经被大众所接受，本文仍使用"保证"这一用语。

[42]　西村综合法律事务所编·前揭书（注9）524页。

[43]　声明保证时间的"时间点"也可以自由设定，但通常是要求在签订合同时、支付时以及其后的一定期间（补充期间）声明保证具有真实性。股份买卖合同中，买方也会进行声明保证，但与卖方的声明保证相比，买方的要简明一些（主要是履行公司法上的程序，买方取得签订、执行合同所必要的批准许可等）。

[44]　被称为Indemnification或者hold harmless条款，内容是：如果声明保证的内容不真实，导致买方承受损害、费用等的，则卖方对其进行补偿。声明保证的补充

责任不以债务人的故意过失为前提，这点与民法第415条和第541条的债务不履行责任不同，后者以债务人的故意过失这一主观要件为前提[45]。从这一解释来看，可以认为违反声明保证的补充责任是一种通过合同特别约定的担保责任，作为特别约定应当在合同上进行明确记载。

卖方声明保证的事实在合同签订后发现不真实的，通常构成买方解除并购合同的原因[46]。此外，在支付后，发现并购目标公司存在减价事由的，并购合同中的补偿责任，在经济上发挥着事后调整已支付的并购价格的功能[47]。

2. 声明保证与瑕疵担保责任的关系

如前所述，即便与当事人预想的目标企业的企业价值出现差异，但买卖的标的物股份是完整的，则"不一定构成标的物股份的

---

[45] 西村総合法律事務所編・前掲書（注9）538頁、金田繁「表明保証条項をめぐる実務上の諸問題（上）」金融法務事情1771号（2006年）43頁。

[46] 并购合同中通常规定违反声明保证是解除原因之一，但支付后能否解除合同、解除后能否恢复原状、如果可能则至何时可以解除合同，这些问题似乎并未有很多讨论。

西村総合法律事務所編・前掲書（注9）540頁，指出许多合同中规定了在交割后不能解除合同，其理由是："买方即使将目标公司的股份返还给卖方，但股份的实质内容，即目标公司的内涵也产生了很大的变化，除非有时光机，否则不可能返回到合同签订时的状态，实务中存在着明显的困难。"在法理上，可以随时解除合同，但为了回避不便的情形，合同中应限制解除权。本文并不反对合同中应明确记载解除权的行使期间这一结论，但对法理上可以随时解除合同这点存疑。因为违反声明保证的合同解除，并非以故意过失为要件的民法第540条以下的债务不履行解除，而是合同中的特别约定。

金田・前掲書（注45），指出从交割起经过相当一定期间后的解除权行使，属于权利滥用等，应当受到制约。

[47] 東京青山青木法律事務所編・前掲書（注39）544頁。

瑕疵"。以股份买卖的法律形式进行法人（事业）买卖的企业并购中，不仅是股份的法律瑕疵，即便认为对企业价值带来不利影响的事项也构成"隐性瑕疵"，但何谓"隐性瑕疵"并非很明确。因此，不得不承认，在企业并购中依据民法规定的卖方瑕疵担保责任[48]来进行交易会比较困难[49]。在企业并购之际，卖方的声明保证，可以明确当事人意图进行交易的前提的企业状态，补充因瑕疵担保责任无法应对的情形，于是在日本作为一种企业并购惯例逐渐被确定下来。

关于瑕疵担保责任，问题事项是否构成"隐性瑕疵"是讨论的重点。关于声明保证，如果能够确定违反了声明保证的内容，除损害的范围等问题外，在追究补偿责任时，责任论的部分是比较容易的问题。反过来，从卖方的角度来看，因为可以将责任范围限定在声明保证的范围内，所以会尽可能地限定或者限制声明保证的范围。因此，在并购合同的交涉中，围绕声明保证会展开激烈的讨论。

此外，如果合同中仅规定声明保证和补偿义务，未规定瑕疵担保责任的，是否排除了民法上的瑕疵担保责任，还是可以行使民法上的瑕疵担保责任有关的权利呢[50]？声明保证的内容和范围是由双方当事人花费一定的时间进行协商后妥协的结果，对于声明保证以外的事项，卖方也期待预防日后出现争议，由此来看，在规定了声明保证和补偿义务的情形下，可以认为作为当事人合理的意思解

---

[48] 民法第561条以下。

[49] 在以股份这一权利为买卖对象的股份买卖合同中，例如，除该股份属于他人的，或者股份上设有质权的情形外，其他何种情形构成"隐性瑕疵"（民法第570条）尚存在着疑问。

[50] 金田・前揭书（注45），指出由于适用关系不明确，最好在合同中明确记载。对于合同的起草，这是合适的建议。

释,排除了民法的瑕疵担保责任。

3. "仅以卖方知道的"进行限定

从卖方来看,对客观事实进行声明保证有时是很难的[51]。因此,声明保证条款中有时会约定"仅以卖方知道的"这一主观要素来进行限定。这意味着,作为卖方补偿责任的事实要件,除声明保证内容的非真实性这一客观要件外,又加入了"仅以卖方知道的"这一主观要件。这一限定会导致卖方声明保证和补偿责任的意义的减损。

但是,从买方来看,在知道完全的声明保证是很困难的前提下,仍要进行声明保证,因此要完全排除"仅以卖方知道的"进行限定也是不现实的。倒不如将"仅以卖方知道的"定义为"卖方的现实认识或者进行合理调查后应具有的卖方认识",重点不是卖方现实是否知道,如果是"经过合理调查可以认识到"的,买方对此进行举证,仍然可以主张其违反声明保证。这是现实中合同谈判时的实务做法[52]。

另外,不直接参与经营的少数股东与负责经营的经营者股东同时存在的,根据股东立场的不同,可以区分声明保证的内容。

4. 以重要性进行限定

卖方的声明保证是广泛且多样的,但根据企业并购的惯例,如

---

[51] 例如,约定"目标公司不得侵害第三方的知识产权",但作为卖方几乎不可能就此作出完全的声明保证。公司会从供应商采购零部件并组装进本公司的产品中,至于零部件中是否取得了第三方的专利,这可以说是不可能全部掌握的。

[52] 東京青山青木法律事務所編·前揭書(注39)543頁。此外,西村総合法律事務所編·前揭書(注9)524頁,指出"仅以卖方知道的"意味着确认"具体卖方公司中何种级别的人员知晓问题事实",因此可以约定如下条款来解决争议:"目标公司的代表董事和作为董监高派出到目标公司的卖方员工或者董监高知道的,视为卖方知道。"

果声明保证的事实不真实，买方可以不进行支付，并选择解除。一旦签订了企业并购合同，买方想以任何理由解约的，或者推迟支付的，就会来仔细调查一下卖方的声明保证，看看是否有违反的内容[53]。结果是，作为卖方可能会害怕，买方因为以细小的声明保证为理由，拒绝合同的支付或者解除合同。虽然还可以以权利滥用和诚实信用原则为理由，来制约因细小的违反而解除合同，但一直到裁判终止前，结论未定，存在着不稳定因素。

因此，作为卖方可以提出将支付的前提条件和合同的解除事由限定于"声明保证事项在重要点上是不真实的，给企业价值产生显著不利的影响"。此外，声明保证条款中，为排除细小的合同违反和对公司业务不重要的合同违反，可以作出如下声明保证："公司为当事人的重要的合同中，不存在重要的债务不履行。"例如，可以将随附性且重要性低的合同（如设置在路边的广告牌设置合同）排除，也可以将虽属重要合同，但不至于解除合同的轻微违反排除。以"重要性"进行限定的声明保证中，当事人之间的讨论会集中于：何谓"重要的"合同，何谓"不重要的"合同，何谓"重要的"违反，何谓"不重要的"违反。在合同实务中，作为解决对策之一，可以设置"给企业价值产生显著不利的影响"这样的定义条款[54]。

5. 以第三方定向增发进行的并购与声明保证

作为企业并购的方法，既有股东不变，可以采用第三方定向增

---

[53] 曾出现过，作为讨价还价的手段，买方对声明保证事项挑各种意想不到的毛病，将交割推迟了近半年。因此需要注意。

[54] 西村综合法律事务所编·前揭书（注9）527页注4，指出将合同的解除要件限定于"声明保证的重要违反"，并将每个声明保证限定于"重要合同的重要违反"的，能否对重要性进行进一步的限定的问题。

发的方式对目标公司进行出资，取得支配权。对于濒临破产或者已破产的企业，为拯救其而进行企业并购时，可以采用100%减资，并以第三方定向增发的方式对目标公司进行出资，取得全部的股份[55]。但是，①这些情况下，与通常的股份买卖情形相比存在不同的利益情况[56]，因此取得声明保证会有些困难；②即便在出资之际从目标公司（发行公司）取得声明保证，但经济上[57]的意义有限；③即便从法律角度来看，向目标公司请求补偿，实际上是在请求返还部分的股份出资金额，这有悖于资本充实和资本维持原则[58]。因此，以第三方定向增发进行M&A的情形，与股份买卖的情形不同，很多时候，都不制作附有详细声明保证条款的合同，而仅以增资登记所需的法定文件来进行交易[59]。

---

[55] 这是公司重整程序中常用的方法。笔者最近接触的重整计划（株式会社地产、Mycal株式会社、日兴电机工业株式会社）中也是如此。

[56] 如果是无偿注销股份，因未获得实质性的对价，即便想从失去企业控制权的旧经营者、旧股东处获得声明保证，也会很困难。如果是以无偿注销股份为前提的重整，对经营者、旧股东而言，无论是重整还是破产，在经济上没有很大差别。

[57] 以第三方定向增发进行一定金额的出资，成为100%股东的情形下，即便基于违反声明保证责任向发行公司请求补偿，在100%子公司与母公司之间，仅进行金钱上的互换，作为经济实体，实际上没有得到损害补偿。

[58] 对认购新股时发行公司的损害赔偿特别约定的有效性持怀疑观点的有：西村総合法律事務所編・前掲書（注9）697頁。与此不同，東京青山青木法律事務所編・前掲書（注39）541頁，认为公司法第211条第1款承认股份的认购人可以主张无效或撤销，因此法律上也不是不可能。

[59] 以破产前的企业为对象进行的M&A，并购方对于目标企业的债务压缩（需要其债权人的同意）关心程度很高，根据重整方案，仅规定减资和以第三方定向增发来出资，关于资本出资有关的内容，也有不制作合同的。不过，在大型破产案件的公司重整程序中，由于新的投资额巨大，无论是投资方还是破产管理人，通常会以重整计划的批准为条件（公司重整法第199条），制作合同以确认交易意思，并赋予法律约束力。

进行第三方定向增发的，即便违反了声明保证，对于是否能撤销出资也存在着疑问。理论上是可以从经营者个人和既有大股东处取得声明保证的，但出售股份取得利益的情形不同，对于因第三方定向增发导致控股率低下的既有股东而言，要想取得其详细的声明保证是很难的。

6. 声明保证条款起草中尽职调查报告的使用

尽职调查中，与目标公司的董监高等进行面谈，以此补足各种各样的事项。尤其是某些难以捕捉的事项，仅凭文件和其他材料通常不可能进行确认，有必要与代表人或者负责的董监高等进行面谈来进行补足。

例如，（a）目标公司成为当事人的有关诉讼，（b）目标公司承担的保证债务，买方可以在卖方披露的范围内确认其内容。但是，在披露的范围以外是否不存在诉讼和保证债务，仅凭资料和文件无法进行确认。因此，与目标公司相应的董监高、员工等进行面谈，接受其说明，如"除附表4记载的以外，公司未成为诉讼、仲裁程序、行政机关或者行政委员会的程序的当事人"、"附表12中记载的事项为公司承担的全部保证（连带保证）债务，其他未承担保证（连带保证）债务"，并记录在尽职调查报告中。使用报告的记载，意味着在股权买卖合同中，卖方进行了"除附表4记载的以外，公司未成为诉讼、仲裁程序、行政机关或者行政委员会的程序的当事人"、"附表12中记载的事项为公司承担的全部保证（连带保证）债务，其他未承担保证（连带保证）债务"这样的声明保证。报告附件的用处是，对于已披露的范围可以排除声明保证责任，而对于未披露的部分则承担并购合同中的声明保证责任。

7. 卖方违反声明保证与买方的过失或者重过失

因买方未尽到合理的注意，导致未能认识到卖方违反声明保证的，买方能否依据违反声明保证来请求补偿呢？若买方是恶意的，不能依据声明保证来追究补偿责任[60]。但是，若是善意有过失的买方，许多意见主张可以依据违反声明保证来请求补偿[61]。但该主张的理由是买方不负有作为过失前提的注意义务，如果按照这一理由，有重过失的买方也将受到声明保证规定的保护。然而，对于重过失时能否受到声明保证规定的保护，存在着两种不同的意见，有依据权利滥用、诚实信用原则等一般法理认为不能请求补偿的[62]，也有认为设置声明保证条款是当事人的意思，不能以买方的重过失来对抗卖方的补偿责任（即可以请求补偿）的[63]。

尽职调查中，不得不在短时间内对大量的资料进行讨论、评价，要求买方对其认识、评价尽到万全之策是不现实的，大量资料的评价、认识中可能会存在错误。考虑到声明保证的功能是以此为前提，基于尽职调查中形成的买方认识，卖方进行声明保证，其风险由卖方负担，因此可以认为，即便是善意有过失的买方，也能依据声明保证得到保护，不能以过失来对补偿请求进行抗辩。不过，

---

[60] 岡内·前揭論文（注33）对于应以买方的善意为要件这点持有保留意见。

[61] 金丸·前揭論文（注17）提出的理由是："尽职调查时买方的权利，并非义务，这不过是在有限的期间内，基于有限的资料，在有限的范围内进行的，不能成为买方负有注意义务的根据。"

[62] 金丸·前揭論文（注17），指出基于诚实信用原则或者权利滥用的法理，对于重过失的买方不能受到声明保证的保护。另外，西村総合法律事務所編·前揭書（注9）697頁注2，指出"可以以权利滥用等为理由来限制"。

[63] 岡内·前揭論文（注33）认为不应以买方无重过失为要件。

买方有过失的，可以准用过失相抵[64]（民法第418条），以求达到当事人之间的公平。

与此相对，①对于有重过失的买方，若依据违反声明保证给予补偿请求的保护的话，则在诚实信用原则上存在着疑问；②鉴于大部分意见认为恶意的买方（买方知道违反声明保证的）依据违反声明保证请求补偿是违反诚实信用原则的这点，再考虑到重过失概念的功能（即在无法认定达到故意这一主观要件时，认定重过失），没有理由对重过失与故意进行区分；③从风险分配平衡的角度来看，基于声明保证的补偿义务不要求补偿者存在故意过失。因此，对于有重过失的买方，可以以一般法理为理由，否定其补偿请求。

东京地方裁判所2006年1月17日判决[65]认定，重过失的情形下，"考虑到公平的角度，可以与恶意的情形同等对待，存在免除声明保证责任的空间"。这表明了可以进行抗辩的一般理论，但在该案中未承认买方的重过失，以此肯定了补偿责任。上述判决是关于消费金融公司的企业并购的卖方违反了声明保证，卖方对买方承担损害补偿义务的案例。作为违反声明保证引起损害赔偿问题的案例，具有重要的意义，想必会对今后的实务产生不小的影响。

---

[64] 补偿是与债务不履行的损害赔偿不同的概念，因此，即便不能直接使用民法第418条，从当事人之间的损失公平分担的角度来看，也没有理由否定准用过失相抵的可能性。

[65] 金融·商事判例1234号（2006年）6页。

第七章　股份交换、股份移转、公司分立（企业并购交易的方法）

伊藤毅

近年来，新引进的股份交换、股份移转、公司分立这些企业并购交易的方法，由于具有之前方法不具备的优点，为企业并购交易的活跃作出了贡献。然而另一方面，围绕着企业并购交易，经营者、利益相关人之间的冲突也日益增加，开始出现新的法律问题。这些冲突能够左右企业并购交易本身能否成立，解决这些冲突的关键在于对利益相关人的事先说明和利害调整。

一、前言

本文以近年新引进的股份交换、股份移转、公司分立这些企业并购交易的方法为对象，就其制度内容不作深入探讨，而是对这些方法的实际使用场景和因此产生的法律问题点进行概览，最后从预防法务的角度探讨实务中的注意点。

最近几年，企业重组、企业并购这些企业并购的数量在不断增加，2005年可以说成为了日本的企业并购元年[①]。在这些增加的企业并购数量中，股份交换、股份移转、公司分立这些企业并购交易的方法发挥了很大的作用。然而另一方面，由于与过去的合并、事业转让[②]等的性质不同，使用这些方法的企业并购数量增加的同时，股东、债权人、员工等利益相关人与经营者之间的利害冲突以及利益相关人之间的冲突的情形也比过去增加了许多。这一最新的动向导致利益相关人之间利害调整的必要性日益增加，但现有的制度中对于这些利益相关人的考虑还并不十分周全。因此，本文从利益相关人之间利害调整的角度，对这些企业并购交易的方法有关的问题点进行分析验证。

---

① 根据企业并购中介公司Recof的调查，2005年日本企业实施的M&A数量与前一年相比增加23%，达到了2713件，为历史最高。

② 旧商法中使用了"营业转让"这一概念，但公司法中将"营业"修改为"事业"。本文除引用部分外，均使用"事业转让"这一用语。

第七章　股份交换、股份移转、公司分立（企业并购交易的方法）

二、股份交换、股份移转

1. 制度特征

股份交换和股份移转制度是一种创设全资母子公司的制度，于1999年商法修改时引进。

股份交换和股份移转制度引进之前，多个公司进行企业结合时会使用合并和股份转让的方法。但是，股份转让时，股份的权利移转需要股东的个别同意，且针对资本利得会进行征税；合并时，消灭公司的资产和负债会发生承继，这需要办理消灭公司的权利、批准许可的承继手续，且需要对人事、系统等进行整合，程序繁杂。

与此相对，股份交换和股份移转，①与股份转让不同，可以以股东的多数决实现企业结合；②与合并不同，程序后各相关公司的资产和负债原则无须进行变更，维持独立的法人格；③因此可以将对公司债权人、员工的影响降到最小限度，故无须履行对这些人员的保护程序。

因为这一优点，股份交换和股份移转制度取代合并，成为常用的企业并购交易的方法。

此外，现行公司法将包括股份交换、股份移转在内的公司组织重组行为的对价进行了灵活化的改革（2006年施行），此前以现金为对价进行股份交换等时，需要进行产业活力再生特别措施法上的认定，经过对价灵活化的改革，此后无须进行该认定，想必今后会被更多的使用。

2. 使用场景

如上所述，股份交换和股份移转制度对相关人的影响较少，且程序简单，在许多的企业重组、并购中被使用。使用股份交换和股份移转的企业并购的方法中常见的特征有以下几点：

①事先取得了控制股份，或者与持有控制股份的母公司之间达成合意，进行股份交换、股份移转的事例较多（后面介绍的京瓷对东芝化学的并购）；

②以事后进行股份移转为前提，实施要约收购的并购方法（所谓两步要约收购）在增加（后面介绍的史克威尔·艾尼克斯对taito的并购、World公司管理层收购的事例）；

③由于具有在保持独立法人格的基础上可进行并购这一优点，跨行业的和投资基金参与的事例在增加［后面介绍的pokka公司管理层收购中投资公司（Advantage Partners）的参与事例］；

④由于资本市场中的参与者增加，对于经营者提出的M&A交易，股东要求就并购和整合的效果、并购价格、整合比例等进行说明的事例在增加（后面介绍的三共与第一制药经营整合的事例）；

⑤日本集团公司内子公司的上市政策进行转换，集团公司内子公司的非上市化，以及转向集团公司整体的控股公司的事例在增加（后面介绍的松下将5家子公司全资子公司化，Seven＆i HD的设立等）；

⑥随着M&A交易的活跃，整合、并购的相对方出现多个候选人的事态在增加，出现了围绕着选定相对方在相关人之间产生纠纷的事态（后面介绍的UFJ集团整合交涉停止请求事件）。

以下，介绍具体的事例。

a. 股份交换

股份交换多用于事业部门的并购和集团内企业的全资子公司化

第七章 股份交换、股份移转、公司分立（企业并购交易的方法）

（非上市化）中。尤其是进入2005年后，以活力门对日本放送进行并购为代表，对上市企业进行的敌意收购在增加，作为敌意收购的防御措施，以实现非上市化的股份交换得以展开。

①并购其他企业集团的事业部门

在事业部门并购中使用股份交换的，如果从完全没有资本关系的状态突然进行股份交换的事例很少，通常会事先取得控制股份，或者与持有控制股份的母公司之间达成合意后，再进行股份交换。

【京瓷对东芝化学的并购】

2002年8月1日，电子机器制造大型企业京瓷通过股份交换的方式，并购了综合电机大型企业东芝出资57%的电子零部件制造商东芝化学（交换后成为京瓷化学）。东芝化学2002年3月期的赤字为114亿日元，业绩低迷，本次并购的理由是"京瓷的国际销售网络很有吸引力"。股份交换比例是东芝化学1股换京瓷0.022股。

【史克威尔·艾尼克斯对Taito的并购】

此外，在事业部门的并购中，也有先使用要约收购取得过半数的股份的基础上，再进行股份交换的事例。

2005年8月22日，游戏大型企业史克威尔·艾尼克斯对同业的Taito以每股是181100日元的价格（高于Taito过去6个月的平均股价的20%）实施要约收购，目的是在同年12月以股份交换将其全资子公司化。该要约收购是在游戏行业大规模重组的背景下实施的，史克威尔·艾尼克斯的强项是面向家用游戏机的软件，在针对娱乐设施的游戏机和手机内容发行上虽然也比较擅长，但主动接触了Taito，后者在游戏行业重组潮流被有所孤立。当时，对于持有Taito股份36%有余的第一大股东京瓷而言，与Taito的共同事业并未收获成果，已经从集团战略中将其拿掉，因此对该TOB表示同

并购和合资企业

意,结果是史克威尔·艾尼克斯取得了 Taito 股份的 93.70%[③]。

②集团内重组

此前,日本企业多将集团内的子公司留在集团内并使其上市[④],但引进股份交换制度后,索尼将索尼音乐娱乐等3家上市子公司进行了全资子公司化,以此为开端,将集团内的上市子公司进行全资子公司化的企业正在增加。

【松下将5家子公司全资子公司化】

2002年10月1日,松下电器产业将手机制造子公司松下通信工业等5家公司,通过股份交换实现了全资子公司化。当时,由于股份上市独立性增强的子公司经营不振,导致松下整体在前一年度的业绩达到了史上最差,因此,松下将这些上市子公司全资子公司化,加强中央集权,目的是在集团整体中进行最合适的资源分配。股份交换比例为,对松下通工、九州松下、松下精工、松下寿的每1股份,各发行松下电器的股份2.884股、0.576股、0.332股、0.833股。

由此可见,在集团子公司的非上市化的事例中,很多从集团整体战略的角度出发,将由于经营不振等原因已成为枷锁的上市子公司进行全资子公司化,目的是实现一元化的、迅速且灵活的经营判断。

---

③ 但之后,史克威尔·艾尼克斯并未与 Taito 进行股份交换,而是让 Taito 与其全资子公司 SQEX 进行了合并。

④ 佐山展生=藤田勉『新会社法で変わった敵対の買収』(東洋経済新聞社、2005年)160頁指出,子公司上市的优点是:①让子公司上市,母公司可以获得资本利得;②日本东京证券交易所的上市公司具有一流企业的地位,在员工的招聘等中拥有不少优点;③日本间接金融的时代很长,银行对企业的影响力很强大,在子公司上市的同时,还能进行股权融资,因此可以降低负债比例,尤其是日本企业的负债比例与欧美相比要大得多。

第七章　股份交换、股份移转、公司分立（企业并购交易的方法）

③敌意收购防御措施

对上市公司进行要约收购，之后以股份交换将其全资子公司化这一并购方法，不需要取得并购目标公司的经营者的同意，可以说是敌意收购中典型的方法。进入2005年后，以活力门并购日本放送事件为标志，敌意收购的风险在增加。因此，作为敌意收购的防御措施，开始出现经营者一方先发制人，使用同样的方法进行非上市化的事例[5]。

2005年7月27日，Harbor Holdings Alpha对服装业大型企业World实施每股4700日元（超过过去6个月平均股价约26%）的要约收购，World的董事长接受了该要约收购，Harbor Holdings Alpha取得了World的94.99%股份。同年12月，Harbor Holdings Alpha根据产业活力再生特别措施法，向未参加要约收购的剩余股东以交付现金的方式实施股份交换，将World全资子公司化。

另外，饮料业大型企业Pokka公司以同样的方法也进行了非上市化（收购价格为每股690日元，超过过去1个月平均股价的约24%）。Pokka的事例中，进行收购的是投资公司Advantage Partners设立的壳公司，要约收购完成后Pokka的董监高预计会对该公司进行出资。

由此可见，与要约收购搭配进行的股份交换，会对最终剩余的少数股东使用余股挤出合并[6]的方法。依据现行公司法，合并等对价灵活化规定的施行延期了1年，因此，目前实施余股挤出合并还

---

[5] 像这样，并购目标公司的经营者与金融投资家共同收购目标公司股份的交易，被称为"管理层收购（MBO）"。

[6] 所谓余股挤出合并是指，向消灭公司的股东仅交付金钱作为合并对价的合并。

需要接受产业活力再生特别措施法上的认定,但随着合并等对价灵活化规定的施行,想必还会有更多的要约收购搭配余股挤出合并的非上市化事例。

b. 股份移转

股份移转的典型使用场景是,作为企业结合的手段用于行业内重组或者集团内重组,以股份移转设立共同的控股公司。此外,还有通过设立共同控股公司作为敌意收购防御措施,由此进行集团内的企业整合。

①行业内重组

以行业内重组为目的设立共同控股公司的,多为行业内大型企业之间为了行业内的生存而进行的,如2005年的三共制药与第一制药、万代与南梦宫等事例。这样的行业内的整合多以对等整合为前提,但实际情况中救济型的整合也不少。救济型整合的情形下,尤其是作为实施救济一方的企业的股东,承担了一定的整合风险,会对整合比例以及是否整合产生不满。

【第一三共】

2005年9月28日,日本国内制药行业第三位的三共与第六位的第一制药通过股份移转进行了经营整合。根据两家公司的披露,这次的经营蓝图是"革命性新药的创造力"、"业界最高水准的事业运营效率"、"世界市场上坚实的存在"、"日本市场上卓越的存在"这4点。新设的控股公司的股份,向三共的每1股发行1股,向第一制药的每1股发行1.159股,换算为出资比例,三共为58%,第一制药为42%。经过本次整合,整合后的第一三共的药品销售总额为业界第二位(仅次于武田制药),研发费为业界第一位,左右销售力的MR(医药信息负责人)数为业界第二位(仅次于Pfizer)。

第七章　股份交换、股份移转、公司分立（企业并购交易的方法）

本次经营整合中，两者的整合比例对第一制药是有利的，三共的股东M&A consulting对整合表明了反对意见，并向其他股东发送了呼吁反对整合的书面文件。三共中外国人持股比例较高，为32.6%，如果外国人股东持反对态度的话，有可能被股东大会否决。因此，该公司的董事长前后5次访问欧美，说服海外的机构投资者。

【万代南梦宫】

2005年9月29日，玩具业最大型的企业万代与游戏业的大型企业南梦宫设立控股公司万代南梦宫HD，进行了经营整合。据两家公司所述，整合的理由是"在事业领域和海外开展事业中的重复较少，通过整合预计可以达到广泛的协同效应"。设立的万代南梦宫HD向万代的每1股发行1.5股，向南梦宫的每1股发行1股。经过本次经营整合，在以游戏软件、玩具为支柱的娱乐企业，成为仅次于世嘉飒美HD的日本国内第二位的企业。

②集团内重组

集团企业的全资子公司化除了采用上述股份交换外，也可以通过股份移转设立纯粹控股公司的形式来进行。

【Seven & i】

2005年9月，综合超市大型企业伊藤洋华堂，与子公司便利店最大型企业7—11日本（伊藤洋华堂出资50.6%），家庭餐馆连锁大型企业Dennys日本（伊藤洋华堂出资51.6%）一起设立了共同控股公司Seven & i HD，进行了经营整合。新设的Seven & i HD向伊藤洋华堂的每1股发行1.2股，向7—11的每1股发行1股，向Dennys的每1股发行0.65股。

关于本次控股公司的设立目的，伊藤洋华堂说是母子公司的"扭曲现象的消解"。所谓母子公司的扭曲现象是指，该控股公司设立以前，伊藤洋华堂持有7—11日本50.6%的股份，但伊藤洋华堂的股份市值仅为7—11日本的一半，这意味着如果购买伊藤洋华堂的股份就可以以较低的代价收购7—11日本。伊藤洋华堂将扭曲现象的消解列为设立控股公司的目的，这也说明其在某种程度上承认本次控股公司的设立具有敌意收购防御措施的意义[7]。

3.法律问题点——企业并购交易中赋予优先交涉权条款的有效性

股份交换和股份移转制度对于公司债权人和员工的影响较小（至少是法律上的），程序简便，因此对企业并购交易的活跃产生了重大贡献。与此同时，如上述第一三共的经营整合中围绕整合比例引发了争议等，也增加了经营者与股东之间关于企业并购交易冲突的情形。

作为回避该冲突的手段，公司法上，试图进行股份交换、股份移转的经营者应当经过股东大会决议、异议股东的股份回购制度等来保护股东的权利；此外，股东也可以提起股份交换、股份移转无效之诉。但是，股份回购制度只不过是对股东的经济利益以回购当时的状态给予金钱补偿，股东会失去其表决权等共益权（对公司的影响力）。另外，关于无效之诉，由于无效事由仅限于特定的情形，作为股东权利的保护只能说是一种辅助性的手段。因此，股东与经营者围绕企业并购交易的攻防的主要舞台必然聚焦于股东大会（乃至经营者对股东的事前说明责任）。

通过股份交换、股份移转进行并购、整合的，程序上需要一定的时间，而敌意收购中的抢购股份以及作为对抗手段的发行新股或新股预约权需要迅速的执行，想必很少出现这样的攻防。但是，虽然企业

---

[7] 参见：日本经济新闻2005年4月22日早刊文章「企業防衛私の視点（6）イトーヨーカ堂会長鈴木敏文氏——持ち株会社化流れに」。

第七章 股份交换、股份移转、公司分立（企业并购交易的方法）

并购交易的活跃，进行竞争性并购、整合提案的事例预计会增多，想必经营者与对立的并购、整合提案者之间的攻防会变得更加激励。

在这种状况下发生的事件是围绕UFJ集团的整合谈判，住友信托银行与三菱东京集团之间进行的攻防。该事件中，住友信托银行与UFJ集团间签订了关于企业并购交易的基本协议，双方对该基本协议规定的独家谈判权的有效性产生了争议。日本法律上，企业并购交易之际时常会签订这种独家谈判权条款，但就其有效性目前几乎没有进行过探讨。

该事件中，最高法院和下级法院仅从合同法的角度对独家谈判权的有效性进行了论述，但选定赋予独家交涉权的相对方企业之际，股东并不是都能积极参与的（通常该选定是由经营者在股东大会之前进行的），就股东的权利几乎没有进行论述。

与此不同，美国在过去经历了数次企业并购潮流，围绕企业并购交易的攻防，通过判例等确立了一定的标准，在这些标准中，对于经营者在企业并购交易时的经营判断提出了严格的要求。以下，先介绍日本的UFJ集团整合谈判停止请求事件，在概述美国特拉华州判例的基础上，从企业并购交易中股东参与权限的角度，探讨今后围绕企业并购交易攻防的法律路径。

a. UFJ集团整合谈判停止请求事件判决

住友信托银行与UFJ集团3家公司之间，就UFJ信托银行的大部分营业转让签订了基本协议，目的是进一步签订规定详细条件的基本合同，并为此展开谈判。但随后UFJ 3家公司为了渡过UFJ集团的困境，将本基本协议撤回，并认为包括UFJ信托在内，除与三菱东京集团进行整合以外，并没有其他应采取的策略。基于这一经营判断，2004年7月14日向住友信托发出了通告，解除本基本协议，同时向三菱东京金融集团申请进行经营整合，包括UFJ信托的事业转让。同月16日，住友信托向东京地方法院主张，UFJ 3家公司与三菱东京集团之间开始就经营整合进行协商，这侵害了住友信托的独家谈判权；基于本基本协议，请求停止UFJ 3家公司与住友信托以外的第三方之间，就UFJ信托的营业移转等进行信息提供或者协商，并申请了诉前保全命令。

2004年7月27日，东京地方法院裁定认可住友信托申请的本诉前保全命令[8]；但东京高等法院撤销了该裁定，并驳回了本诉前保全命令[9]。因此，住友信托上诉至最高法院。

最高法院作出了如下认定，并驳回了住友信托的上诉[10]。

"（住友信托——笔者注。括号内下同）遭受损害的性质、内容（应看作是，住友信托与UFJ 3家公司之间期待达成关于本协同事业化的最终合意，因该期待被侵害而产生的损害），不构成以事后的损害赔偿难以补偿的损害；……（住友信托）与（UFJ 3家公司）之间，达成关于本协同事业化的最终合意的可能性很低；并且，本诉前保全命令被认可的情形下，从（UFJ 3家公司）现在所处的情况来看，（UFJ 3家公司）将遭受的损害是相当大的。综合以上情况，若不以本诉前保全命令的方式，将（UFJ 3家公司）与（住友信托）以外的第三方之间进行上述信息提供或者协商暂时停止的，很难说（住友信托）会产生显著损害和急迫的危险。因此，可以说本诉前保全命令的申请是不满足上述要件的。"

b. 美国特拉华州判例

---

⑧ 東京地決2004年7月27日商事1708号22頁。同1705号115頁。
⑨ 東京高決2004年8月11日商事1708号23頁。同1706号51頁。
⑩ 最決2004年8月30日民集58卷6号1763頁。

第七章　股份交换、股份移转、公司分立（企业并购交易的方法）

美国特拉华州[11]的判例将针对敌意要约收购采取防御措施之际让经营者一方承担的严格举证责任，扩张到了合并等企业并购交易合同的事例中。下面介绍的三个特拉华州最高法院判决的事例（Unocal事件判决、Revlon事件判决、Omnicare事件判决），可以说均是与围绕M&A交易攻防有关的事例，但三个判决在是否有利害对立的当事人和控制权变动这点上存在着差异。具体而言，Unocal事件和Omnicare事件是对立的两个并购候选人之间的争议，前者伴随着控制权变动，但后者没有控制权变动。

① Unocal事件判决[12]

Unocal事件中，Mesa Petroleum（以下简称"Mesa"）对Unocal发起了敌意的两步要约收购[13]，Unocal作为对抗措施，决定以Mesa以外的股东为对象，发起针对本公司股份的要约收购。Mesa主张该歧视性的要约收购不能受到经营判断原则[14]的保护，向法院申请请求禁止Unocal发起的该要约收购。

特拉华州最高法院在本案中确立了一个审查标准，即Unocal的董事在举证满足以下两个要件的情形下，可以适用经营判断原则。①董事有充足合理的理由相信，因敌意收购的申请会给公司的

---

[11] 因为企业所得税较低等理由，美国过半数的企业都将特拉华州选为法律上的住所地，因此，特拉华州的判例作为先例具有很高的价值。

[12] Unocal Corp. v. Mesa Petroleum Co., 493 A.2d. 946 (Del.1985).

[13] 两步要约收购是指先进行要约收购后，再进行合并的方法。

[14] 美国判例中的"经营判断原则"是指，董事作出经营上的意思决定时，被推定为是在充分掌握了必要的信息，是诚实的，且真挚地相信该意思决定是符合公司的最大利益的基础上作出的。该原则的适用有四个前提条件：①董事实际上作出了意思决定；②董事在充分拥有信息的基础上作出了该意思决定；③该意思决定是诚实地作出的；④董事与该决定事项不存在经济上的利害关系。

经营方针和效率产生威胁（威胁要件）；②针对威胁采取的对抗措施是适当的（适当性要件）。这一Unocal标准是介于经营判断原则完全标准与完全公平标准[15]之间的中间性标准。

②Revlon事件判决[16]

Revlon事件中，Revlon的董事会面对Pantry Pride（以下简称"Pantry"）发起的敌意要约收购的威胁，引进白衣骑士（友好收购者）Forstmann Little，并对其赋予锁定期权（lockup option，即当第三方取得Revlon的40%以上的股份时，可以以评估价更低的价格购入Revlon某一事业部门的权利）等，采取了一系列的防御措施。针对Revlon的董事会采取的这些防御措施，Pantry提起诉讼请求暂时停止这些防御措施。

特拉华州最高法院作出了如下判决：董事在认识到公司的出售已不可避免后，其职责从之前的"公司守护者"转变为"负责人的拍卖人"，此时，董事负有以最高价格将公司出售的义务。Revlon的董事会采取的锁定期权等防御措施，让Pantry丧失了参加拍卖的机会，违反了董事的注意义务，不可得到商业判断规则的保护。

该事件之后，通过判例的积累，确立了该Revlon标准的适用范围，即：①董事积极地募集公司并购人的情形；②实施产生控制权变动的企业并购交易的情形；③实施带来公司解体的企业并购交易的情形[17]。所谓"控制权变动"是指，该企业并购交易的结果是特

---

[15] 完全公平标准（The Entire Fairness Test）是指，如果追究董事责任的一方证明董事在经营上的意思决定不满足"商业判断规则"中任一前提条件的，则董事应当证明其决定对于公司和股东而言是完全公平的。

[16] Revlon Inc. v. MacAndrews & Forbes Holdings, Inc., 506 A.2d.173 (Del.1986).

[17] Paramount Communications, Inc. v. QVC Network, Inc., 637 A.2d.34 (Del.1993).

定的人或者特定的集团在合并后取得公司控制权等情形。若以股份为对价的合并中，合并前后均没有出现取得控制权的股东的，则不属于控制权变动。

③Omnicare事件判决[18]

Omnicare事件中，NCS Healthcare（以下简称"NCS"）与Genesia Ventures（以下简称"Genesia"）之间进行合并交易时，Omnicare向NCS提出了更高额的竞争性并购提案，但NCS已经与Genesia之间签订了约束性条款的合并合同，因此，Omnicare起诉主张该附锁定条款的合并合同无效，NCS的股东也主张NCS的董事违反善管注意义务提起了集团诉讼。

法院认定，为了保护NCS与Genesia之间的合并两家公司采用的交易保护措施（具体的交易保护措施有：①NCS的控股股东与Genesia之间签订的、约定对该合并投赞成票的表决权约束合同，②NCS董事会负有向股东大会提出议案的义务，③不存在具有实效性的信义义务的例外［Fiduciary Out］条款[19]等）属于Unocal标准的审查对象。这些交易保护措施的效果是，即便从Omnicare或者其他第三方提出的竞争性提案如何有利，但数学上是不可能的且现实中无法达成。本案中的合并合同及其条款是以限制董事履行信义义务的方法要求其行动或者不行动，从这点来看应是无效的且不具有法律约束力。

从Omnicare事件的判决内容来看，即便是M&A交易合同中的

---

[18] Omnicare, Inc. v. NCS Healthcare, Inc., 818 A.2d.914 (Del.2003).
[19] 信义义务的例外条款是美国近期的合并等M&A交易合同中经常规定的条款，一般是为了让被并购公司的董事尽到信义义务，承认被并购公司在一定条件下从一定合同上的义务或者合同本身中解脱出来的条款。详细内容请参见：岩倉正和＝大井悠紀「M&A取引契約における被買収会社の株主の利益保護——Fiduciary Out条項を中心に」商事法務1743号（2005年）32頁。

交易保护情形，与敌意收购防御的情形一样，董事与股东之间也存在着潜在的利益冲突关系，因此，在不产生控制权变动的M&A交易中采取的交易保护措施，一般也应当适用Unocal标准。

不过，该判决中的判决意见与反对意见是3∶2，出现了较大分歧。反对意见认为，关于交易保护条款也应当根据商业判断原则进行判断，这点需要注意。

c. 围绕M&A交易攻防中的判断标准

从上述特拉华州的三个判例中，给日本围绕M&A交易攻防带来了哪些启示呢？

关于这点，日本的判例作为审查针对敌意收购对抗措施的标准，采用了"主要目的规则"[20]。但像Omnicare事件那样存在多个

---

[20] 東京地決1988年7月25日判時1317号28頁曾作出如下判决：两家上市公司都被第三方集中购买了大量股份，于是相互进行了大量的第三方定向增发。对此，法院认定："发行新股给既有股东的持股比例产生重大影响，且是对第三方进行定向增发的，如果该新股发行的主要目的是降低特定股东的持股比例、维持现在经营者的控制权时，该新股发行应构成不公平发行。此外，即便新股发行的主要目的不属于上述情形，但如果能认识到该新股发行会导致特定股东的持股比例会显著降低，仍然进行新股发行的，除非有使得该新股发行正当化的合理理由，否则该新股发行也构成不公平发行。"因此，支持了请求停止新股发行的诉前保全命令。这一判决内容被之后的判例所继承，并进行了若干修改，但基本内容一直没变。该判例确立的理论一般被称为"主要目的规则"。

此后，如太田律师指出的，在活力门事件中，东京地方法院和东京高等法院也采纳了主要目的原则，但进行了若干修改，即：①如果是基于商法本来设置的制度目的而发行新股及新股预约权的，法院可以从提高企业价值的角度来验证发行目的和手段的合理性；②但如果是为了维持、确保经营权等目的来发行的，法院仅验证是否存在敌意收购人的经营控制会导致全体股东利益受损等"特殊事由"，而不验证通过阻止敌意收购能否最终带来目标公司企业价值的提升。详细内容请参见：太田洋「ニッポン放送新株予約権発行差止仮処分申立事件決定とその意義（下）」商事法務1730号（2005年）9頁以下。

第七章　股份交换、股份移转、公司分立（企业并购交易的方法）

整合候选人或者并购候选人的情形下，需要考察经营者与一方候选人为进行M&A交易而采取的交易保护措施的有效性问题时，很难再引入主要目的规则。因为主要目的规则原本是判断发行新股或新股预约权的主要目的是否符合商法本来的制度目的（融资等）的标准，而赋予优先谈判权条款等M&A交易保护措施明显不以融资为目的（但具有一定的必要性），所以很难适用主要目的规则。

但另一方面，如果像特拉华州的判例一样，将围绕企业并购交易攻防看作是董事商业判断规则的问题，也不妥当。企业并购交易中，即便无法从本质上否定董事存在利益冲突的可能性，也很难让法院去成为一个妥当性的判断权人。

多个整合候选人或者并购候选人的情形也有各种各样的形态，有像Omnicare事件一样，由后发整合候选人申请停止合并的诉前保全命令的；也有像UFJ集团整合谈判停止请求事件一样，由签订基本协议的整合候选人申请停止与第三方进行经营整合协商的诉前保全命令的。

还有像乐天意图通过与TBS设立共同持股公司来进行经营整合的那样，由单独的并购候选人提出经营整合的方案，而董事会需要判断其是否合适。想必，今后这类案件会继续增加。

在考虑这些复杂问题之际最重要的是，企业并购交易的意思决定权人是股东，董事会不过是提案者。公司法上也要求当事人之间签订的合并合同、股份交换、股份移转合同、公司分立合同（以下简称"合并等合同"）都需要得到各自的股东大会的批准（公司法783条第1款、第795条第1款、第804条第1款）。

合并等合同都是在取得各个股东大会的批准后方才产生法律效力的，因此，对于制约股东大会关于合并等合同的重要事项的决定权的合同（约束性条款和赋予优先谈判权条款等），也应当同样认为，如果没有股东大会的决议则不能产生法律约束力[21]。

若以上述思路为前提，UFJ集团整合谈判停止请求事件基本协议中的赋予优先谈判权条款，对于合并等合同的谈判相对方这一重要事项进行了长期制约，所以，可以认为未经股东大会批准时，不产生法律约束力。

三、公司分立

1. 制度特征

公司分立制度是指将既有公司的全部或者部分营业，让其他公司概括性承继的制度，于2000年商法修改时所创设[22]。

引进公司分立制度以前，为了进行物的分立，需要使用实物出资、财产承继、事后设立等方法，但需要解决由检查员进行调查、被征收资本利得税，需要进行个别的权利移转行为等问题。另外，关于人的分立，制度上存在不明确之处，如是否可以以减资等方式

---

[21] 持同样观点的还有：手塚裕之「M&A契約における独占権付与とその限界——米国判例からみたUFJグループ統合交渉差止仮処分決定の問題点」商事法務1708号（2004年）12頁。

[22] 新公司法上，将修改前的"全部或者部分营业的承继"这一表述，修改为"其事业有关的全部或者部分权利义务的承继"这一表述（公司法第2条第30项）。这意味着不仅限于之前的"营业"概念。相澤哲＝細川充「新会社法の解説（14）組織再編行為（上）」商事法務1752号（2005年）4-5頁。

进行子公司股份的分红。

与此相对，公司分立制度作为组织法上的行为，让上述物的分立和人的分立成为了可能。此外，公司分立与合并一样会产生权利义务的概括性承继，无须取得债权人和合同当事人的个别同意，即可将权利义务移转至新设公司或承继公司。并且，与事业转让不同的是，公司分立制度中，通过满足合格要件可以采取移转资产的征税递延措施，因此使用公司分立的优点是，可以将转让收益征税递延等。

2. 使用场景

如上所述，公司分立无须取得员工、债权人、合同当事人的个别同意，即可移转其权利、义务及合同上的地位，税法上有可享受征税递延措施等优点，因此，可以用于事业部门的并购、困难企业的好坏事业的分离、纯粹控股公司的设立等。此时，为了切断偶发债务，许多事例中均使用先以物的分立的方式进行分拆，再收购该股份的方法。

公司分立制度在使用上的特征有以下几点：

①以前，因为可以回避债权人保护程序等，使用物的分立占据了压倒性的多数，但如今免除了债权人保护程序中的个别催告等，今后想必人的分立的事例也会增加。

②为了回避调职时员工的个别同意和合同上地位移转的同意，公司分立作为营业转让的替代手段来使用的情形较多。但是，从员工和合同相对方的角度来看，有时难以与营业转让相区别，所以关于未经承诺的调职、移转经常会产生争议（后面介绍的日本IBM出售HDD部门的事例）。

③虽然经常讨论困难企业优良部门与不良部门的分离时可以使用，但存在不良部门的公司许多情形下无法解决债务履行可行性

的问题，除公司重整程序等情形外，实际使用的很少（后面介绍的Fujita进行不动产事业与建筑事业分离的事例）。

a. 事业部门的并购

【日本IBM出售HDD部门】

计算机制造大型企业日本IBM，为了合理化硬件事业，于2003年1月将其硬盘驱动装置（HDD）部门转让给综合电机大型企业日立制作所，采用共同新设分立的方法分立、移转该公司的HDD部门。新设公司（Hitachi Global Storage Technologies, Inc.）的出资比例，日立为70%，IBM为30%，预计在2006年将IBM持有的全部股份转让给日立，成为日立的全资子公司。

对于本次出售，HDD部门的员工于2003年5月31日，以该调职无效为理由向横滨地方法院起诉，请求确认调职的该公司前员工具有作为"日本IBM员工"的劳动合同上的地位。

b. 困难企业的好坏事业的分离

【Fujita进行不动产事业与建筑事业的分离】

经营重建中的准大型建筑商（综合建筑公司）Fujita曾拥有两个事业部门（建筑事业和不动产事业），2002年10月，通过公司分立，将不动产事业留在Fujita（AC Real Estate），让新设公司（新Fujita）承继了收益性高的建筑事业。分立时，新Fujita将其约51%的股份发行给旧Fujita，将剩余的约49%的股份发行给原Fujita的股东。旧Fujita中作为债权人仅有主力金融机构留下，旧Fujita与这些金融机构之间就债务的清偿方法签订协议[23]。

---

[23] 详细内容，请参见：藤原総一郎「会社分割の特徴・関連法規と事例分析——上場中堅ゼネコンフジタにみる」事業再生と債権管理106号（2004年）80頁。

第七章　股份交换、股份移转、公司分立（企业并购交易的方法）

旧Fujita和新Fujita在账面上均不是资不抵债，但旧Fujita的理由书中记载了如下内容：作为可履行债务的理由，"旧Fujita的剩余债务，在公司分立生效时，预计仅有对部分金融机构的债务，并与该金融机构之间就偿还达成了合意"。

c. 纯粹控股公司的设立

以公司分立来设立纯粹控股公司多采用以下方式来进行，即：持有集团公司的股份的骨干事业公司，将其持有的骨干事业以物的分立的方式分立给新设公司或者既有的全资子公司，从而将自己转变为纯粹控股公司。

【阪急电铁的纯粹控股公司化】

阪急电铁于2005年4月1日通过公司分立转变为纯粹控股公司。阪急电铁将其大半的资产、负债等移转给其全资子公司阪急电铁分立准备株式会社（之后商号变更为阪急电铁株式会社），并将商号变更为阪急HD株式会社。经过该程序后，新阪急电铁与旧阪急电铁的全资子公司阪急交通社等一起，成为了阪急HD株式会社的全资子公司之一。阪急电铁转变为纯粹控股公司的目的是"进一步加强集团经营的同时，更加努力地确立各核心事业的'竞争优势'"。

d. 合资公司的设立

【藤泽药品工业与山之内制药设立合资公司Zepharma】

藤泽药品工业与山之内制药于2004年10月以共同新设分立的方法设立了新设合资公司Zepharma株式会社，使其承继了两家公司的一般医药品（大众药）事业。共同新设分立之际，两家公司各自持有新设公司的3000股份。之后，两家公司于2005年4月合并（商号为Astellas制药株式会社），该公司目前正在商量将子公司

Zepharma出售[24]。

3. 法律问题点

如上所述，公司分立制度可以不经关联人的个别同意，对资产、负债、合同关系、员工等公司的构成要素进行分立，因此，与之前相比可以更加灵活地进行企业并购交易，但也会增加与公司债权人和员工之间的冲突的机会。

a. 与公司债权人的冲突——公司分立制度中的债权人保护制度

旧商法中，包括公司分立的组织重组程序中，设置了债权人保护程序、关于债务履行可行性理由书的事前披露制度、分立无效之诉这些给债权人进行保护的制度，但对于使用方而言存在着程序复杂等问题。

现行公司法对这些债权人保护程序进行了修改，公司分立比之前更容易使用。因此，想必今后公司分立的使用会增多，但另一方面，预计与债权人之间冲突的情况也会增多。

以下，对现行公司法的债权人保护程序可能出现的法律问题点进行探讨。

①关于现行公司法的债权人保护程序

2004年修改前的商法中，要求公司对知晓的债权人进行个别催告，而对未经个别催告的债权人，分立公司、承继公司（新设公司）要一起承担连带责任。2004年修改后（2005年2月1日施行），公司在日刊新闻上进行公告或者电子公告的，除侵权行为债权人外，可以省略个别催告。因此，除侵权行为债权人外，公司在日刊新闻上进行公告或者电子公告的，可以不再承担该连带责任（公司

---

[24] 参见：读卖新闻（东京）2006年1月15日早刊文章。

第七章　股份交换、股份移转、公司分立（企业并购交易的方法）

法第759条第2—3款、第764条第2—3款、第789条第2—3款、第810条第2—3款）。

经过该修改后，对于金融债权人和应付账款的债权人而言，很可能出现在其不知情的情况下进行的公司分立。因此，债权人保护实际上主要依靠下面介绍的关于债务履行可行性的书面文件和分立无效之诉。

②现行公司法下是否要求债务履行的可行性

如上所述，公司分立中，并购方为了切断承继分立公司偶发债务的风险，很多时候会先进行物的分立，再进行新设公司的股份转让。其理由是，物的分立中分立公司的债权人保护程序以及未履行该程序时的连带责任规定，仅适用于分立实行后无法向"分立公司"请求履行债务的"分立公司的债权人"（公司法第789条第1款第2项、第810条第1款第2项）。

此时分立公司的债权人保护，在修改前的商法下，主要依据关于债务履行可行性理由书来实现㉕。具体而言，旧商法下，需要事先披露"记载各公司应负担债务的履行可行性及其理由"，无债务履行可行性的事实则构成公司分立的无效事由，因此，如果公司分立将导致分立公司或者承继公司（新设公司）资不抵债的，则不能进行该公司分立。

关于债务履行可行性理由书的事前披露制度，在之后的公司法和公司法施行规则中进行了修改。具体而言，关于事前披露事项，在分立公司是分立公司的债务或者承继公司（新设公司）的债

㉕ 这一"关于债务履行可行性理由书"制度，类似于美国的偿债能力意见。但在该国的实务中，制作偿债能力意见时多经过律师等进行监查，如果有可能导致巨额赔偿责任的，公司分立本身也有可能失败。

务（仅限于承继对象的债务）的履行可能性的有关事项[26]（公司法第782条第1款、第803条第1款，公司法施行规则第183条第6项、第205条第7项）；在承继公司是承继公司的债务（仅限于能够提出异议的债权人的债务）的履行可能性的有关事项（公司法第794条第1款、公司法施行规则第192条第7项）。

由此可见，公司法在表述上进行变更后，也允许在会计上产生分立差额损失的情形下进行公司分立。这是与公司法第795条第2款规定相配套的，即在存在分立差额损失的前提下，要在股东大会上履行说明义务。

不过，这并不意味着公司法承认了实质上资不抵债的公司可以进行公司分立。公司法承认存在分立差额损失的公司分立，是因为公司法施行规则以及企业合并会计准则不再允许自由选择权益结合法与购买法[27]，由此导致不能以市价评估和计入商誉来回避分立损失差额。关于分立损失差额的计入，不过是在进行合适信息披露、取得股东大会批准的条件下的一种例外情形[28]。如果是实质上资不抵债的公司，要进行公司分立的话，分立公司的债权人只能通过新设公司的股份来获得清偿，所以就新设公司的财产则劣后于新设公司的债权人。很难认为法律会允许产生这种偏颇性清偿的公司分立。

---

[26] 根据该规定，可以选择记载分立公司的债务"或者"承继公司（新设公司）的债务，但并不意味着只记载一方即可，只要分立公司、承继公司（新设公司）双方都存在债务的，都要求记载双方。

[27] 权益结合法是指，以各自的合适账面价格来承继全部整合当事企业的资产、负债和资本的会计处理方法。购买法是指，按照市价来承继被整合企业的资产、负债，同时将对价现金和股份等的公允价值作为其取得成本的会计处理方法。

[28] 江頭憲治郎「『会社法制の現代化に関する要綱案』の解説（7）」商事法務1728号（2005年）17頁。

因此，公司法允许计入分立损失差额仅限于账面价格，如果是计入商誉仍是会资不抵债的公司分立，将与之前一样是无效的。

由此来看，记载"债务履行可行性"不仅是程序上的问题，如果是无债务履行可行性的公司分立，在现行公司法下也是无效的。

③作为公司分立无效事由的"不存在债务履行可行性"

如上所述，无债务履行可行性的公司分立是无效的，即便如此，何种情形构成无债务履行可行性才能导致公司分立无效呢？这点需要另行考虑[29]。

例如，基于侵权行为的损害赔偿义务等偶发债务，在公司分立之际尚不能确定其存在，有时甚至不能察觉其存在，所以，在公司分立的时间点，要判断包括这些偶发债务在内的债务履行可行性，并不是一件容易的事情。

尽管如此，如果今后发现偶发债务，且属于实质上资不抵债的情形都成为无效原因的话，不得不说会危害到法律稳定性。在欺诈行为的撤销制度中，要件之一是要有欺诈的意思。与此类似，作为公司分立程序中事前披露事项的"债务履行可行性"，"可行性"这

---

[29] 关于旧商法下"关于债务履行可行性理由书"的解释，有如下判例：名古屋地判2004年10月29日判時1881号122页。该案中，Y_1公司进行新设分立，设立Y_2公司，并将本公司的影像软件批发部门的全部营业让Y_2公司承继。Y_1公司的股东和债权人X等以两家公司负担债务无履行可行性等为理由，主张新设分立无效。法院最终确认了上述公司分立无效。法院认为，旧商法第374条之2第1款第3项列举了分立公司应当置备于总部的文件有"记载各公司应负担债务的履行可行性及其理由的书面文件"，该规定意味着，就分立公司负担的债务，无论是按照分立计划书的记载由新设公司承继的，还是由进行公司分立的公司负担的，只要没有履行可行性，均不能进行公司分立。由此可见，公司分立时需要存在债务履行可能性。而在分立计划书制作时，备置于该公司总部时，分立计划书的证人的股东大会时，或者公司分立时，无论哪个时间点，Y_1公司负担债务均不存在履行可行性，因此，确认分立无效。

一用语中应当包括主观要素。换言之，作为无效原因的要件，仅有公司分立时处于实质上资不抵债的客观状态这点还不够，应当加上主观认识到是实质上的资不抵债这一要件。

不过，公司法和公司法施行规则要求将关于债务履行可行性文件作为事前披露文件等，这是考虑到对公司分立中的债权人进行保护，如果在公司分立之际，包括经律师等进行充分法务监查发现的偶发债务的状态下，确实是实质上资不抵债，此种情形可以另当别论；如果不经过充分的调查就进行公司分立，其后发现了新的偶发债务，因该偶发债务导致实质上资不抵债的，实务中可以推定，在实质上资不抵债公司中，其认识到了实质上是资不抵债的。

另外，与关于债务履行可行性文件的记载内容相匹配，此时主观的判断对象，关于承继公司的债务履行的应当是分立公司和承继公司双方，关于分立公司的债务履行的应当是分立公司。

④现行债权人保护制度的问题点

无论如何，作为债权人很多情形下，由于不像以前那样能获得个别催告，为了保全自己的债权，要么在看到异议申请公告后申请异议，要么在公司分立生效后6个月以内提起公司分立无效之诉。但是，当前并未建立起将公告和登记中的信息进行必要取舍后适当通知债权人的制度，债权人立即发行这些异议申请公告和公司分立登记的可能性并不是很高，在许多事例中，债权人有可能会丧失债权保全的手段[30]。

㉚　此时，虽说还可以采用法人格否认之诉和公司分立不存在之诉等手段，但其要件非常严格。立法负责人其实也认识到了省略个别催告带来的问题点，即"债权人……需要检查债权管理公告，建立起检查的体制"（始関正光「平成16年改正会社法の解説　電子公告制度・株券等不発行制度の導入（15・完）」商事法務1722号〔2005年〕48頁）。

第七章　股份交换、股份移转、公司分立（企业并购交易的方法）

从维持程序的灵活性并兼顾债权人保护的角度看，作为立法论，有必要进一步充实事后的救济手段，作为对省略债权人个别催告的补充。现行公司法规定分立无效之诉的起诉期间为"吸收（新设）分立的生效日起6个月以内"（公司法第828条第1款第9—10项），考虑到欺诈行为撤销请求的消灭时效是从债权人知道撤销原因时起2年，从行为时起20年。从平衡的角度看可以认为，仅限于分立公司或者承继资产是实质上资不抵债的公司分立的无效之诉，其起诉期间应当从债权人知道"不存在债务履行可行性"时进行起算[31]。

b. 与员工的冲突——公司分立中是否要与员工达成调职合意

公司分立与合并类似，属于组织法上的行为，不需要员工的个别同意，因此公司可以任意地将特定部门的员工进行调职。如果是使用之前的事业转让，原则上需要员工的个别同意，因此，如果未能得到员工的理解，则无法使其调职到事业转让的受让方。但公司分立中，对于员工而言，从效果上看与事业转让感受不到任何差异，但程序上无须自己同意就被调职了。这一制度的引进会比从前产生更多的与员工之间的争议。

前述日本IBM出售HDD部门有关的地位确认之诉中，原告方指出"HDD部门的出售是事实上的营业转让，根据民法第625条调职需要取得社员的同意"，主张"公司分立法例外地将该条适用免除，并未考虑到该营业转让的情形，基于该法的未经同意的调职是无效的"[32]。

---

[31] 但从法律稳定性的角度看，需要同时设置短期（2年左右）的除斥期间。

[32] 参见：日本经济新闻2003年5月21日早刊文章。

截至本文截稿时，该事件尚未形成判决，事件的详细情况仍不明，但只要该HDD部门的出售是依据公司分立程序进行的，上述原告的主张被承认的可能性较低。不过，该主张有可能涉及公司分立立法论的内容，需要进一步关注法院的判决。

四、从预防法务角度来看实务中的注意点

1.企业并购失败的原因

如上所述，股份交换、股份移转、公司分立等各种各样的企业并购交易方法的引进，会让企业并购交易变得活跃的同时，今后也会增加与利益相关人之间冲突的场景。

此前的企业并购交易中，主要集中于企业并购交易方法的选择和内容，不得不说在许多事例中还缺乏对利益相关人的利益调整，但今后从企业并购的角度来看，预计会成为一个无法忽视的问题。

a. 股东利益调整的不足

合并比例、整合比例决定时，因调整不顺导致合并、整合破裂的事例非常多[33]。但即便是在经营者层面达成了协议，如上述三共与第一制药的整合事例那样，之后股东提出异议的事例也不在少数。

---

[33] 三井化学与住友化学在公布整合时，并未决定整合比例，之后因很难调整整合比例最终导致停止整合。

第七章 股份交换、股份移转、公司分立（企业并购交易的方法）

b. 员工的利益调整不足

此前的企业并购交易中，特别是对企业重要构成要素的劳动者考虑得不充分。如万代与世嘉飒美的合并等，在许多合并、整合因组织、劳动者的调整困难等理由，导致了谈判失败。

此外，因并购目标企业的工会反对并购，导致合并本身事前受挫的事例也很多。例如，USEN于2005年4月公布收购南梦宫的子公司日活，但随后日活工会表达了反对意见，即"调查了USEN的财务情况和企业体质后发现，（USEN成为母公司）对日活而言并不一定是好的"。同年5月中旬，日活工会为了要求撤回转让经营权实施了罢工，因此，USEN判断"即便压制日活员工的反对强行进行收购，也不会产生协同效应"，于是在同年8月撤回了基于优先谈判权进行的谈判[34]。

另外，即便企业并购交易本身能够顺利完成，但也不意味着企业并购一定能成功。据分析认为，企业并购投资的成功率在30%—40%，其失败的理由有成立后拙劣的运营和现场事业部门的抵抗，也有人指出，与目标清晰的美国企业（"企业的目的是获得利润"）不同，日本企业的目标不清晰，团体与团体之间，不是利益共同体，而是命运共同体，常会导致出现争议[35]。这一问题的起因是，对员工进行企业并购交易后经营蓝图的说明不足，对各利益相关人的利益调整事项的协商不够。

---

[34] 参见：日本经济新闻2005年8月13日早刊文章。

[35] 藤岡文七「わが国の企業のM&A活動の円滑な展開に向けて——内閣府経済社会総合研究所M&A研究会報告（2004年9月）より」商事法務1713号（2004年）16頁。

2. 与利益相关人的事前协商

当然，企业并购交易并非全是纠纷案件。因此，在讨论上述法律问题的同时，也有必要从预防法务的角度对企业并购交易公布后利益相关人之间的利益调整充分进行讨论。

但是，通常而言，企业并购交易公布后至实施前的时间有限，实务中，需要在企业并购的讨论阶段对公布后预想的问题点进行充分分析，准备在公布的同时就可以进行紧凑的协商㊱。

a. 对股东的事前准备

近年里实务中确立委托给第三方机构计算确定整合比例的习惯，就整合比例应进行公平的计算确定，但尽管如此，公布后股东提出的异议，主要集中于对整合比例中的溢价部分的说明不足。对于并购方而言，既然企业并购交易是投资，通过支付溢价的方式进行短期投资，再以整合后带来的中长期协同效应来进行回收。但从现状来看，对企业并购交易中的协同效应与负面效应㊲进行充分调查的事例还不多见。

今后在M&A交易中，对协同效应与负面效应进行定量、定性的分析，并对股东进行说明会变得越来越重要。

b. 对员工的事前准备

在与员工的关系上，需要彻底调查当事公司的员工劳动条件，理解两者的差异，在此基础上采用磨合的方法，或者很难磨合的则采用替代手段。公布后，需要向员工及工会说明M&A交易后的经

㊱ Seven & i HD的经营整合中，从2005年4月21日公布到同年5月26日的股东大会之间时间不够，伊藤洋华堂和7—11的董监高直接访问了国内外约100家股东，对经营整合进行了说明。参见：日本经济新闻2005年7月19日早刊文章。

㊲ 所谓负面效应是与协同效应正相反，指经营中产生的相互负面的效应。

第七章　股份交换、股份移转、公司分立（企业并购交易的方法）

营蓝图和经营战略，并且与员工及工会之间就劳动条件的调整内容集中进行协商。

c. 对债权人的事前准备

如果是当事公司产生信用风险的困难企业进行公司分立，与债权人的事前协商很重要。此时，现行公司分立程序中，对债权人进行个别催告不再是必要程序，但需要像民事再生程序一样向债权人提供经营计划等，努力说服债权人。关于破产企业的企业并购，请参见本书第九章《企业再生和企业并购》。

五、结语

以上关于利益相关人的企业并购战略，同样也适用于敌意收购的情形。一般认为敌意收购的成功率较低，也是因为很难获得利益相关人的理解。今后，即便是敌意收购者和合并性整合（并购）的提案者，如果能够对股东、债权人、员工等利益相关人说明明确的整合蓝图及优点，而经营者的发言无法产生足以对抗的说服力的情形下，利益相关人赞同整合（并购）提案，从而让整合（并购）得以成功实现的事例也会增多。

第八章　余股挤出合并和对价多样化

柴田和史

公司法制定后，全面认可了组织重组行为对价的多样化。其实，这涉及何谓合并这一合并的本质问题，时间上跨越了150年的历史，空间上跨越了德国、法国、意大利、美国、日本，展开了各种各样的学说和判例的积累，如果不知道这些，很难理解合并的本质。第八章中，尽可能以简明的方式解说这些积累出来的庞大的理论，同时，以余股挤出合并为代表，探讨一下今后可能产生的问题。

一、关于合并对价的理论

1. 序论

2005年7月26日制定的公司法，就包括合并在内的组织重组行为，采取了对价多样化的这一新立场。组织重组行为中，有吸收合并、新设合并、吸收分立、新设分立、股份交换、股份移转等，但均采用了对价多样化，只是在细节上存在若干差异。本文试图以合并，尤其是吸收合并为对象，来探讨对价多样化的问题，这是因为作为组织重组行为，合并的历史最悠久，也已经积累了大量的讨论。

首先，在第 I 章中，整理公司法成立以前关于合并对价的观点。合并对价的多样化是受美国公司法的影响，因此，在第 II 章中梳理美国公司法关于合并对价的观点。在第 III 章中，确认因合并对价多样化而解决的问题，以及因此而产生的新的合并形态，并在此基础上探讨可能产生的新问题。美国公司法上，尤其是以现金为对价进行合并，挤出消灭公司的少数股东时，常常会出现争议。在日本出现同样问题的可能性也很高。因此，在第 IV 章中，针对挤出消灭公司少数股东的合并，探讨应当采取哪些应对措施。

2005年修改前的商法上，股份公司之间的吸收合并[①]具有下述四个特征，即：①两个公司合并的，合并当事公司的1个"解散"。

---

① 合并分为吸收合并与新设合并，本文为了避免烦琐，仅讨论吸收合并。

②解散的公司不用开始清算程序。③包括消灭公司的债权债务在内的全部财产因概括性承继移转至存续公司。④存续公司向消灭公司的股东发行存续公司的股份。

其中出现争议的是④。吸收合并中，存续公司向消灭公司的股东原则上发行或者交付股份，这是2005年修改前的商法下绝对多数的通说[②]。与此相对，也有少数学说主张可以向消灭公司的股东仅交付现金[③]。另外，"原则上发行或者交付股份"这一规定其实也是意识到了合并交付金。围绕合并交付金的容许性以及容许的范围，在德国和日本都出现了非常有名的争论[④]，本文不介绍这些争论的内容。从结论上说，可以将交付合并交付金视作一种例外的或者方便的措施。如此来看，合并对价限定于股份的观点是通说，这被称为合并对价股份限定说。

2. 合并对价股份限定说的概括

日本进入大正时代开始（1912年），就1900年商法上的合并，

[②] 森本滋『会社法』（有信堂高文社、第2版、1995年）380頁、永井和之『会社法』（有斐閣、第3版、2001年）383頁、高島司『会社法概説』（弘文堂、第3版補正版、2003年）464頁、龍田節『会社法』（有斐閣、第10版、2005年）407頁、前田庸『会社法入門』（有斐閣、第10版、2005年）748頁、神田秀樹『会社法』（弘文堂、第6版、2005年）252頁以下等。

[③] 江頭憲治郎『株式会社法・有限会社法』（有斐閣、第4版、2005年）687頁、柴田和史「合併法理の再構成（1）」法学協会雑誌104巻12号（1987年）1635頁、1638頁、同「合併法理の再構成（6）」法学協会雑誌107巻1号（1990年）39頁、52頁以下。

[④] 关于德国围绕合并交付金的争论，有哈肯伯格（Hachenburg）与容克（Junck）之间的争论，可参见：柴田和史「合併法理の再構成（2）」法学協会雑誌105巻2号（1988年）99頁、136頁以下。关于日本围绕合并交付金的争论，可参见：柴田・前揭「合併法理の再構成（1）」（注3）1642頁以下。

相继出现了许多主张股份限定说的论文,将合并对价限定于股份的结论几乎没有进行讨论就成为了通说。不过,这些论文主张股份限定说的论据并非相同,而是大致可以分为三类。

第一类论据是将1900年商法第81条作为股份限定说的根据,即"公司进行合并时,合并后存续的公司需要进行变更登记"。该主张认为,根据本条规定,存续公司必然产生登记事项的变更,因合并而必然变更的登记事项也只有资本金额,所以必然会增加资本,换言之,会发行新股。因此,可以得出结论应当将该新股交付给消灭公司的股东[5]。

但是,1941年司法省民事局局长对1900年商法第81条的立法目的进行了回答,即该条并非不认可存续公司不增加资本的情形,也不一定意味着存续公司的资本增加。从此之后,提出该主张的观点就不再有了。

第二类论据是将消灭公司的权利义务概括性地转移至存续公司这点作为根据。具体而言,消灭公司的全部权利义务是概括性承继的对象,股东对于消灭公司的权利和义务也会转移至存续公司,因此,消灭公司的股东就成为了存续公司的股东[6]。

但是,概括性承继这一概念以自然人的继承中的对外权利义务的处理为对象,就股份公司的对内关系并未作出任何规定,所以无法得出结论说消灭公司的股东应当成为存续公司的股东。此外,概括性承继中,作为对象的权利义务也可能完全不发生变更而转移到继承人,消灭公司的股东持有的股份根据合并合同的内容不同也会

---

[5] 柴田·前揭「合併法理の再構成(1)」(注3)1676页以下。

[6] 柴田·同前1677页以下。

第八章　余股挤出合并和对价多样化

有各种各样的形态。因此，将合并效果是概括性承继作为合并对价股份限定说的根据是不合理的。第二类论据也有所不足。

第三类论据是消灭公司的股东成为存续公司的股东这点是合并概念中的一个要素[7]。2005年商法修改前的时代，虽然在表述上存在差异，但大部分学说都是持此观点的。该观点受到了在德国形成的合并概念的强烈影响。

但是，德国商法中，似乎存在向消灭公司的股东交付存续公司是合并的要件这样的表述。具体而言，这些表述有德国普通商法第2修改法（1884年）中的"以其他股份公司的股份为交换"（第215条第4款），德国商法（1897年）中的"以承继公司的股份交付为交换"（第306条第1款、第305条第1款）。德国普通商法的表述并非是在规定合并概念，德国商法的立法目的也只是把该表述作为合并概念的一个要素。与此相对，日本1900年商法的合并规定中不存在德国法上的这种表述。因此，1897年德国商法上确立的合并概念直接用于解释日本1900年商法的合并规定，无法律上的根据。此外，德国的合并概念发端于普鲁士印花税法的解释，形成了股份限定说，并逐渐确立下来，这是德国的特殊情形。

有鉴于此，德国形成的合并概念并非是适用于所有法律的、普遍性的，不能直接引入日本商法的解释论。此外，1900年商法的合并规定是以意大利商法为母法，与德国商法的合并规定在条文表述和条文构造上完全不同，上述第三类论据忽视了这点，将德国普通商法和德国商法的解释论中形成的合并概念引入到日本商法的解释论。但不仅如此，德国法上不合理的合并概念的引进还引起了各种

---

[7]　柴田·同前1679页以下。

217

各样的问题。在德国,这一不合理概念与实务之间产生了同样的问题,为了解决这些问题德国不得不进行修补性的立法。

由此来看,将德国法上的合并概念引入日本商法的解释可以说是有害无益的。因此,第三类论据也被批判是不合适的[8]。

另外,上柳教授说:"消灭公司的社员原则上全部被存续公司吸收。关于这点虽没有法律的明文规定,但因合并解散的公司不进行清算,所以应当这样来解释[9]"。但是,美国法上的合并可以以现金和公司债券为对价,由此来看,即便消灭公司不进行清算,也不能说其股东应当被存续公司所收容。此外,这样的合并在美国以外,曾经在德国实施过,也曾经在意大利得到过承认[10]。

如此来看,可以明确的是,日本主张股份限定说的三个论据并不存在有说服力的根据。

二、美国公司法对合并对价的理解

本节说明美国公司法的合并对价的发展情况。首先是代表现在美国公司的特拉华州公司法的规定,特拉华州公司法第251条第b款规定:"合并合同应当规定以下事项。①……、⑤各合并当事公

---

[8] 柴田・前揭「合併法理の再構成(6)」(注3)39頁、52頁以下。

[9] 上柳克郎「合併」『会社法・手形法論集』(有斐閣、1980年)175頁、177頁。

[10] 柴田・前揭「合併法理の再構成(2)」(注4)99頁、以及柴田・前揭「合併法理の再構成(1)」(注3)1672頁以下。

第八章　余股挤出合并和对价多样化

司的股份交换存续公司、新设公司的股份或其他证券、现金、财产、权利，或者第三方公司的证券的方法、⑥……[11]"。纽约州公司法和加利福尼亚州公司法、模范公司法典也有同样的规定[12]。如此来看，美国公司法上，吸收合并中存续公司向消灭公司股东交付的合并对价不限于股份。换言之，这是合并对价股份非限定说的立场。但是，美国公司法在1890年代之前曾经坚持合并中消灭公司的股东应当成为存续公司的股东。换言之，曾经也是采用了合并对价股份限定说[13]。

1. 合并对价股份限定说的时代

美国最早就合并之际存续公司是否应当向消灭公司的股东交付股份的问题进行认定的，应该是1861年的印第安纳州最高法院判决[14]。虽说是新设合并的案件，该判决认定作为合并的效果，由消灭公司的财产、责任、股东来设立新设公司。该判决的内容被1863年联邦最高法院判决[15]所引用，由此在19世纪后半叶确立了美国公司法上关于合并对价的合并对价股份限定说[16]。

2. 作为合并对价的长期投资性的要求

美国关于股份公司的法律由各州分别规定。因此，其发展并非单线的，而是多线展开的。1893年在新泽西州首次承认了合并对价

---

[11] DEL. CODE ANN. tit. 8, §251(b), "General Corporation Law".

[12] 请参见：柴田和史「合併法理の再構成（3）」法学協会雑誌105巻4号（1988年）446頁、500頁以下。

[13] 请参见：柴田和史「合併法理の再構成（4）」法学協会雑誌105巻7号（1988年）899頁、900頁以下。

[14] McMahan v. Morison, 16 Ind. 172. 79 Am. Dec. 418 (1861).

[15] Clearwater v. Meredith, 1 Wall. 25, 17 L. Ed. 604 (U. S. 1863).

[16] 柴田·前揭「合併法理の再構成（4）」（注13）900頁以下。

除股份外，可以交付公司债券[17]。但是，这并不直接意味着承认股份以外的财产可以作为合并对价。仔细分析该判例可以发现，新泽西州的制定法承认股份或者公司债券可以作为合并对价，法院的理解是：消灭公司的股东在合并以前以股份的形态进行长期投资，在合并后以股份或者公司债券的形态继续进行长期投资[18]。

3. 现金作为合并对价的萌芽

最初承认现金作为合并对价交付的是1925年3月21日制定的内华达州的法律。具体而言，内华达州一般公司法第39条[19]规定："合并合同可以约定，作为替代应向当事公司股东交付的全部或部分股份，可以交付现金、票据或者公司债券（the distribution of cash, notes or bonds, in whole or in part, in lieu of stock to stockholders）。"同年佛罗里达州[20]，之后是1927年俄亥俄州，再是1931年阿肯色州和加利福尼亚州效仿内华达州的法律，制定了承认交付现金作为合并对价的法律。但是这些立法并不意味着可以交付现金作为合并对价的观点立即得以普及[21]。这一观点得到一般性的承认要等到下文所述纽约州的Beloff事件和特拉华州的Coyne事件的判决出台。

4. 简易合并程序的抬头

可以交付现金作为合并对价这一观点得以普及，与以简易合并

---

[17] 1893 N. J. Laws 121. (ch 67) "An act to authorize corporations incorporated under the laws of this state to merger and consolidate their corporate franchises and other property."

[18] 柴田・前揭「合併法理の再構成（4）」（注13）911頁以下。

[19] 1925 Nev. Stat. 287. (ch 177)§39. "General Corporation Laws."

[20] 1925 Fla. Laws. 119, (Act of June 1, 1925, ch. 10096)§36.

[21] 柴田・前揭「合併法理の再構成（4）」（注13）928頁以下。

第八章　余股挤出合并和对价多样化

的制定法以及该制定法的解释为问题的两个判决有关。

最初设置简易合并制度的是纽约州。该州因1929年大萧条带来的混乱，为了迅速消除公益事业公司中多层结构的母子公司关系，促使其成为简明的形态，故设置了简易合并制度。具体而言，根据1936年法律第778号，经营电力、天然气事业的股份公司持有其他股份公司已发行股份的95%以上的，前者可以仅以董事会决议来吸收合并后者[22]。不过，该简易合并需要取得公益事业委员会的批准。这对于母公司的经营者是十分便利的制度，各州很快将其引入本州的公司法中。此时，各州在效仿纽约州简易合并制度的同时将其要件进行了放宽。具体而言，一是不需要母公司经营电力、天然气等公益事业的要件，二是无须公益事业委员会的批准，三是不仅可以吸收持有95%股份的子公司，还可以吸收持有90%股份的子公司。纽约州取消公益事业要件和公益事业委员会批准要件的时间是1949年[23]。

此外，上述纽约州1936年法律第778号在规定母公司董事会的决议事项时，还规定了作为合并对价向消灭公司股东"发行、支付或者交付证券、现金或者其他对价"，这点具有重要的意义。换言之，这时期的纽约州认为，尽管对于一般合并中存续公司交付的合并对价必须是股份，但该法律规定了仅在简易合并可以交付现金。简易合并制度的制定曾遭到了很大的抵抗，纽约州的Beloff事件中，对该简易合并制度本身是否违反宪法进行了争论，纽约州最高法院判定不违反宪法，并且"对于吸收合并中消灭公司的股东而

---

[22] 1936 N. Y. Laws 1658. (ch. 778).

[23] 柴田·前揭「合併法理の再構成（4）」（注13）928頁以下。

言，接受与其拥有股份在经济上具有同等价值的物是其唯一的权利[24]"。另外，特拉华州最高法院在 Coyne 事件中判定，简易合并的规定承认了存续公司可以交付现金作为合并对价[25]。

5. 作为合并对价的现金

以上述两个判决为契机，美国许多州承认在简易合并中可以交付现金作为合并对价。并且，这一观点逐步推进至一般合并中。主要州的公司法在一般合并中也承认可以交付现金，主要有以下：纽约州公司法在1965年修改，特拉华州公司法在1967年修改，模范公司法在1969年修订，伊利诺伊州公司法在1983年修改中分别予以承认[26]。

6. 作为合并对价的财产

特拉华州公司法在进行上述修改的同时，还承认了存续公司以外的第三方公司的股份、公司债券和证券可以作为合并对价。经过本次修改，合并中交付的合并对价的种类几乎全部得到了肯定。但也留下了两个问题，即：作为合并对价存续公司是否可以向消灭公司的股东交付物的财产和有形的人的财产，以及合并成立后的特定时期内接受存续公司交付股份的权利（新股预约权）是否可以作为合并对价。以上问题在1969年修改时都得到了解决，在合并对价列举的种类中加入了财产和权利[27]。

现在许多州不仅承认股份和公司债券作为合并对价，也承认现金、财产、权利以及存续公司以外的第三方公司的股份和证券作为

---

[24] Beloff v. Consolidated Edison Co. of N. Y., 300 N. Y. 1, 87 N. E. 2d.561 (1949).

[25] Coyne v. Park & Tilford Distillers Corp., 154 A. 2d.83 (Del. Ch. 1959).

[26] 柴田・前揭「合併法理の再構成（4）」（注13）935頁。

[27] 柴田・同前935頁以下。

合并对价。由此，美国法上确立了如下法理，即存续公司对消灭公司股东，以其他具有经济价值的物来补偿其持有股份的经济价值。这一法理经过美国各州的先驱性、实验性的立法，经历了约100年的进步发展而来，可以说是现在关于合并对价法理的最新成果。

三、对价多样化带来的影响

1. 解决的问题

公司法采用合并对价股份非限定说，这使得修改前商法下无法解决的如下问题得以解决。

第一个解决的是人格合一说与实物出资说对立的问题。

关于合并，围绕合并本质的问题，存在着著名的学说对立。具体是人格合一说与实物出资说的对立[28]。简言之，实物出资说主张吸收合并的本质是消灭公司将其全部财产向存续公司进行出资，与此相对，存续公司发行新股，故为"实物出资"[29]。人格合一说主张吸收合并的本质是消灭公司的法人格与存续公司的法人格合而为一，这种法人格的合一化的现象在法律上意味着权利义务的概括性承

---

[28] 柴田・前揭「合併法理の再構成（3）」（注5）1639頁以下。
[29] 大隅健一郎「商法改正要綱に於ける会社合併の問題」法学論叢26巻5号（1931年）726頁、727頁、竹田省「現金の交付を伴う会社合併」民商法雑誌5巻5号（1937年）969頁、970頁。此外，作为修改后的实物出资说还有：服部栄三「会社合併の基本性質」民商法雑誌39巻1—3号（1959年）285頁。

继，故吸收合并的本质是"伴随着人格合一的概括性承继"[30]。由此可见，实物出资说最为重视合并中存续公司发行股份这一观点。但随着合并对价限定说的采用，存续公司交付的，除股份外，公司债券、现金及其他财产都被承认，这使得实物出资说存在的根基消失了。

第二个解决的是合并交付金的限度问题。

关于合并交付金，各种问题错综复杂，此处为简化单纯讨论为调整合并比例的合并交付金问题。一直以来，对于存续公司是否可以超过1股的价值交付合并交付金存在着争议。例如，假设消灭公司的股份市场价格是1000日元，存续公司的股份市场价格是400日元，对于消灭公司股份的1股交付存续公司股份的2股和200日元的合并交付金，此为公允的合并比例。不过，此时是否可以交付存续公司股份的1股和600日元的合并交付金呢？竹田博士对此进行了否定，铃木博士也对此进行了否定[31]。但是，公司法采用了合并对价股份非限定说，承认仅交付金钱作为合并对价，使得该问题得以解决。

第三个解决的是交付库存股的问题。

存续公司作为合并对价是否可以向消灭公司的股东交付库存股。在修改前的商法下，这一问题在1997年修改时已经明文规定可交付代用库存股（2005年修改前商法第409条之2），因此，实务已经解决。但合并之际，存续公司应当发行新股，并将其交付给消灭公司的股东这一观点仍处于有力的立场，在理论上并未很好地

---

[30] 松本烝治『日本会社法論』（厳松堂書店、1929年）80頁、石井照久『会社法（下巻）』（勁草書房、1972年）330頁等，此为通说。

[31] 柴田·前揭「合併法理の再構成（1）」（注3）1642頁以下。

解决该问题[32]。随着公司法采用合并对价股份非限定说，合并中存续公司作为合并对价交付的是具有财产性价值的物，由此也解决了该问题。

2. 可实现的新合并形态

其次，随着公司法采用合并对价股份非限定说，使得在修改前商法下无法实现的合并形态，如今得以实现。

a. 现金交付合并

存续公司作为合并对价向消灭公司的股东不仅交付存续公司的股份，也可以仅交付金钱，仅交付公司债券，仅交付新股预约权，交付其他财产。或者，将这些合并对价进行组合来交付。

b. 三角合并

作为合并对价可以交付母公司的股份。例如，消灭公司Y公司与上市公司（=X公司）的子公司A公司进行合并的，在公司法下，作为合并对价可以交付"金钱及其他财产"，所以，A公司作为合并对价可以交付母公司X公司的股份。子公司恰好持有作为合并对价应交付的母公司的股份，或者事前先取得（公司法第800条）母公司的股份，再作为合并对价交付。这种合并俗称三角合并。

这一事例还可以继续扩张。例如，假设合并的相对方公司为上市公司的孙公司的情形下，也可以将母公司的母公司的股份作为合并对价。结果是，进行吸收合并时，存续公司的股份对于消灭公司的股东没有魅力的，消灭公司的股东可以期待更有魅力的合并对价。存续公司恰好持有的母公司的股份，以及母公司的母公司的股份，或者是完全没有资本关系的公司的股份和公司债券，甚至是恰

---

[32] 柴田・同前1645页以下。

好持有的国债等，只要是认为具有经济价值，无论是什么均可以作为合并对价。由此一来，可得出结论：作为合并对价交付的是有经济价值的物即可。这是经济界所强烈期待的。

c. 资不抵债公司的合并

在修改前的商法下，资不抵债公司不能进行合并，但公司法下很多观点认为该合并是可以实现的。但是，该表述并不是很准确。公司法制定以前，通常，即便资产负债表中是资不抵债的，但只要对资产进行合适的替代评估，再将适当的商誉加算在资产中，可以消解资不抵债时，从实质上来看公司全部财产就具有正的价值，理论上该公司就可以作为消灭公司进行吸收合并（实例中不少）。然而，公司法下，采用权益结合法这一会计处理方法的，不能对消灭公司的资产负债表上的资产进行替代评估，也不能加算商誉，因此，实质上非资不抵债的公司作为消灭公司进行合并时，无法调整其资产负债表上的资产额，不能消解资不抵债。于是，公司法为了让资产负债表上是资不抵债，但实质上是非资不抵债的公司可以成为消灭公司来进行吸收合并，设置了如下规定，即在实施该吸收合并之际，存续公司的董事在批准合并合同的股东大会上，应当向股东说明这一情况（公司法第795条第2款第1项）。因此，公司法下，不仅是资产负债表上，包括实质上是资不抵债的公司，能否成为消灭公司进行吸收合并，成为了悬而未决的问题。

另外，也有观点认为，这样的公司作为消灭公司进行吸收合并的，可以对其股东不发行股份而进行吸收合并（＝无对价合并）。[33]

---

[33] 柴田・前揭「合併法理の再構成（6）」（注3）67頁。另外，对于消灭公司的股东而言没有收到对价，在股东大会上合并合同有不被批准的风险。此种情形下，可以向消灭公司的股东交付几乎没有价值的新股预约权等。

当然，对于存续公司的股东而言，其持有的股份价值会减少，有必要在股东大会上对这一情况进行充分的说明（公司法第795条第2款第1项）。

3. 今后预计的问题

其次，探讨一下实现合并对价灵活化之后，今后预计会发生的吸收合并的问题点及其解决之策。

a. 合并对价为不可分物等的情形

假设全资母公司A公司，想获得另外独立存在的C公司的土地，例如位于银座一等地的土地。此时，A公司设立了全资子公司B公司，对其进行控制，再与C公司进行交涉，试图以B公司为消灭公司，C公司为存续公司进行吸收合并，以C公司的土地作为合并对价交付给B公司的股东（＝即A公司）。

不过有需要注意的问题。像上面的例子中，消灭公司的股东仅为1人或者极少数人的，因合并对价的多样化，以土地、建筑物等不动产作为合并对价不会产生什么问题。但股东为多数人的，尤其是存在所谓一般股东的，这种合并对价就不一定合适了。因为合并中，存续公司应当向消灭公司的股东直接交付相当于其持股比例价值的合并对价（公司法第749条第3款），但将土地等不动产按照持股比例均等地分配给消灭公司的每个股东是极为困难的[34]。因此，这里应当对公司法第749条第1款第2项进行解释。具体而言，"关于合并对价，如果消灭公司的股东能够达成全员一致的意思的，作为合并对价可以交付任何的物；如果不能（＝消灭公司的股东为2人

---

[34] 假设合并对价为一块土地，消灭公司的股东有相同持股数的股东9人。即便将合并对价土地进行9等分，但由于是否临街和位置关系各块土地的经济价值自然也存在着差异。考虑到这些问题，在现实中进行均等价值地分配是不可能的。

以上，不能达成全员一致的意思的），则不可分物、虽是可分物但很难分为同等价值的物，以及价值减损非常迅速的物不适合作为合并对价[35]。"

b. 合并对价为外国公司股份的情形

如上所述，进行吸收合并时，如果消灭公司的股东认为存续公司自身的股份没有吸引力的，消灭公司的股东可以选择获得存续公司的母公司的股份等具有经济价值和吸引力的物作为合并对价。根据这一理论来展开，如果存续公司的母公司是美国公司，也是可以的。因此，最近经常探讨的国际企业并购、国际企业重组的问题中，只要跟合并有关，理论上美国公司的股份等是可以作为合并对价的。

但应该注意以下事项。如果合并对价是不知名的美国公司股份的，对于日本的普通股东而言反而会不知道股份的价值。并且，接受合并对价的股东是否容易将其现金化也是一个问题。对于普通股东而言，如果将交付的合并对价转化成日本货币需要耗费大量的劳力和费用，则是不合适的。对于在日本很多地方都有住所的个人股东而言，也得考虑其方便性的问题。因此，有必要对公司法第749条第1款第2项进行解释。具体而言，有必要作出如下解释："对于合并对价，如果消灭公司的股东全员达成一致意思的，可以交付任何物作为合并对价；如果没有达成一致意思（＝消灭公司的股东为2人以上，全员没有达成一致意思）的，则现金化（＝转化成日本货币）存在明显困难的物不适合作为合并对价。"如此一来，若此

---

[35] 武井律师认为，特定物是不适合进行实物分配的。武井一浩「商法现代化改正の视点（その3）」金融商事判例1183号（2004年）1页。

第八章　余股挤出合并和对价多样化

前存续公司的股份设置了转让限制规定的，作为合并对价的存续公司的股份在现金化上可能存在着明显困难。但是，调查并获得日本国内公司的资产状态等信息与获得外国公司这些信息相比，两者在困难程度和费用上存在着天壤之别。

此外，不可忽视的是，一旦承认美国公司的股份等作为合并对价，当然就不得不承认其他国家的公司股份等作为合并对价。这与下一个讨论的问题有关，外国公司的股份作为合并对价存在以下两个问题点：第一，不容易对其进行合适的价值评估；第二，不一定容易地将其转化成日本货币。此时，作为问题的解决方案可以考虑，为普通股东的利益，应当提供合适价格且是日本货币的现金作为选择性的合并对价[36][37]。如此解释的话，普通股东可以不用烦恼外国公司的股份等合并对价的价值相当于多少该国货币及日本货币的问题，解决了将该合并对价转化成日本货币时的手续和费用问题。

与此相关，似乎有观点认为有股份回购请求权的话，就可以充分保护股东了，但并非如此。股份回购请求权的意义是，当股东不想获得外国公司的股份，同时也认为公司选择性提供的金钱合并对价太低时，可以行使股份回购请求权来进行救济。

---

[36]　关于股东有选择权的合并对价，在德国是有先例的。详细内容请参见：柴田・前揭「合併法理の再構成（2）」（注4）99頁、104頁以下。

[37]　公司法上，作为盈余分配的方式之一是允许实物分配的，但此时，是可以赋予股东替代分配财产的金钱分配请求权（第454条第4款）。

四、少数股东的挤出

1. 余股挤出合并

存续公司向消灭公司的股东交付现金、公司债券等股份以外的财产进行吸收合并的，以合并为契机，消灭公司的股东丧失消灭公司股东的地位，也不能成为存续公司的股东。美国经常会进行这种交付现金挤出消灭公司少数股东的合并。这被称为"余股挤出合并"。如前所述，从1950年代美国的许多州开始承认在简易合并中可以交付现金，作为合并对价使用现金，将消灭公司的少数股东从消灭公司和存续公司中挤出的案例在增加。与此相对，法院通过施加成文法中不存在的要件，来努力地防止不当或者不公平的余股挤出合并。在现金交付合并即将在日本实施的时刻[38]，本节对已经有40多年先行经验的特拉华州法院的应对之策进行详细探讨，试图明确今后的解释方向。

2. 关于特拉华州公司法上合并对价的变迁

原本特拉华州的普通法上，批准合并时需要股东全员的同意，因此，只要单个股东反对合并就可以阻止合并的实施[39]。但之后1899

---

[38] 以金钱等作为合并对价，从2007年5月1日起开始实施（公司法附则第4项）。

[39] Reynolds Metals Co. v. Colonial Realty Corp., 41 Del. Ch. 183, 188, 190 A. 2d 752, 755 (Del. 1963). 这一规则不限于特拉华州。美国各州的公司法大致在19世纪，都要求实施合并时，需要合并当事各方公司的股东全员的同意。详细内容请参见：柴田・前揭「合併法理の再構成（3）」（注12）487頁以下。

第八章　余股挤出合并和对价多样化

年，特拉华州制定普通股份公司法，关于合并的股东批准，只需取得股东大会的多数决决议即可，这就废除了单个股东拥有的对合并的否决权[40]。但是，该法并未变更合并之际存续公司应当向消灭公司的股东交付股份这点（＝合并对价股份限定说）。直到1941年，作为合并对价才不仅是股份，还允许交付公司债券[41]。关于一般合并中合并对价的规定到1967年以前都没有本质性的变化[42]。随着1967年普通公司法的修改，才将"现金"追加到合并对价中[43]，之后又追加了"权利"和"其他公司的证券"这样的表述[44]。

特拉华州关于简易合并的规定是第253条，是1937年为了让全资母子公司合并变得更容易而制定的[45]。但要求母公司持有子公司已发行股份的总数，所以此时并未产生少数股东保护的问题[46]。1941年的修改中，作为合并对价，除存续公司的股份外，还追加了"其他证券"的表述[47]。1957年的修改中，一方面将简易合并的适用范围放宽至母公司持有子公司已发行股份的90%以上的情形；另一方面将交付给消灭公司（子公司）股东的合并对价中，除"股份或者其

---

[40]　21 Del. Laws ch. 273, §54 (1899).

[41]　43 Del. Laws ch. 132, §12 (1941).

[42]　Note (William H. Narwold), Going Private – The Need for a Valid Business Purpose in Delaware: Singer v. Magnavox Co., 10 *Connecticut L. Rev.* 511, 514 (1978).

[43]　56 Del. Laws ch. 50, §251 (b) 4 (1967).

[44]　1968年修改中追加了"权利"，1969年修改中追加了"其他公司的证券"。

[45]　41 Del. Laws ch. 131, §2 (1937).

[46]　Note (Randolph B. Godshall & Douglas L. Hendricks), Singer v. Magnavox Co.: Delaware Imposes Restrictions on Freezeout Mergers, 66 *Calif. L. Rev.* 118, 121 (1978).

[47]　43 Del. Laws ch. 132, §12 (1941).

他证券"外,又加入了"现金"[48]。之后再经过修改,与一般合并相同,作为合并对价又追加了"权利"和"其他公司的证券"这样的表述[49]。

3. 斯特林(Sterling)判决和斯托芬(Stauffer)判决

特拉华州在1952年Sterling事件的州最高法院判决中明确承认了母子公司之间合并时,母公司即大股东的忠实义务[50];但直到1977年辛格(Singer)判决作出以前,特拉华州也有对余股挤出合并持肯定态度的判决[51]。在Sterling事件中,消灭公司的少数股东向法院请求停止公司与母公司进行合并。特拉华州最高法院强调了大股东母公司负有忠实义务,大股东是站在合并交易双方当事人的立场上的,要求其对于合并是完全公平的这点负有举证责任,将合并置于法院的严格审查之下,并予以承认。不过,法院尽管要求合并的完全公平性,但在实际判决中仅探讨了对少数股东交付现金金额的公平性。因此,作为完全公平性的判断标准,是否应将探讨对象扩大至余股挤出对价金额以外的因素,仍是一个悬而未决的问题[52]。所以,这之后出现了一些对Sterling判决的意义进行限定解释的一些

---

[48] 51 Del. Laws ch. 121, §6 (1957).

[49] 56 Del. Laws ch. 50, §253 (b) 4 (1967).。

[50] Sterling v. Mayflower Hotel Corp., 93 A. 2d 107 (Del. 1952). 详细内容请参见:柴田和史「取締役および大株主情報開示義務(3)」法曹時報55卷12号(2003年)15頁以下。

[51] Note (David A. Sprentall), Singer v. Magnavox Co.: Minority Rights in Freezeout Mergers, 83 *Dickinson L. Rev.* 159, 164 (1978).

[52] Comment (Oby T. Brewer III), Freeze-Out Mergers – The Delaware Supreme Court Requires Majority Shareholder Proof of a Valid Business Purpose as a Component of Entire Fairness in Freeze-Out Merger Challenges, 31 *Vanderbilt L. Rev.* 183, 186, n. 37 (1978).

判决，即 Sterling 判决只是要求合并对价金额的公平性。

作为代表性的判决有：1962年特拉华州最高法院对 Stauffer v. Standard Brands, Inc.事件作出的判决[53]。在母子公司的简易合并中，少数股东以合并比例不当为理由起诉请求停止实施简易合并。原审判决驳回了少数股东的停止请求。州最高法院认为："并未看出违法性和欺诈。因此，讨论的对象集中于关于对价金额的不同意见。……简易合并的立法目的是为母公司提供一个排除少数股东所持股份的方法。这一制度的设计导致少数股东只能进行金钱上的请求……简易合并是母公司的单方行为。对于少数股东而言，除股份回购请求权以外不存在其他救济方法"，因此支持了原审判决[54]。这是特拉华州最高法院的判决，故在 Singer 判决以前是不能轻视的。因此，在 Singer 判决以前，特拉华州最高法院认为，在简易合并中挤出少数股东时无需具备正当的营业目的，并明确表示已为简易合

---

[53] Stauffer v. Standard Brands, Inc., 41 Del. Ch. 7, 187 A 2d. 78 (Del. Supr. 1962).

[54] Stauffer判决的结论是，消灭公司的少数股东因合并导致丧失了成为存续公司股东的权利时，股份回购请求权才是异议股东的排他性救济方法。Not [Randolph B. Godshall & Douglas L. Hendricks], Singer v. Magnavox Co.: Delaware Imposes Restrictions on Freezeout Mergers, 66 *Calif. L. Rev.* 118, 121 (1978). Stauffer 事件中，原告主张余股挤出合并是大股东实施的强压行为，应当反对，特拉华州最高法院认定原告主张单是反对股份的评估价值，而作为唯一的救济方法有股份回购请求权。现在一般合并和简易合并的规定中，已允许对消灭公司股东持有的股份交付现金对价，以此为理由，推论出一般合并中少数股东的权利与简易合并中少数股东的权利已不存在差异。在这一点上，Stauffer事件的判决具有重要意义。Not [Robert S. Pierce], Singer v. Magnavox Co.: An Expansion of Fiduciary Duty in Freezeout Mergers Under the Delaware Long-Form Merger Statute, 57 *North Carolina L. Rev.* 163, 169 (1978).

210 并的异议股东准备了股份回购请求权这一充分完美的救济方法[55]。除此之外的同类判决中，上述州最高法院判决以前的，有1961年的Bruce v. E. L. Bruce Co.事件的特拉华州一审法院判决[56]；州最高法院判决以后的，有 David J. Greene & Co. v. Schenley Indus., Inc.事件的特拉华州一审法院判决[57]等。某观点指出，这一系列的判决的存在说明特拉华州的法院承认实施合并时挤出少数股东[58]。至于法院为何比较容易地认可合并中挤出少数股东的理由，如前所述，因为合并的成文法条文中已经允许向消灭公司的股东交付现金等作为合并对价[59]。如此看来，若重视从1940年的 Havender v. Federal United Corp.

211 事件判决[60]开始到 David J. Greene & Co. v. Schenley Indus., Inc.事件一审判决这一系列的判决的话，可以得出结论：对于余股挤出合并的异议股东而言，唯一的救济手段是股份回购请求权[61]。

---

[55] Note (William H. Narwold), Going Private – The need for a valid business purpose in Delaware: Singer v. Magnavox Co., 10 *Connecticut L. Rev.* 511, 515-516, n. 31 (1978). 作为简易合并的相同判决还有上述 Coyne v. Park & Tilford Distillers Corp., 37 Del. Ch. 558, 146 A. 2d 785 (Del. Ch. 1958), aff'd, 38 Del. Ch. 514, 154 A. 2d 893 (Del. 1959).

[56] Bruce v. E. L. Bruce Co., 40 Del. Ch. 80, 174 A. 2d 29 (Del. Ch. 1961).

[57] David J. Greene & Co. v. Schenley Indus., Inc., 281 A. 2d. 30 (Del. Ch. 1971). 特拉华州一审法院判定，唯一的问题点是少数股东持有股份的评估价值，这一问题可以通过行使成文法上的股份回购请求权来解决 (281. A. 2d 30, at 31)。

[58] Note, supra note 51, 164.

[59] Note, supra note 51, 164.

[60] Havender v. Federal United Corp., 11 Atl. 2d. 331 (Del. 1940)事件判决的详细内容及其分析，请参见：柴田·前揭「合併法理の再構成（4）」（注13）920頁以下。

[61] Comment, supra note 52, 186, n. 33.

4. 辛格（Singer）判决

在这一状况之下，特拉华州最高法院在1977年的Singer v. Magnavox Co.事件[62]中作出了划时代的判决。

Singer v. Magnavox Co., 380 A. 2d. 969 (Del. 1977)

事实

1974年8月，持有Y_1公司（Magnavox Co.）已发行普通股份的84.1%的Y_3公司（North American Philips Development Corp.）[63]想进一步巩固对Y_1公司的控制，意图通过合并的方式取得Y_1公司剩余全部普通股份，为此设立了诉外A公司（T. M. Development Corp.）作为Y_3公司的全资子公司。1975年7月召开的Y_1公司的股东大会上，提出并批准了Y_1公司与A公司的合并（以下称为"本合并"），合并对价是向Y_1公司的每1股份支付现金9美元。与此相对，Y_1公司的股东X（Singer）主张，本合并是Y_2公司意图通过Y_3公司成为Y_1公司的单独股东，其唯一目的是以极为不充分、不公平的合并对价强制将一般少数股东从Y_1公司中挤出，因此是欺诈性的；并且，本合并中向少数股东交付的合并对价现金是极为不充分、不公平的，因此大股东Y_3公司违反了其对少数股东负有的忠实义务，故起诉请求确认本合并无效。原审法院认定，如果除挤出少数股东以外没有任何营业上的目的，仅仅以此为理由很难说该合并是欺诈性的；如果对合并对价不满，X应当行使股份回购请求权，

---

[62] Singer v. Magnavox Co., 380 A. 2d. 969 (Del. 1977). 详细内容请参见：柴田和史「合併法理の再構成（5）」法学協会雑誌106卷11号（1990年）2001頁、2031頁；同・前揭論文（注50）17頁。

[63] Y_3公司（North American Philips Development Corp.）是Y_2公司（North American Philips Corp.）的100%子公司。

因此驳回了X的请求。对此，X提出了上诉。

判决要旨

"X主张，本合并完全不具有公司营业上的目的，唯一目的是挤出少数股东，所以是欺诈性的，但其实成文法上并没有任何地方提及合并必须要有营业上的目的才能实施。

Y_1公司的大股东Y_3公司在处分Y_1公司的财产时，Y_3公司对Y_1公司的少数股东负有忠实义务，这是自Sterling事件的判决[64]以来特拉华州所确立的法理。此外，Sterling事件以来还确立的规则是，在母子公司合并中，母公司事实上是站在合并交易双方当事人的立场上的，负有责任证明该合并内容对于子公司的少数股东是完全公平的，并且，此时法院有义务对是否公平进行严格的审查。被告等主张已对Y_1公司的普通股份提供了公平的合并对价，故Y_2公司不违反忠实义务。关于这一主张，简言之，所谓股东的权利不过是唯一投资价值，至于股东权利的形态不需要任何考虑。被告的主张实际上意味着，当大股东赋予少数股东充分的对价时，少数异议股东除要求持有股份的价值外，不拥有任何权利。但是，本法院无法赞同这一见解。

本法院肯定如下两个法律原则。（1）当主张某公司行为的目的成为问题，大股东违反了对少数股东的忠实义务时，法院负有义务严格审查这一公司行为。（2）可以自由操作公司的人，为处分公司财产而行使对公司的权利时，对少数股东负有忠实义务；如果他为了让自己在公司中的控制力永久持续下去而行使其权限时，则会导致违反忠实义务。

---

[64] Supra note 50.

第八章 余股挤出合并和对价多样化

如此来看，对少数股东负有忠实义务的人行使其对公司的权限，仅仅是为了挤出少数股东的，则会导致违反忠实义务。所以在本案中，本院认为本合并属于大股东违反了对少数股东负有的忠实义务。因此，撤销原审判决，本合并无效，发回重审。"

关于辛格判决的详细分析内容请参见笔者的另一篇论文[65]。在该判决中，特拉华州最高法院完全推翻了上述一系列判决的见解，即：既然成文法上承认了现金交付合并，消灭公司的少数股东除了就合并对价的金额多寡进行争议外，不承认其有其他的权利。换言之，州最高法院判定，"无法赞同""当大股东赋予少数股东充分的对价时，少数异议股东除要求持有股份的价值外，不拥有任何权利"这一见解。并且在此基础上，州最高法院又确立为了新的标准，即进一步判定，"可以自由操作公司的人……为了让自己在公司中的控制力永久持续下去而行使其权限时，则会导致违反忠实义务"；"对少数股东负有忠实义务的人（大股东、母公司——笔者注，括号内下同）行使其对公司的权限，（通过余股挤出合并）仅仅是为了挤出少数股东的，则会导致违反忠实义务……"这一辛格判决可以理解为，特拉华州最高法院认定存续公司的大股东和董事实施现金交付合并之际，需要有正当的营业目的。当然，公司法的条文中并不存在能推导出"正当的营业目的"的根据。具体而言，州最高法院一方面认为应当阻止公司方以挤出消灭公司少数股东为目的来使用现金交付合并这一法律技术；另一方面认为实施现金对价合并对于消灭公司和存续公司而言是有真正合理的理由的话，应

---

[65] 请参见：柴田和史「現金交付合併と正当な営業上の目的の理論に関する一試験」柴田和史＝野田博編『会社法の現代的課題』（法政大学現代法研究所、2004年）。

214 当允许该合并的实施。在辛格判决之后，通过 Tanzer 判决、Najjar 判决逐步确立了"正当的营业目的"的理论，即存续公司的大股东和董事实施现金交付合并之际，需要有正当的营业目的。

5. **温伯格（Weinberger）判决**

"正当的营业目的"的理论虽然得以确立，但在1983年特拉华州最高法院的判决㊻中又被废除。其理由是：即便真实目的是通过现金交付合并挤出少数股东，对于公司而言，要举出营业上的目的是要多少有多少；这对法院来说，将是否有"正当的营业目的"作为该合并无效或者停止的判断标准，可能会导致根本无法判定的后果。因此，州最高法院采用了以新的标准来保护少数股东的方法，即对大股东一方施加了彻底的信息披露义务。州最高法院认为，大股东和董事垄断性地享有公司的内部信息，将少数股东置于不利的立场，通过给大股东和董事施加彻底的信息披露义务，将少数股东享有的信息提升到与大股东和董事相同的层次。

具体而言，特拉华州最高法院在1983年的 Weinberger v. UOP, Inc. 事件的判决㊼中作出了如下判决。

案情是，持有 Y_2 公司（UOP, Inc.）已发行股份总数50.5%的 Y_1 公司（Signal Co.），以 Y_2 公司为消灭公司进行现金交付合并时，在两家公司任董事、经理的人仅仅为 Y_1 公司提供了有利的信息，从而出现了纠纷。对此，特拉华州最高法院作出如下判决：

"（Y_1 公司〔Signal Co.〕董事，同时也是 Y_2 公司〔UOP, Inc.〕经理的诉外A〔Arldge〕和诉外B〔Chitiea〕利用 Y_2 公司的内部信

㊻ Weinberger v. UOP, Inc., 457 A. 2d. 701 (Del. 1983).
㊼ Ibid.

息制作了调查书。）调查书根据Y_2公司的资料提到，通过合并以每股21美元以上24美元以下的价格将Y_2公司的少数股东排除时，对于Y_1公司能够产生多大的利益。该调查书并未向Y_2公司的其他独立董事提供，也未披露其内容；并且Y_1公司认为以每股24美元以下的价格是好的投资这点也没有进行披露。该调查书提到，每股对价为21美元时其投资收益率为15.7%，每股对价为24美元时其投资收益率为15.5%。……由于该调查书专门为Y_1公司的利益而使用Y_2公司的资料制作，以及并未向Y_2公司的董事和少数股东进行披露，这引起了违反忠实义务的问题。因为，Y_1公司和Y_2公司存在共同的董事，尽管两家公司在同一交易中处于利益冲突的立场，但Y_2公司的董事会并未接收到有关本交易信息的完全披露就作出了决策。在特拉华州，当公司董事处于交易双方当事人的立场上行动时，董事应当证明自己的行动是完全诚实的，以及该交易在本质上是公平的[68]；若不能证明时，则会产生违反忠实义务的责任。此时，本质上公平意味着交易是完全公平的。兼任母公司和子公司董事的人对两家公司各负有善良经营的义务，负有为了两家公司各自的最大利益而行动的义务。存在共同股东时，母子公司之间的交易中，母公司负有的忠实义务不会比这里的董事负有的忠实义务更轻。对Y_2公司的少数股东负有忠实义务的Y_1公司，对本合并是公平的负有证明责任，但本案中如下所述，并没有证明其是公平的。

公平的观念由两个基础性要素构成，即：（对股东的）公平的对待和公平的价格。本合并是否公平应当就公平的对待和公平的价

---

[68] "...demonstrate their utmost good faith and the most scrupulous inherent fairness of the bargain."

格两点进行整体的探讨。……（对股东的）公平的对待是指，遵守在 Lynch 事件判决⑩中要求的完美的诚实义务。不能允许获得更加优越信息的人利用股东所不知晓的公司信息来误导股东（Lank 事件⑳）。特拉华州从以前开始，对于即便不是公司的董事等，但与公司利益或者重大事项有关的人，也施加了不得利用股东所不知晓的公司信息来误导股东的义务（Brophy 事件㉑）。……Y_2 公司的少数股东并不知道，即便 Y_1 公司交付每股 24 美元也仍然是'好的投资'这一重要信息。这一信息可以让少数股东全体获得的对价总额提升 1700 万美元以上，有鉴于此，不能认为 Y_2 公司少数股东的表决权行使是在获得适当信息的基础上作出的。……如此来看，不能认定本合并符合公平的对待，因此，撤销有关该点的原审判决的内容。（以下省略关于公平的价格、损害赔偿请求权和正当的营业目的的判决内容）。本法院撤销原审法院判决本合并的各项情况和 Y_2 公司股份的对价金额均为公平的内容，发回重审㉒。"

辛格判决中，特拉华州最高法院首先认定了"不能赞同少数异议股东除要求持有股份的价值外，不拥有任何权利……这一见解"；其次认定了"可以自由操作公司的人，为处分公司财产而行使对公司的权限时，对少数股东负有忠实义务；如果他为了让自己在公司中的控制力永久持续下去而行使其权限时，则会导致违反忠实义

---

⑩ Lynch v. Vickers Energy Corp., 383 A. 2d. 278 (Del. 1977).

⑳ Lank v. Steiner, 224 A. 2d. 242 (Del. 1966).

㉑ Brophy v. Cities Service Co., 31 Del. Ch. 241, 70 A. 2d. 5 (Del. Ch. 1949).

㉒ Weinberger v. UOP, Inc. 事件判决的详细内容，请参见：神田秀樹「合併と株主間の利害調整の基準」鴻常夫先生還暦記念論集『八十年代商事法の諸相』（有斐閣，1985年）331頁、柴田・前掲「合併法理の再構成（5）」（注62）2034頁。

务。对少数股东负有忠实义务的人，行使对公司的权限，纯粹是为了挤出少数股东时，则会导致违反忠实义务……"。而在温伯格判决中，尽管"正当的营业目的"的标准被废弃，但通过上述判决要旨又确立了"完全公平"（entire fairness）这一标准。本案中的公平标准，之后在 Rabkin v. Hunt 事件判决[73]和 Sealy Mattress Co. of New Jersey 事件[74]中被特拉华州最高法院乃至一审法院所采纳。至此，作为判断母子公司间合并合同的内容是否是完全公平的标准，特拉华州最高法院新确立了应当对"公平的价格"和"公平的对待"进行审查这一标准。并且，在"公平的对待"这一范畴中，包括应当对股东进行信息披露这一要求。此后，如下所述，公平的对待这一标准作为董事、大股东的信息披露义务而得到了爆炸性地发展。

6. 信息披露义务

作为忠实义务内容存在的强力信息披露义务施加给母公司大股东和该公司的董事，这一演变是从1977年的林奇（Lynch）判决开始，到1983年的温伯格判决，再到1989年的斯特劳德（Stroud）判决，经过整个1980年代在特拉华州轰轰烈烈地展开[75]。具体而言，1989年特拉华州最高法院在 Stroud v. Milliken Enterprise, Inc. 事件的判决中判定，公司"应当对股东要求任何法律行为的情形或者选择

---

[73] Rabkin v. Hunt, 498 A. 2d. 1099 (1985)事件的详细情况，请参见：柴田・前揭「合併法理の再構成（5）」（注62）2034頁以下。

[74] Sealy Mattress Co. of New Jersey v. Sealy, Inc., 532 A. 2d. 1324, 1336 (Del. Ch. 1987). 在判决中，特拉华州一审法院认为："本案中，关于'公平的价格'和'公平的对待'的忠实义务均未满足。实际上，在研究如何违反合并程序中的忠实义务标准时，本案可以说是最佳的范本。"（532 A. 2d 1336）

[75] 详细内容请参见：柴田和史「取締役及び大株主の情報開示義務（1）—（3）」法曹時報55卷1号（2003年、以下同）1頁、55卷7号1頁、55卷12号1頁。

该要求的情形下","董事会（或者大股东）负有完全且公平地披露其管理下的重要信息的义务，这一点是毋庸置疑且清楚明了的[76]。"由此确立了大股东和董事负有应当完全且公平地披露信息的义务。进一步，特拉华州最高法院在1992年的Stroud v. Grace事件中作出了如下认定，确认了这一法理。即："特拉华州最高法院已经承认，特拉华州的判例法理对董事施加了一种完全且公平地进行信息披露的忠实义务，即应当披露董事会管理下的对股东的表决权行使产生重大影响的重要事实[77]。"这是到达了一个新的高度[78]。

在日本，现金交付合并即将成为现实，作为日本公司法的解释论，是采用辛格判决所确立的"正当营业目的"的理论，还是采用温伯格判决所确立的"完全公平"理论（＝彻底的信息披露理论），是该到了做决断的时刻了。笔者认为，在仔细研究辛格判决、温伯格判决的基础上，正确学习特拉华州的判例法理的演变，最终应当采用彻底的信息披露理论。不过，重蹈覆辙积累经验对于社会发展而言也并非是没有意义的，所以在当下也可以采用辛格判决所确立的"正当营业目的"的理论。

---

[76] Stroud v. Milliken Enterprise, Inc., 552 A. 2d 476, 480 (Del. 1989).

[77] Stroud v. Grace, 606 A. 2d 73, 85 (Del. 1992).

[78] "Stroud v. Milliken Enterprise, Inc."事件的判决内容，之后在"Zirn v. VLI Corp., 621 A. 2d 773, 777-778 (Del. 1993)""Kahn v. Roberts, 679 A 2d 460, 467 (Del. 1996)""Malone v. Brincat, 722 A. 2d 5, 9 (Del. 1998)"这些事件中，被特拉华州最高法院反复确认和肯定。

第九章 企业再生和企业并购

八木清文

企业并购（M&A）常用于同种企业和经营相关事业的企业收购其他企业和事业部门，扩大业界内的市场份额，与相关事业产生协同效应。在法律制度的完善下，其方法也得到了充分研究，国内外都积累了许多事例。但是，M&A与濒临破产危机的企业的再生之间的关系，可以说此前并未意识到，也很少进行讨论。在第九章中，本文从"使用M&A的方法对企业再生是有效的"这一视角出发，具体探讨两者的关系。

一、前言

所谓企业并购是指企业的合并和收购，在当今已成为一种实现企业战略的日常选择方法之一。企业选择M&A的动机各不相同，如果硬要进行分类的话，可以分为以下几种。

（1）创业型

刚刚创业不久的创业企业为达成创业目的，弥补创业时经营资源不足而实施的情形。

（2）资本政策型

意图实现股票上市的企业等，在销售业绩和事业形态上未达到上市水平时，为弥补不足而实施的情形。

（3）事业重组型

已实现股票上市的企业，时常会进行选择和集中，以维持事业价值，避免衰退。在此过程中，为出售非核心事业和提高核心事业的竞争力，不断进行并购、合作的情形。

（4）企业再生型

陷入经营危机乃至经营破产的企业的事业中，在更换经营者，为其信用下注入新的经营资源后，也会有戏剧性的恢复事业价值的情形。

以下在M&A的各种类型中，主要以企业再生型为对象探讨其方法和问题点，在此基础上考察法律整理程序中M&A的方法是如何运营的。

二、用于企业再生的企业并购的方法和问题点

1. 控制股份的转让

转让企业的控制股份转让给受让企业,将其经营权交给受让企业,以此来实现企业再生。可以说这是友好型M&A中使用的最简捷的方法。这一方法中有以下问题点:

①股份分散在多个股东手中,取得控制股份有些困难;

②受让企业要承受表外债务等偶发债务的风险;

③转让企业并无资金注入。

2. 第三方定向增资

转让企业发行新股,受让企业接受新股成为大股东,以此取得经营权。与上述控制股份的转让不同,转让企业有资金注入,这对于企业再生是有好处的。但也存在着以下问题点:

①如果是有股份转让限制的企业(公司法第309条第2款第5项、第199条第2款),以及发行价格比股份的市场价格低等对取得者而言是有利价格的情形(第199条第3款),需要股东大会的特别决议;

②受让企业要承受表外债务等偶发债务的风险。

3. 合并

合并是指,消灭公司的全部权利义务被经合并新设的公司(新设公司)或者合并后存续的公司(存续公司)所承继。合并有吸收

合并（公司法第2条第27项）与新设合并（第28条）这两类，作为企业再生的方法所使用的几乎全是吸收合并。合并的优点是可以在短期内扩大规模，协同效果显著。但也存在着以下问题点：

①最大的问题是存在表外债务、表外保证等偶发债务的情形以及存在隐性诉讼的情形下，并购方企业将直接遭受损害这点。在实施救济性的合并时，花费时间在财务上和法务上进行谨慎的尽职调查是不可或缺的；

②不同企业文化的融合是比较困难的。

4. 事业转让

这是指一家公司将其全部或者部分事业出售给其他公司，其他公司买入的方法。优点是转让公司与受让公司之间可以自由地决定转让事业的范围，对于受让公司没有表外债务等风险，因此被经常使用。但也存在着以下问题点：

①转让全部或者重要部分事业的公司以及受让其他公司全部事业的公司，都需要股东大会的特别决议（公司法第467条、第309条第2款第11项）。

②对于转让对象的合同关系等需要个别约定之后进行移转，有时会比较烦琐。

5. 公司分立

这是公司将事业有关的全部或者部分权利义务进行分离，让其他公司承继的组织法上的行为。与上述事业转让相比，无须对承继对象的有关权利义务进行个别移转，克服了上述手续烦琐的缺点。

公司分立分为以下两种：一是"吸收分立"，即公司将事业有关的全部或者部分权利义务让既有的其他公司承继（公司法第2条第29项）；二是"新设分立"，即公司将事业有关的全部或者部分权利义务让新设立的公司承继（该条第30项）。分立中分离出事业的公司称为"分立公司"，承继事业的公司称为"分立承继公司"，新设分立中为承继事业而设立的公司称为"新设公司"。

三、法律整理程序和企业并购

1. 法律整理程序的活用

法律整理程序中，有以公司清算为主要目的的清算型（破产、特别清算）程序，也有以企业、事业再生为主要目的的再建型（公司重整、民事再生、公司整理）程序。再建型程序的共同点是：一方面对资产进行评估并合适地压缩，另一方面获得一定程度的债务免除，以此削减负债，消解资产负债表上的资不抵债状态。

这与任意整理程序中获得债务免除、消解过剩债务是相同的。但在任意整理程序中的难点是，从性质上看，如果不取得债权人的个别同意是无法获得债务免除的。与此相对，在再建型的法律整理程序中，只要是获得符合法定要件的债权人的同意，对于异议的债权人也具有强制的债务免除效力。这是其优点。

因此，在部分债权人对债务免除表示强烈反对的情形，以及资不抵债的程度较大，必须从多数债权人处获得较多金额的债务免除的情形，很难采用任意整理程序，而不得不选择法律整理程序。

2. 法律整理程序的问题点

如上所述，活用法律整理程序的优点是，可以强制债权人大幅免除债务，以此来消解资不抵债的状态。但不能否认的是，也存在着以下缺点：

①选择法律整理程序，从社会一般的观点来看有"破产"的印象，会迅速引起客户的离开，可能导致事业价值的损毁。

②在法律整理程序中，贯彻债权人平等原则的结果是，不仅是金融机关的债务，一般交易债务也会被搁置，成为削减的对象。因此，交易对象可能会拒绝交货，或者引起交易对象的连锁破产等，对事业的影响较大。

如上所述，选择法律整理程序之际，为了克服以上问题点有必要进行充分的研究。此外，选择法律整理程序时，应当选择清算型还是再建型；选择再建型的，应当使用哪种程序，需要在充分考虑各种程序特征的基础上，选择最有效的程序。

本文以下先探讨与M&A较为紧密的公司重整、民事再生中的各种程序，最后将破产与事业转让相结合来探讨事业再生的方法。

四、公司重整程序和企业并购

1. 公司重整程序的意义

公司重整程序是指，对于经济上陷入窘境的大规模股份公司，在取得债权人等利害关系人的多数同意的基础上，制定并执行重整计划，以此来合适地调整利害关系人的利益，再建公司事业的程序。日本旧公司重整法于1952年制定，1967年进行了部分修改，但并未进行根本性的变革。因此，存在着程序过于严格，再建所耗费的时间过长等问题，与当今的经济情况有诸多不符之处。所以，

2003年4月1日日本对旧公司重整法进行了全面修订，从整体上让程序增加迅速、合理，并强化了再建方法，形成了现行的新公司重整法。

与民事再生程序相比较，公司重整程序的特征有以下三点：

①民事再生程序的原则是让既有的经营者继续进行经营；而公司重整程序必须选任财产管理人，属于管理型的程序，比较容易保障程序运营的透明性。

②民事再生程序中，担保权人作为别除权可以在程序外行使权利；而公司重整程序中，担保权人作为重整担保权人被纳入程序中，可以禁止其行使权利，在重整计划中变更权利内容，是一种强有力的再建方法。

③民事再生程序中，再生计划的内容受到限制，进行组织变更时原则上必须使用公司法上的程序，而公司重整程序中，重整计划的内容可以包括发行新股或公司债、减资、事业转让、股份交换、股份移转、公司分立、合并等各种程序，并设置了公司法的特殊规则。因此，更加容易进行事业组织的重组，以M&A实现再建。

2.公司重整程序的概要

公司重整程序的流程如图9-1所示。并且，东京地方法院的标准执行日程表是这样安排的：

①从申请到开始决定：1个月

②从申请到重整债权等备案期间（结束）：3个月

③从申请到重整债权等一般调查期间（结束）：8个月

④从申请到重整计划方案的提交：11个月

⑤从申请到重整计划的批准决定：13个月

并购和合资企业

```
                    ┌─────────────┐
                    │ 重整程序     │
                    │ 开始的申请   │
                    └──────┬──────┘
                           │
              ┌────────────┼─────────────────┐
              ▼                              ▼
        ┌─────────┐              ┌─────────────────┐
        │ 保全处分等│              │ 保全管理人、监督 │
        └────┬────┘              │ 委员的选任       │
             │                    └─────────────────┘
             ▼
        ┌─────────┐              ┌─────────────┐
        │ 重整程序 │              │ 财产管理人   │
        │ 开始的决定│              │ 的选任       │
        └────┬────┘              └─────────────┘
             │
    ┌────────┼──────────────────┬──────────────┐
    ▼        ▼                  ▼              │
内部(重整公司的      外部(重整债权等的    (重整的方法)
财产调查、确保等)    备案、调查、确定)
```

内部（重整公司的财产调查、确保等）：
- 财产价格的评估；资产负债表、财产目录的制作、提交等
- 否认权的行使
- 重整公司的董事等责任的追究

外部（重整债权等的备案、调查、确定）：
- 重整债权等的备案
- 重整债权等的调查
- 确定重整债权等的裁判程序

（重整的方法）：
- 重整计划批准前的营业转让
- 担保权消灭的请求

→ 重整计划方案的制作、提交 → 新股、公司债的发行、减资、营业转让、股份交换、股份移转、公司分立、合并等

重整程序的废止 ← 否决 ← 重整计划方案的决议 → 通过 → 批准重整计划 / 不批准重整计划

重整计划的废止 → 重整计划的变更 → 重整计划的终止决定

重整公司的事业继续

图9-1　公司重整程序的流程

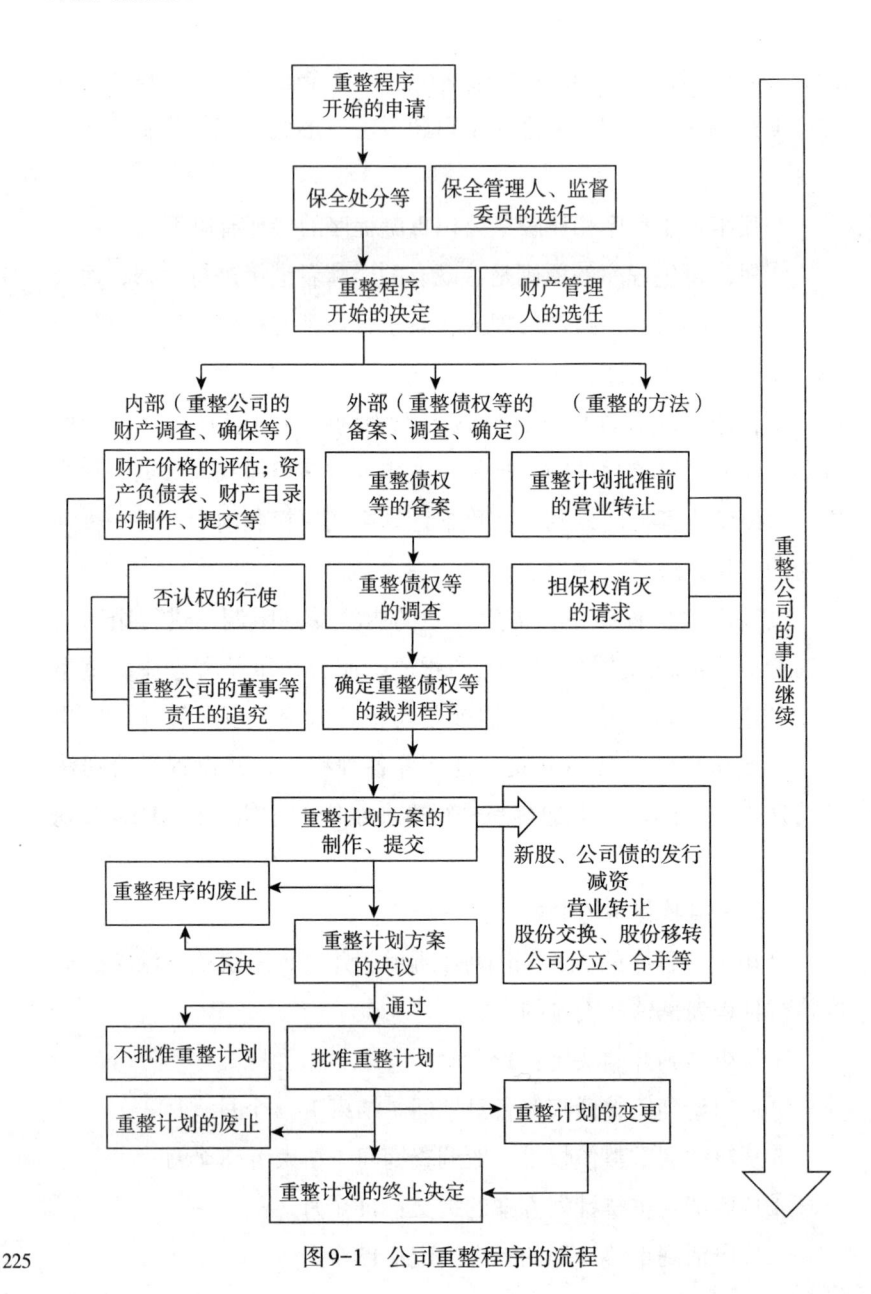

3. 公司重整程序中的企业并购架构

申请公司重整程序的企业几乎全是在资金上、营业上或者生产上遇到困难才申请的,因此想通过公司重整程序来实现企业再生,故支援企业的援助是不可或缺的。公司重整程序中,接受支援企业的援助时的典型架构是"100%减资+支援企业的新股认购(减增资)架构"和"事业转让架构"。

a. 减增资架构

(1) 意义

公司重整程序中,重整计划是免除相当程度的债务,变更剩余债务的返还条件,同时进行100%减资和第三方定向增资,以此变更资本结构。第三方定向增资由为重整公司在资金上、营业上或者生产上提供援助的、有信用的企业来认购,通常将该企业称为"支援企业"。通过这一架构支援企业掌握了重整公司的经营权,实质上是通过M&A来掌握重整公司的经营权。

(2) 优点

①维持法人格,可实现一体再生。

与不得不分离承继资产的事业转让不同,在维持重整公司法人格的基础上,可实现一体再生,程序简便。此外,关于合同关系的承继,无须采取个别移转程序,不会产生批准许可的移转或再取得等问题。

②没有偶发债务、表外债务、过多债务的担心。

虽然是维持重整公司法人格的基础上的再生,但公司重整程序中有债权备案、调查确定的程序,未经备案的债权会失效。因此,支援企业几乎不会因预想外的偶发债务、表外债务而承担风险。此外,重整计划中会免除相当程度的债务,所以支援企业也不用担心承担过多的债务。

不过需要注意的是,共益债权不会失去权利,一般重整债权等在例外的情形下也不会失去权利(公司重整法第139条第1款、第204条第1款第3、4项)。

③对于支援企业而言,不会将重整公司直接吸收进自己的事业体,仅仅是使其成为子公司,故可将风险限定于认购新股的部分。

④对于支援企业而言,重整公司的再生如果能够成功,其持有的重整公司股份的价值会飞跃性地增大,可以获得资本利得。

⑤对于重整公司而言,虽然支援企业会作为母公司凌驾其上,但之前的组织和雇用形态不会产生大的变更,抗拒感相对较少。

(3)减资程序

重整程序开始后至终止前,重整公司(重整手续中的公司)在重整手续之外不得减资(公司重整法第45条第1款第5项)。因此,重整公司为了减资需要在重整计划中记载"应减少的资本金额"和"减资的方法"。若重整计划中规定了关于减资的事项的,则无须履行公司法规定的程序(第210条、第214条)。

如前所述,由于此时公司重整程序中原本就设计了资本的再构成这点,所以从股东责任的角度来看,通常在重整计划中会无偿地进行100%减资。

(4)增资程序

重整程序中的公司,不能在重整程序之外发行新股和新股预约权(公司重整法第45条第1款第2项)。因此,重整公司为了发行新股和新股预约权,应当在重整计划中规定新股和新股预约权的发行内容、发行方法等,并基于此进行发行。若重整计划中规定了新股和新股预约权有关事项的,则无须履行商法规定的程序(第210

第九章　企业再生和企业并购

条、第215条、第216条）。重整计划中发行新股和新股预约权的形态有以下三种：

①对重整债权人、重整担保权人、股东等利害关系人以外的第三方发行新股和新股预约权的情形（第175条第1项、第176条第1项）。

这一方法主要用于支援企业中无利害关系人，为重整公司提供援助而认购新股的情形等。这是作为重整程序的处理使用减增资架构情形的典型方法。

②对重整债权人等或者股东等，无须缴纳实物出资而发行新股的情形（第175条第2项）。

这一方法是，就按照重整计划的规定权利消灭的部分，视为重整债权人、重整担保权人、股东等缴纳了新股或者新股预约权的发行价格的全部或部分，以此将之前的债权替换为股份。在减增资架构中，作为债转股的方法而使用。

③对重整债权人、重整担保权人等利害关系人赋予股份认购权，接受新的缴纳、实物出资，并发行新股的情形（第175条第3项）。这一方法是作为上述①和②的中间形态来使用的。

（5）债转股（debt equity swap）

以上述增资程序②的形态，将债务转化为资本被称为债转股。在重整程序中，就实物出资，若规定在重整计划，则无须履行检查员的检查等公司法上的程序（公司重整法第215条第6款），可以比较容易地实施债转股。至于新股发行价格是以债务的账面金额还是评估金额来设定，还存在着争议，但以账面金额来设定有其一定的合理性，是日本有力的主张，东京地方法院也承认了以账面金额来设定。

229

b. 事业转让架构

（1）意义

这是在公司重整程序中，财产管理人将以重整公司的优良事业部门为中心的事业的主要部门转让给支援企业的方式。在该方式中，重整公司的优良事业部门转移给支援企业，目的是在别的法人格下实现再建。重整公司因转让了优良事业部门而失去事业形态，故将事业转让价款作为分配本金进行清算。

（2）优点

①重整公司经营的多个营业中，仅留下业绩优良的营业，并将其集中，可以获得更多的清偿本金。

②可以避免被征收债务免除所得税。具体而言，债务免除的金额越大，且没有与此相对应的结转亏损时，通过减增资架构很难避免对重整公司征收债务免除所得税。但通过事业转让架构，受让公司不会被征收债务免除所得税。此外，进行清算的重整公司如果没有清算所得，则不会被征税。

（3）开始决定前的事业转让

公司重整程序开始决定前，转让全部或者重要部分事业的，由于没有明文认可的规定，是否可以进行在解释上还有争议。的确，在公司重整程序开始申请后，也会有资产急速恶劣的情形，因此尽可能早地实现事业转让有时也有其存在意义。但是，转让全部或者重要部分事业对于股东、重整担保权人、重整债权人等利害关系人具有重大影响，所以在保全管理阶段，没有公司重整法明文规定的情况下，要排除股东保护程序等公司法规定的程序，不得不说有些过于激进。作为财产管理人，在产生这一必要性的情况下，应当尽早开始决定，取得在此基础上实施的事业转让。

（4）开始决定后重整计划外进行的事业转让

公司重整程序开始后，至重整计划方案提交决议的决定作出前，财产管理人取得法院的许可后，可以转让重整公司的全部或者重要部分事业（公司重整法第46条第2款）。此时，法院仅在认为该转让对于重整公司的事业再生是必要的情形下，可以进行许可。由此可见，在重整计划外进行事业转让，这在旧法中没有明文规定，所以是否可以允许在解释上存在着争议。但是，实务中，重整计划外进行的事业转让也获得过法院的许可。在此意义上可以说，新公司重整法的上述规定是对此前的实务情况赋予了明文的根据。

法院许可事业转让的，应当听取下列人员的意见：

①重整公司所掌握的重整债权人。但有重整债权人委员会（第117条第2款）时，足以听取其意见。

②重整公司所掌握的重整担保权人。但有重整债权人委员会（第117条第6款）时，足以听取其意见。

③工会等（重整公司的过半数劳动者组成的工会；若无这种工会，则为重整公司的过半数劳动者的代表人）。

此外，除重整公司资不抵债的情形，财产管理人应当事先公告或者通知股东以下事项（第46条第4款）。

ⅰ转让的相对方、时期、对价以及转让对象事业的内容。

ⅱ反对转让的股东，应当在公告或者通知之日起2周以内以书面方式通知财产管理人。

书面通知财产管理人持反对转让意见的股东的表决权超过全体股东表决权的1/3时，法院不得许可该事业转让（第45条第7款第2项）。

但是，重整公司处于资不抵债的状态时，股东无法参加程序

（第46条第8款），所以，在很多重整公司中，因为处于资不抵债状态，在事业转让的许可程序中，重整公司的股东通常都不会出现。

（5）重整计划中的事业转让

转让全部或者重要部分事业的，原则上应当根据重整计划来进行（公司重整法第46条第1款正文）。具体而言，在重整计划方案中规定事业转让，经过关系人集会的决议和法院的批准后，实施事业转让。根据公司法的规定，无论是转让全部事业，还是转让重要部分事业，实施时都应当经过股东大会的特别决议（公司法第467条），但公司重整法中设置了特殊规则。另外，也不承认异议股东的股份回购请求权（公司重整法第210条）。

（6）公司重整计划批准后、重整程序终止前的事业转让

如果重整计划中未规定事业转让，在计划批准后要实施事业转让的，有必要履行重整计划的变更程序（公司重整法第233条）。

五、民事再生程序和M&A

1. 民事再生程序的意义

民事再生程序是指，债务人在资金上遇到严重困难，有资不抵债的可能性等经济上处于困境的情形，在法院的参与下，接受债权人等的协助，尊重其自主性，以图实现债务人的事业或者经济生活的再生的法律程序。作为替代此前和议法的再建型程序，从2000年4月开始实施。民事再生程序的特征有以下三点：

①采用债务人持有资产（DIP）方式，原则上由之前的经营者

来经营事业。

②关于重要事项需要监督委员的批准，以确保程序的公平性和透明性。

③担保权作为别除权在程序外可以行使权利，但同时也承认中止命令和担保权消灭请求的制度，这是为了防止对于事业继续不可或缺的财产的流失。

2. 民事再生程序的概要

公司重整程序的流程如图9-1所示。并且，东京地方法院的标准执行日程表是这样安排的：

①从申请到保全处分命令发出、监督委员选任：当日至2日

②从申请到开始决定：约2周

③从申请到债权备案期限：6周

④从申请到再生计划方案（草案）的提交期限：2个月

⑤从申请到债权的一般调查期间：10至11周

⑥从申请到再生计划方案的提交期限：3个月

⑦从申请到监督委员意见书的提交期间：3个月+1周

⑧从申请到债权人集会、批准与否决定：5个月

3. 民事再生程序中的企业并购（M&A）架构

申请民事再生的企业，几乎都是在资金上、营业上或者生产上遇到了严重困难，试图进行企业再生时支援企业的援助也是不可或缺的，这点与公司重整的情况相同。但是，从上述流程中可以看出，民事再生程序比公司重整程序要更加简易迅速。因此，与公司重整程序相同，一方面在破产处理时可以使用M&A，除此以外，另一方面，在M&A时可以使用民事再生程序。换言之，经营困难企业中有吸引力或者有再生可能的事业的，对于并购企业而言，如

并购和合资企业

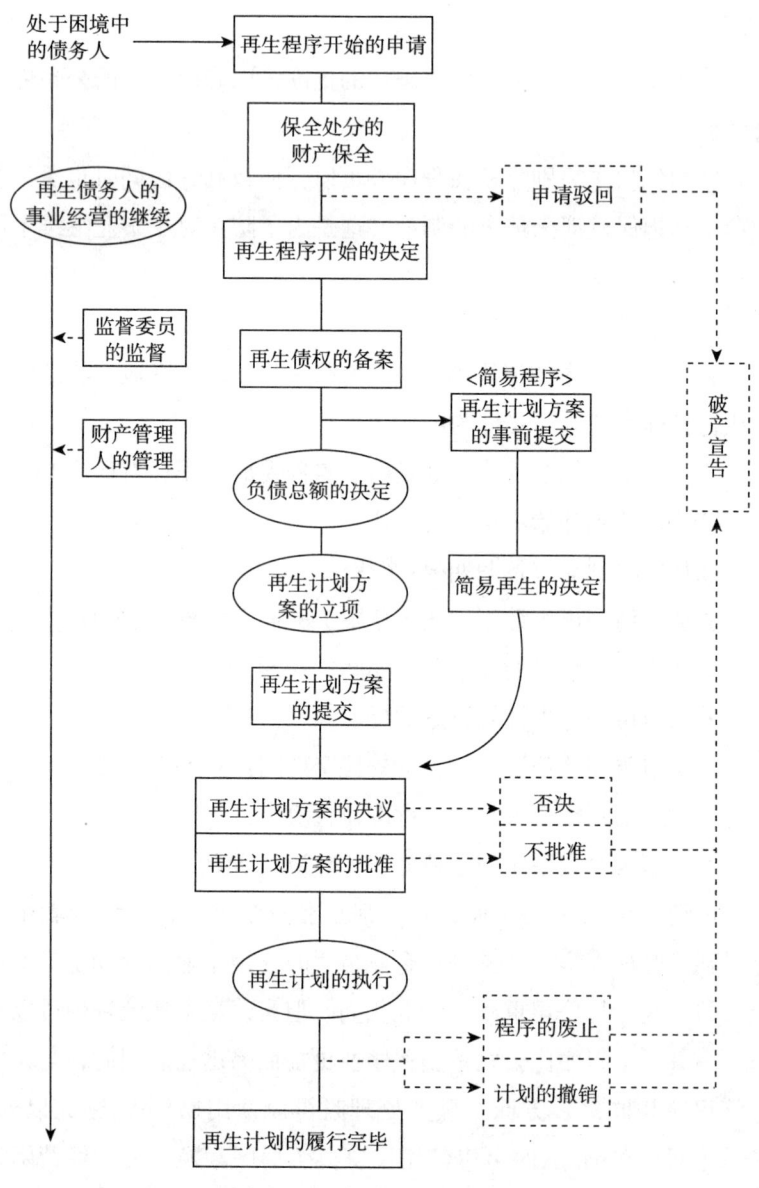

图9-2 民事再生程序的流程

果只是取得其股份，会产生表外债务的风险。另外，如果进行事业转让，有可能会通不过经营困难企业股东大会的特别决议；并且，如果经营困难企业破产的，财产管理人也可能会否决事业转让。因此，并购企业为了排除上述风险，实现无风险的M&A，可以要求目标企业即经营困难企业申请民事再生，在该程序内采用减增资架构或者事业转让架构。

a. 减增资架构

（1）意义

这是指再生公司进行一定减资，对支援企业进行第三方定向增资，以此来实施M&A的方法。减增资架构的优点在公司重整程序的章节中进行了说明，此处不再赘述。

（2）减资程序

再生公司资不抵债且是股份公司的情形下，可以不经过公司法规定的减资程序，在事先取得法院许可的基础上，在再生计划中规定关于减资的条款（民事再生法第166条第1款、第154条第3款）。此时，无须经过公司法上的债权人保护程序和股东大会的特别决议（第166条第2款）。与公司重整相同，也是承认100%减资的。但民事再生是以债务人持有资产（DIP）型为原则的程序，所以为了重建需要给中小企业的创始经营者给与一定的激励，并不一定要实施100%减资。

（3）增资程序

在民事再生法上，增资无须经过再生计划，通常通过董事会决议就能实施。与减资不同，在公司法上，增资原本就不需要经过股东大会的特别决议和债权人保护程序这样的严格程序，所以民事再生法就没有必要去修改公司法上的程序。不过，对于有股份转让限制的股份公司，在取得法院许可的基础上并规定于再生计划方案中，可以省略公司法规定的股东大会特别决议（公司法第309条第2款第5项、第199条第2款）来进行第三方定向增资（民事再生法第154条第4款）。法院仅在认为再生债务人是资不抵债，增资对于再生债务人的事业继续是不可或缺的情形下，可以许可规定第三方定向增资的再生计划方案（民事再生法第166条之2第2款、第3款）。

与修改破产法同期修改的民事再生法中，承认了向章程上附股份转让限制的封闭公司的股东赋予新股认购权，所以向股东以外第三方发行新股的，要经过股东大会的特别决议。因此，股份转让闲置公司的民事再生程序中，如果没有既有控股股东的同意，不可能通过第三方定向增资来变更股东构成。由于这一难点的存在，作为立法论，一些实务专家提出了修改建议[①]。

（4）债转股（debt equity swap）

与公司重整法不同，民事再生法中没有关于再生债权向股份转换的特别规定。此外，再生程序中，如前所述，减资可以在取得法院许可后在再生计划中实施，但增资无法在再生计划中实施。因此，再生公司要进行债转股的，需要按照公司法的规定，一般采用债权的实物出资这一形态，以董事会决议的方式进行新股发行。不过，如果上述债权的评估金额不超过账面金额的，不需要法院选任检查员来进行调查（公司法第207条第9款）。

---

① 相澤光江「増減資」東京弁護士会編『入門民事再生法』（ぎょうせい、2000年）167頁等。

b. 事业转让架构

（1）意义

这是指民事再生程序中，再生公司将其优良事业为中心的事业主要部门转让给支援企业的方式。这一方式中，再生公司的优良事业部门转让给了支援企业，试图在别的法人格下进行重建。再生公司因转让了优良事业部门而失去事业形态，故将事业转让价款作为分配本金进行清算。

236

（2）优点

与公司重整程序的内容基本相同。具体而言：

①可以选择承继事业，无须接受不良的事业部门。

②可以避免被征收债务免除所得税。

此外，民事再生程序开始决定通常比公司重整程序开始决定会更迅速地发出，故在转让更早衰退的事业时，是一种极为有效的架构。

（3）开始决定前的事业转让

关于事业转让的法院许可，民事再生法第42条第1款明确规定了"在民事再生程序开始后"，因此在开始决定前取得法院的许可后转让全部或者重要部分的事业是不被允许的。的确，不能否认有应当尽早进行事业转让的情形，但实务中，即使是在东京地方法院，从申请开始多数会在2周以内发出开始决定，不会出现令人担心的情况。

（4）开始决定后、再生计划前的事业转让

如果是在再生程序开始决定后，即便不通过再生计划，只要获得了法院的许可，也是可以转让全部或者重要部分的事业的（民事再生法第42条）。通过这一方法，可以更为迅速地转让更早衰退的事业。

此外，公司法上，股份公司转让全部或者重要部分的事业时，需要股东大会的特别决议（公司法第467条），但再生公司是资不抵债的情形下，民事再生法上，可以通过取得法院许可（代替许可）来代替股东大会的特别决议，以此进行事业转让（民事再生法第43条）。

法院许可再生计划前的事业转让的，需要满足如下要件：

①事业转让对于再生债务人的事业再生是必要的。

②听取了再生债权人的意见。

③听取了工会等（再生债务人的过半数劳动者及其他员工组成的工会；若无这种工会，则为重整公司的过半数劳动者及其他员工的代表人）的意见。

（5）再生计划中的事业转让

在再生计划中进行事业转让的，要履行再生计划方案的批准程序。另外，如上所述，如果再生债务人为资不抵债时，可以通过取得法院的代替许可决定来省略股东大会的特别决议。

（6）再生计划批准决定后的事业转让

再生计划批准决定后、再生程序终止前，如果要转让再生计划未规定的全部或者重要部分的事业，应当履行何种程序呢？有主张认为应当履行再生计划的变更程序，但笔者认为只须服从法院的监督即可，所以将其纳入民事再生法第42条的适用范围是合适的。

六、公司重整、民事再生中的支援企业选定[2]

1. 意义

公司重整、民事再生中的支援企业是指，为企业重建提供必要的人才，同时补足破产企业的信用，在减增资架构中接受增资，在事业转让架构中受让事业的企业。

在破产企业中，通常其信用被毁弃，事业价值已经恶化，如果没有支援企业的援助，要自主重建是十分困难的。从重整财产管理人和民事再生申请代理人的角度来看，也有以下两点需求：即：①有在事业价值进一步恶化之前尽可能迅速地选定支援企业的需求；②在事业转让架构中不用说，即便在减增资架构中，支援企业所支付的价款是向债权人清偿的资金来源，有在手续透明化的基础上，努力让支付实现最大化的需求。特别是从最近再生业务潮流的影响来看，报名成为支援企业候选的企业较多，确保选定过程中的透明性对于程序成功而言是极为重要的。

从企业并购的角度来看，这是指如何寻找并购目标企业，又以何种标准来进行选定的问题。

2. 选定方法

选定时应该以公开招标的方式，还是以一对一谈判的方式，这

---

② 关于选定支援企业的详细情况，请参见：松嶋英機＝伊藤真＝小山潔人＝桃尾重明＝安嶋明＝横瀬元治「特別座談会　事業再生におけるスポンサー選定等をめぐる諸問題（上）（下）」銀行法務21（2003年6月号、7月号）。

并购和合资企业

从前一直就有讨论。从结论来说，没有一种必须采用的方式，而是应当选择该案例最合适的方式。一般而言，一对一谈判的优点是，可以节省招标所需花费的时间，可以在短期内选定支援企业。与此相对，公开招标的优点是以下三点：①可以通过竞争的力量来提高价格；②比较容易确保程序的透明性、公平性；③破产管理人或者再生债务人一方比较容易掌握程序的主导权。

关于这点，即便是一对一谈判的方式，选定时可以接受法院的检查，事后由债权人对重整计划、再生计划进行决议，以此来确保透明性、公平性。因此，一对一谈判并不意味着不透明、不公平。但是，从笔者的经验来看，竞争的力量是很大的，如果是适合公开招标的情形，建议采用该方式。至于何种情形是适合公开招标的，有以下几种情形：支援企业的候选有多家的情形；制作一次性清偿的重整计划或再生计划的情形；在招标前比较早的阶段，确立了重整计划或再生计划的基本方针（例如，确保雇用，多个事业一体化再生等）的情形等。

3. 公开招标时的选定标准

采用公开招标的方式时，如何将其结果与选定支援企业进行结合，这对于确保程序的透明性是十分重要的。

（1）关于招标的结果与选定支援企业如何进行结合，财产管理人等主办方有必要在事前将规则向参加者进行充分地说明。

（2）虽然在招标纲要中可以写不看金额的多少，而是进行"综合考虑"，但选择公开招标的方式的，原则上是以金额的多少来选定的。

（3）财产管理人等主办方应将前提条件统一为仅以金额的多少来选择；并且，为了与中标者之间就重整的基本方针不产生分歧，建议在进行招标的同时,将支援合同的内容进行梳理。

(4)即便中标金额为最高金额,但对于投标书或者财产管理人提供的支援合同草案附有保留意见的情形下,可以在研究保留意见的基础上,让第二顺位的中标价格成为中标者。此时,有必要对债权人进行合理的说明,即为何不选定最高价格为支援企业。

4. 选定时期

作为理性的流程是:在法律程序申请之后,以公开的方式募集支援企业的候选,多家企业实施尽职调查,在此基础上以招标的方式决定支援企业,并在签订支援企业合同的同时,取得程序的开始决定。但还是存在:申请后事业价值迅速恶化的情形,以及如果破产企业不选定支援企业,在尽职调查期间,很难维持其企业价值的情形。

因此,可以考虑在支援企业决定后再申请法律程序的预先打包民事再生(公司重整中较少,但也可行)方式。但关于该方式存在以下诸多难点,实务中常出现争议,即:在有限的范围内秘密选定的支援企业对于债权人等而言是否是最合适的;若法律程序申请后,出现提供更有利条件的支援企业候选时又该如何处理等。对此,须藤英章律师的建议比较具有启发性,即:在满足如下7个要件时,应当尊重申请前选定的支援企业等[③]。

(1)如果不事先选定支援企业等,则事业状况会恶化;

(2)存在实质上的竞争,并募集了支援企业等的候选人;

(3)投标条件中没有导致价格下降的不当条件;

---

③ 事業再生研究機構編『プレパッケージ型事業再生』(商事法務研究会、2004年)102頁。

（4）从投标者中选定支援企业等的程序中，没有不当处理；

（5）支援企业合同等的内容不存在对公司方不当不利的内容；

（6）关于支援企业等的选定程序，第三方出具了公平性的意见；

（7）支援企业等诚实履行合同，发挥了如期的作用。

七、破产和事业转让

1. 意义

破产是清算型的程序，申请以后，通常其事业价值的恶化会急剧加速，为维持事业形态所需的员工和交易对象也会离去。因此，破产程序中能以企业并购为目的进行事业转让的，在破产申请后仍能维持事业形态的是极为例外的情形。但是，相比于将个别资产分别出售，如果能将构成有机一体的事业整体转让，转让价格会更高，有利于实现分配本金财产的增值。此外，对于在转让相关事业中工作的员工，如果能确保其雇用，其优点是很大的。

通常，如果事业转让被认为是合适的情形中，作为法律整理程序采用民事再生程序，并进行计划前的事业转让的较多。而在破产程序中进行事业转让的情形一般限定于如下特殊情形，即：民事再生程序中未能制定再生计划；或者在再生计划的履行阶段转到破产程序。

2. 程序

破产程序中的事业转让，要求财产管理人取得法院的许可后进行（破产法第78条第2款第3项）。此时，无须履行股东大会的特别决议等公司法规定的程序。

八、结语

如上所述,本文虽不能说面面俱到,但也讨论了破产或者处于危机中的企业的再生程序中,企业并购的方法是如何被灵活运用的。一直以来,破产或者处于危机中的企业的再生,要么进行自主重建,要么寻找支援企业;寻找支援企业的,也倾向于依赖有特别渊源的企业来寻找。但是很明显,这种古典式的方法已不再符合如今变化激烈的经济情况。处于破产危机中的企业为实现事业再生,在短期内寻找能修复损毁的企业价值,并将其最大化的支援企业,并获得援助已是最为重要的事项。作为选定支援企业的方式,可以引进积攒了多年的企业并购方法,这对于企业再生而言是有效且更迅速的。

特别是,伴随着民事再生法于2000年4月实施,新公司重整法于2003年4月实施,破产法修订并于2005年1月实施,日本的破产法制进入一个全新阶段;同时,2006年5月公司法也开始实施,在法律整理程序中实施M&A会比以前更加容易。期待今后有更多的破产企业或者处于危机中的企业,能够使用M&A的方法实现再生。

第十章　企业并购与合资企业的税务

北爪雅彦

企业并购（M&A）和合资企业（JV）等进行组织重组的税务处理，其理想的状态是基本上采用税收中性原则。不过，税收制度也会受到不同时期政策的影响。在第十章中，虽然无法全面地探讨中性原则和政策问题，但本章选取了实务中常见的几个问题，即非合格股份交换、股份移转时事业体的课税问题和以股份为对价的要约收购时股东的课税问题等，探讨其在处理时应当注意的事项，并对企业并购和合资企业的税务处理进行全面概述。

并购和合资企业

一、企业并购的税务

M&A是指某个法人拥有控制其他法人的经济行为。

M是Merger（合并），A是Acquisition（收购），如图10-1所示，存在着许多种典型的M&A方法。

		以企业并购的对价种类进行区分		
		现金	自己的股份	母公司的股份
股份取得	既有股份的收购（集中购买）	○	△	
	接受第三方定向增发	○		
	股份交换	◎	○	◎
	共同股份移转		○	
资产取得	事业转让	○		
	实物出资		○	
	合并	◎	○	◎
	吸收分立	◎	○	◎

图10-1 取得经营权的形态

◎：公司法承认对价的多样性之后得以使用的方法。
○：从公司法施行以前就在使用的方法。
△：制度上是可以使用的方法，但实务中几乎没有使用。

此外，虽然没有拥有控制的意图，但为了强化交易关系等，以提高对其他法人的发言权为目的进行的合作，也包含在广义的企业并购中。但是，本文主要以拥有控制某个法人的企业并购为对象，就其税务上的处理和实务上的问题点为中心进行探讨。从本文的企业并购的定义出发，就卖方在必要的范围也会讨论个人股东的课税内容，但就买方仅讨论法人的课税内容。

1. 股份取得

a. 既有股份的收购

最简单的取得经营权的方法是既有股份的一对一收购。此时的课税原则是，只要交易是以税务上认可的市场价格来进行的，受让方不发生课税，转让方针对其转让损益发生课税。如果转让人是法人的，与其他所得进行合并计算，按照一般的企业所得税率进行课税；如果转让人是个人的，根据申报分离课税制度，针对转让所得原则上课税20%（所得税15%，住民税5%。租税特别措施法第37条之10，地方税法第71条之49）。不过，持有上市股份的个人股东，参与要约收购（以下简称"TOB"）委托证券公司等卖出而转让的情形，在2007年12月31日之前适用10%（所得税7%，住民税3%）的优惠税率（租税特别措施法第37条之11第1款，地方税法第71条之49，附则第35条之3之2第1款）。

如果是相互没有利害关系的独立第三方之间交易的情形，税务中原则上认为实际的交易价格是合适公平的，但如果是所有者退出的管理层收购（MBO）以及集团法人之间的股份转让等情形，不能认定没有利害关系，税务上有必要注意低价转让课税。即便是以低于市场股价的价格实施打折要约收购的，也应当注意低价转让课税的风险（参见表10-1）。

表10-1　利害关系人之间交易中的低价转让的课税关系

	个人	个人	法人	法人
转让方	不发生课税关系（基于实际的交易价格进行转让所得课税）	以未满市场价格1/2的价格进行转让的，视为以市场价格进行交易，针对与市场价格的差额，以一般的所得税进行课税（视为转让课税）	按照视为转让，视为以市场价格进行交易，与市场价格的差额则作为捐赠金额（具有工资等性质时，作为工资所得、退职所得、董事报酬）	按照视为转让，视为以市场价格进行交易，与市场价格的差额则作为捐赠金额
受让方	与市场价格的差额，以赠与税进行课税（视为赠与课税）	按照视为转让，视为以市场价格进行交易，与市场价格的差额则作为受赠收益	与市场价格的差额，以一般的所得税进行课税（通常具有偶然所得、工资性质时，作为工资所得或者退职报酬）	按照视为转让，视为以市场价格进行交易，与市场价格的差额则作为受赠收益
市场价格	原则上是继承税评估额	一般的交易价格（实势价格）	一般的交易价格（实势价格）	一般的交易价格（实势价格）

另外，根据日本的证券交易法，作为要约收购（TOB）的对价也可以使用提出收购的法人的股份（exchange tender offer）。关于日本的法人提出收购的这类交易，常被指出存在法律上的问题，如实物出资规制，以及构成股份的有利发行时需要股东大会的特别决议等。除此以外，与进行收购的法人国籍无关，日本的税务上，对于参加要约收购的股东并没有承认有任何特例措施，按照原则（虽然投资会继续，并没有成为纳税资金的资金流入，但）也会对确认转

让损益这一点构成制约。(并且,通常以现金为对价的要约收购中,个人股东通过向证券公司等委托出售转让该上市股票的,可以适用优惠税率,但以股份为对价的要约收购中,很难进行委托出售,所以原则上可能产生20%的税)。因为存在这些制度上的制约,以股份为对价的要约收购在日本此前几乎并未使用。

与此相对,在欧美的大型收购中,包含股份对价的要约收购是常用的交易形态,有的国家也承认一定要件下的股东课税递延。

由于收购对价选择上的自由度[负债还是混合(Mezzanine),或者交付库存股]将成为财务战略上的一个焦点,接下来在日本进行大规模企业收购等之际想必会重新审视日本现有的要约收购制度。目前关于敌意并购的威胁论仍在高涨中,变更这一制度的内容恐怕尚不能获得经济界的支持,但应当注意的是不受日本公司法规制的外国企业实际上是没有上述实物出资规制和有利发行程序制约的。原本,以股份为对价的要约收购中,股东的课税递延将起到降低收购成本的效果,但仅此而已。关于这一税制的设计不应该在收购防御领域来进行探讨。首先应该探讨的是,如何看待企业并购中要约收购[M&A(TOB)]这一行为的经济效率,怎样才能将其反映到政策中去,以及日本企业的国际战略中税务上的处理(与海外诸国的税制相比较)会带来何种影响。

b. 以第三方定向增发来取得新股份

通过第三方定向增发取得经营权的优点是收购资金可以成为收购对象事业的资金。因此,以事业再生为目的的支援企业会以该方法取得经营权。作为敌意收购的防御措施,在接受白衣骑士时也会考虑该方法。

这是纯粹的资本交易,只要发行价格在税务上也被认为是市场价格，原则上无论是接受定增的法人还是进行定增的法人都不会产生税务关系。但需要注意的是，如果增资是以"有利的发行价格"来进行的，原则上接受定增的法人会产生受赠收益（法人税施行令第119条第1款第4项）。判断是否构成"有利的发行价格"的标准是，该股份的价格与发行价格的差额是否达到了该股份的价格的10%以上（法人税基本通知2-3-7）。

不过，这一方法在企业再生的实务中也可能会成为一种制约。对于再生中的企业而言，股份的流动性是极端低下的，很多情况下处于很难有效形成市场价格的状态，一旦被报道出现支援企业，则会产生再生期待等，一般会形成比企业现状更高的价格。另一方面，企业再生程序中第三方定向增发的价格，通常是多个候选支援企业以投标等方式，以健全独立当事人之间的适当的交易来确定的，但如果这一程序确定的增资价格低于此时的市场股价的，就有可能适用上述法人税基本通知2-3-7。所以，特别是在实施增发的法人作出有利发行决议的情形下，实务中支援企业一方要考虑到产生受赠收益的风险，在此基础上决定是否接受增发。通知并非直接约束交易当事人的行为，但在对再生中企业等的市场股价可进行弹性化解释时，希望明确相关处理。

此外，虽然仅以第三方定向增发不能取得全部的控制权，但例如，收购目标法人的卖方是全资母法人，目标法人中积累了许多可分配利润时，在买方注入增资资金后，作为卖方的全资母法人可以通过让目标法人取得库存股的方式，移转全部的控制权。

该方法的主要目的是将卖方在转让股份之时的转让收益转化为"视为分红"和转让损益。换言之，实施增发的法人取得库存股的，在税务上，交付金钱等的总金额超出注册资本等的金额部分（取得前注册资本等的金额，按股份数计算得出的金额），可以减掉利润公积的金额（法人税法施行令第9条第1款第8项，第8条第1款第20项），但减掉的利润公积金额可以视为对出售股东的分红（法人税法第24条第1款第4项，法人税法施行令第23条第1款第4项）。这一"视为分红"与普通的分红相同，作为取得分红等，可以不算入收益金额；并可以从转让有关的对价中扣除"视为分红"的金额，以此为基础来计算股份转让损益（法人税法第61条之2第1款）。因此，对于注册资本等金额占交付金钱等金额的比例较低的法人，让其实施取得库存股的股东，在税务上可以将"视为分红"不算入收益金额，并确认股份转让损失。这一股份转让损失可以同一般的事业利益进行损益合并计算（参见图10-2）。

①视为分红的金额
　＝交付金钱等金额−注册资本等金额
②转让损益的金额
　＝交付金钱等金额−视为分红−账面金额
　＝注册资本等金额−账面金额

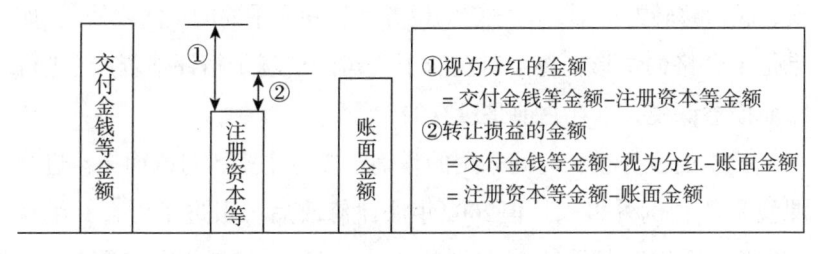

图10-2　视为分红与转让损益的关系

c. 股份交换、共同股份移转

股份交换在日本最初的用法是让收购目标法人的全部股份得以成为可能。股份移转是一种让自己成为全资子法人，并创设全资母法人的方法。若收购法人与目标法人共同进行股份移转，则收购法人只要确保全资母公司中的实际控制权，就可以取得目标法人的控制权。

并购和合资企业

　　股份交换与股份移转的法律效果有所不同，但无论是以何种方法都有一个相似点，即成为全资子法人的股东，将其股份作为交换，取得成为全资母法人的股份。因此，两者在税务上的处理也比较相似。

　　税务上，股份发生转移时确认其转让损益，原则上会产生课税关系。通过股份交换、股份移转来进行股份的转移，这在税务上也属于转让的一种形态，特定子法人的股东原则上会产生课税关系。

　　对于该原则性的处理，之前依照租税特别措施法，广泛认可满足一定要件的股份交换、股份移转股东可以享受课税递延。但是，2006年法律修改后，从2006年10月1日起，股份交换、股份移转的税务处理统合进了法人税法规定的组织重组税制中，采用了与合并等组织重组行为相同的税务处理（详细内容请参见第2节b"企业组织重组税制的处理"）。因此，如下文所述，如果是合格股份交换、股份移转的情形，与之前的税务处理并无重要的不同之处[①]；如果是不合格的情形，将会对全资子公司的市场价格评估资产[②]进行账面损益课税，这在之前是没有的。

　　日本的税务很长时间采用的是确定决算主义，对账面损益进行课税是一种例外事项。但2002年法律修改后，引进了对合并纳税（开始）适用时的账面损益课税（法人税法第61条之11第1款），并在2005年法律修改后，对于与民事再生法和公司重整法几乎相

---

　　① 认定是否合格之际，之前的税务处理中认可交付金钱等可以在5%的范围内，但现在变更为不再认可交付金钱等的支付。

　　② 市场价格评估资产是指如下资产，但账面损益未满注册资本等金额的1/2或者1000万日元中较低的金额的，不在此限（法人税法第62条之9，法人税法施行令第123条之11第1款第4项）。

　　固定资产/土地（包括土地上存在的权利）/有价证券（买卖目的以及偿还有价证券除外）/金钱债权/递延资产。

同的当事人之间的债务重整，不仅是确定决算，在一定条件下也引进了如下做法，即对债务人企业资产的账面收益计算收益金额（该法第25条第3款），对账面损失计算损失金额（该法第33条第3款）。

但是，前者是合并纳税这一"纳税单位的变更"带来的课税措施，后者是"就事业的继续性产生疑义时的特例处理"，由此来看，在非合格股份交换等中对全资子法人的账面损益进行课税，相对于采用单体纳税的一般法人，在税务处理上不以资产转移为要件，视为转让类似行为构成课税关系，这是一种新的税务处理。在日本的税务处理上，想必这会对以法人为纳税单位的结构带来一些变化。

此外，选择单体纳税的情形下，在股份交换、股份移转之际，无论是合格的还是非合格的，未对营业亏损抵免的使用设置限制。在非合格合并等中，不承认营业亏损抵免的结转，是考虑到使用营业亏损来冲减纳税额的权利属于一种专属的权利，作为权利不构成买卖对象，"不应包含在作为合并效果当然由合并法人承继的权利义务中"[3]。但在股份交换、股份移转中，无论哪个当事法人均没有变更法人格，不存在适用营业亏损抵免结转的余地，所以也没有必要设置使用限制[4]。

---

[3] 最判1968年5月2日民集22卷5号1067页、判夕224号148页（矢野·判解45事件）。

[4] 2006年法律修改中创设了如下规则，即（作为立法目的），仅以营业亏损的使用为目的取得亏损等法人的超过50%股份的情形下，可以限制使用亏损等法人的营业亏损抵免和账面损失。具体而言，从持有超过50%股份之日起5年以内，如果有废止此前经营的事业，并且开始经营大幅超过该事业规模的事业等事由时，在该日所属事业年度前产生的营业亏损不能抵免扣除（法人税法第57条之2），同时，从该事业年度开始之日的3年以内（从其持有之日起5年为限）产生的资产转让等损失不计算入损失金额（该法第61条）。

并购和合资企业

另一方面,因股份交换、股份移转而(开始)适用合并纳税制度的,会进行如下处理:

因股份交换而适用合并纳税的,无论是合格的还是非合格的,不能将单体的未超过法定弥补期限的营业亏损结转到合并企业⑤;但因合格股份交换而适用合并纳税的,不需要对资产的市场价格另行评估(法人税法第61条之12第1款第2项)⑥。

因股份移转而成立的全资母法人采用合并纳税的情形下,其营业亏损抵免的处理,仅在合格的股份移转出现全资子法人时,单体合并以前的未超过法定弥补期限的亏损可由合并后的企业继续按照规定用以后年度实现的与被合并企业资产相关的所得弥补;在非合格的股份移转时,被合并企业的营业亏损不得在合并企业结转弥补(该法第81条之9第2款第2项)。

全资子法人的股东课税,原则上要确认股份的转让损益,但股份交换等的对价仅仅是全资母法人的股份时,转让损益可以递延。此外,与合并等不同,在股份交换等中,全资子法人的资本部分的构成不会产生变更,所以无论是合格的还是非合格的,转让损益不会被确认为"视为分红"。

预计因股份交换税制有关变更而产生重大影响的是,投资机构进行的企业收购架构和企业并购(MBO)。例如,在以提高股权回

---

⑤ 适用合并纳税后至合并纳税申报期间,脱离合并纳税的,实质上未剥离营业亏损,可以在脱离合并纳税后使用合并纳税前的营业亏损抵免(第57条第9款第3项)。

⑥ 从全资子法人的合格股份交换之日的5年前的那一日(该法人是5年以内成立的,则为成立之日)起,至合并交换之日的前一日,持续地直接或间接持有全部已发行股份的法人,不需要市场价格课税(第61条之12第1款第3项)。

报为目的的杠杆收购（LBO）架构中，在收购程序的最终阶段，以现金股份交换实施余股挤出的情形较多，但交付现金的股份交换为非合格的，所以会对目标法人（全资子法人）的资产按照市场价格评估价值进行课税，由此可能导致收购成本的上升。为回避这种情况，例如，先由SPC来进行要约收购（TOB），取得目标法人的超过50%的资本，然后在法律形式上实施以股份为对价的股份交换；通过调整交换比率来达到实质上的余股挤出的目的。但如此设计，实施收购计划似乎有些本末倒置（不过，根据概括租税回避防止规定，这一计划被否认的风险很高）。

因此，想必日本今后会像英国和德国等一样引进股份出售请求权制度，即在要约收购（TOB）中取得一定表决权（例如90%以上）的控股股东，可以向少数股东行使股份出售请求权[7]。

公司法施行之日起经过1年（2007年5月1日）以后，因对价的多样化，可以使用母法人的股份等来替代自己的股份，作为股份交换的对价。这种情况下的税务处理目前还很难说，但在选择合并纳税的企业集团和控股公司体制下，对于想通过集团法人间的资金有效再分配，来优化事业资产组合的企业集团而言，灵活使用母法人的股份在财务上的优点较大，需求较多。所以，扩大资本交易概念后，实施以母法人的股份为对价的三角股份交换时，对于采用课税递延措施也抱有强烈的期待。

---

[7] 金融商品交易法中规定了，TOB后股票持有比例低于政令规定的比例时的全部收购义务，但这是股东希望出售时，收购人负有收购义务；并不是收购人对股东的股份出售请求权（该法第27条之13第4款）。

2. 资产取得

a. 事业转让[8]

事业转让是指将一体化事业体的全部功能概括性地转让的行为，具体是将发挥一定功能所需要的包含人才、品牌、顾客名单、专利权等知识产权和合同等无形财产在内的有机整体事业的全部或者重要部分进行移转的行为。法人税法上，进行个别资产等的转让会构成课税关系，事业法人的全部账面损益将在转让时实现，构成转让事业法人的课税所得。

此时，如果是相互无利害关系的独立第三方之间的交易，其交易价格在税务上被认为是适当公正的市场价格；如果是集团法人等有利害关系的当事人之间的交易，应当注意被认定高价转让和低价转让的可能性。尤其是，营业权的确认实际上也会产生事业转让法人的营业亏损抵免的结转效果，所以是否能确保其评估的经济合理性，这在税务处理上是非常重要的。

此外，有必要注意在事业转让中，事业的受让方的退职报酬储备金的变更处理。

此前，事业转让的一方，依据事业转让合同，卖方应负担的退职报酬金可以作为亏损金额处理，但对受让方而言，并非作为确定债务，而是作为退职报酬储备金，这在税务上不被认为是负债，故构成事业受让年度税务上的收益金额，增加了税务上的负担。与此相对，在非合格公司分立中，承接事业的分立承继法人等的税务处

---

[8] 公司法将旧商法中的"营业"调整为"事业"，将"营业转让"调整为了"事业转让"。但实质上没有变更，关于此前营业概念的判例等的思路也可以适用于事业转让。

理有所不同。具体而言，公司分立制度是一种资本交易，在分立承继法人中不产生课税关系。基于这一考虑，实务中退职报酬储备金是作为受让事业法人的资本公积来处理的，故不产生课税关系。如此一来，这个制度之间的不一致问题得以突显。因此，在2006年法律修改中，将包括事业转让在内的非合格合并等时资产受让处理进行了统一规定，如果将事业转让前经营的事业以及该事业有关主要资产或者负债的几乎全部移转至受让法人的，受让法人在税务上也可以将退职报酬储备金计算为负债（法人税法第62条之8第2款第1项、法人税法施行令第123条之10第7款）。在2006年4月引进的企业合并会计中认可了"负商誉"，上述非合格合并等中的资产等受让处理作为相关的内容进行了规定（参见下述"企业组织重组税制的处理"）。

另外，作为事业转让对象的课税对象资产会对其征收消费税，因此有必要注意课税对象资产对事业转让方的课税销售额比例带来的影响。事业受让方应支付的消费税，可以扣除采购税额，所以课税销售额比例在95%以上的，不会产生实质的税务负担，但也会有一时资金负担，应在资金计划中留意。该比例未满95%的，有必要在税务申报时采取措施，防止出现不能使用部分采购税额扣除的情况。作为与消费税有关的事业转让合同时的随附事项，消费税申报时要注意将事业转让对价区分为课税对象资产与非课税资产，并在事业转让合同中记载金额。

b. 企业组织重组税制的处理

日本在2001年4月1日引进了公司分立法律制度，为统一规制合并、公司分立、实物出资等企业使用的组织重组行为的整体，配套引进了企业组织重组税制。因股份交换、股份移转有关的租税特别措施，是在1999年度法律修改中刚引进的，故当时并未统一整合进来；之后经过2006年的法律修改，于该年10月1日以后整合加入了组织重组税制。

2006年法律修改中，进行非合格组织重组时受让资产等的有关处理得以明确，此前并未整合的事业转让也被整合进入了非合格组织重组。

①企业组织重组税制的原则

贯穿企业组织重组税制的基本原则是，就法人的资产等的移转以市场公允价值确认转让损益（法人税法第62条等），就接受新股份等对价的股东确认为视为分红（该法第24条第1款、所得税法第25条第1款）和股份转让损益（该法第62条之2第1款，租税特别措施法第37条之10第1款）。此外，就2006年法律修改后的股份交换、股份移转的处理，针对全资子法人持有的按照市场公允价值确定的资产，采用账面损益课税。但是，在组织重组前后的经济实际形态未发生变更，继续控制的情况下，为了不让税制成为使用组织重组制度的阻碍，针对资产等移转损益和账面损益的课税，承认递延的例外措施（法人税法第62条之2、第61条之2第2款、第4款，第6-8款）。根据这些例外措施，可以进行资产等课税递延的企业重组被称为"合格组织重组"，理解其处理时的概要是重要的关键点。

关于组织重组时的课税关系，需要就组织重组的当事法人及其股东进行探讨。其概要如表10-2所示。

表10-2　组织重组有关的当事人课税的概要

摘要	课税对象[1]	法人课税 资产等转让损益课税		股东课税			
				视为分红课税		股份转让损益课税	
		合格	非合格	合格	非合格	合格	非合格
合并	被合并法人	资产负债按账面价格进行承接，转让损益递延	就资产负债的转让损益发生课税关系	无	有	无	有[2]
分割型分立	分立法人						
股份交换	全资子法人		就资产的账面损益发生课税关系		无		
股份移转	全资子法人						
分社型分立	分立法人		就资产负债的转让损益发生课税关系				
实物出资	实物出资法人						
事后设立	事后设立法人						

[1] 承继资产的法人就资产等的承接不发生课税关系，其股东也未被交付对价。
[2] 即便是非合格重组的情形下，无金钱等交付时，股份转让损益课税可以递延。

具体而言，关于重组当事法人的课税，有如下课题值得探讨：
- 因非合格组织重组而移转资产等的法人（被合并法人、分立法人、实物出资法人、事后设立法人），有资产等转让损益课税；以及
- 非合格股份交换、股份移转的全资子法人，对其持有的以市场公允价值评估的资产进行账面损益课税。

此外，关于重组当事法人的股东课税，有如下课题值得探讨：

- 因非合格和非合格分割型分立⑨而接受新股等交付的被合并法人股东以及分立法人股东,有视为分红课税和股份转让损益课税;以及
- 因非合格股份交换、股份移转而接受对价交付的全资子法人的股东,有股份转让损益课税。

②合格组织重组的类型

作为合格组织重组的合格要件之一,根本要求是"控制的继续"。判断的指标是持有事业(资产等)移转之际的实际控制继续与否。具体的标志如表10-3所示,分为"集团内重组"与"共同事业重组"。集团内重组的要件是:组织重组前后继续持有已发行股份总数(库存股除外)超过50%的股份等。共同事业重组的要件是:组织重组前,无相互控制从属的法人之间,有共同实施事业的意图的情形下,共同实施事业的当事法人各自的实际控制被视为可以继续。

表10-3 组织重组税制中的合格要件

要件	集团内重组			共同事业重组
	100%	超过50%未满100%	视为共同事业要件	
无金钱等交付	○	○	—	○

---

⑨ 公司法上,承继法人的股份不能直接交付给分立法人的股东,所以先全部交付给分立法人,分立法人再以盈余分配的方式将承继法人的股份分配给股东,故分割型分立的概念中产生了变化。但在税务处理上,分割型分立与之前采用了同样的思路(法人税法第62条之2 第1款),所以公司法上的变更对于税务处理没有产生很大的影响。

续表

要件		集团内重组			共同事业重组
		100%	超过50%未满100%	视为共同事业要件	
独立事业单位要件	主要资产、负债的承接	×	○	—	○
	员工的承接	×	○	—	○
事业继续要件		×	○	—	○
事业关联性要件		×	×	○	○
规模要件		×	×	需要满足其中一个	需要满足其中一个
经营参与要件		×	×		
规模继续要件		×	×	不满足经营参与要件时需要满足该要件	×
股份继续持有要件		预计100%继续控制	预计超过50%继续控制	—	○

○ 需要满足　　× 不需要满足　　— 在其他条款中已规定

* 关于股份交换、股份移转，与上述要件存在不同点，详细内容请参见本文。

集团内重组是直接或者间接持有超过50%股份的母子法人之间的重组，除此以外也包括被特定的股东（包括个人股东集团）直接或者间接持有超过50%股份的法人之间的重组。

组织重组前后，预计直接或者间接继续100%控制的情形下，除支付的组织重组对价为金钱等情形外，则为合格组织重组。另一方面，组织重组前后，预计直接或者间接继续超过50%但未满100%的情形下，除全部资产、负债当然移转的合并以及全部资产、负债不移转的股份交换、股份移转外，还追加了如下合格组织重组的条件：承接移转事业有关的主要资产、负债（主要资产、负债的承接）；包括合并以及股份交换、股份移转的所有重组中，承接80%以上的在移转事业工作的员工（员工的承接[⑩]）；组织重组后，移转事业在承继法人继续经营（事业继续要件[⑪]）。

共同事业重组的目的是通过组织重组来共同运营事业，所以为保证实际控制的继续，除上述超过50%但未满100%的集团内重组的要件外，还追加了如下合格组织重组的条件：首先是意图共同运营的事业存在相互关联性（事业关联性要件）；其次是各自事业的销售金额、员工人数或与此类似的项目[⑫]的相对比例不超过5倍（规模要件），或者重组当事法人双方的特定董事等[⑬]，在组织重组后参与经营共同事业（经营参与要件）；再就是作为共同事业的当然结果，组织重组时交付的股份在重组后会继续持有下去（股份继续持有要件）。

关于"相互关联"的含义一般可以进行广泛的解释，只要有合理的根据认为，通过重组产生了事业统合效果和协同效果的即可。不过，需要注意的是股份交换时的事业关联性，法律要求是在全资

[⑩] 这里不仅包括"员工"，可以进行广义的解释为"当前从事工作的人"（法人税基本通知1-4-4）。此外，在股份交换、股份移转之际，全资子法人的业务也要求是"继续从事工作"。

[⑪] 在股份交换、股份移转之际，要求"全资子法人的主要事业继续在全资子法人经营"。

[⑫] 合并的情形下，注册资本也可以成为规模比较的指标（法人税法施行令第4条之2第3款第2项）。

[⑬] 指社长、副社长、代表董事、代表执行役、专务董事、常务董事或者与此类似的在法人中从事经营的人（第4条之2第3款第2项）。

第十章 企业并购与合资企业的税务

母法人与全资子法人之间[14]。

关于规模要件，在所有共同事业重组中都需要讨论，但纯粹控股公司通过股份交换，将集团外的法人进行全资子法人化的情形下，实际上很难将子公司与全资母法人之间进行有意义的事业规模比较，故经营参与要件是不可或缺的要件。

关于经营参与要件，在合并、分立、实物出资中，着眼于任一特定董事等，判断标准是其中任何一位是否能在承继法人中参与经营。但需要注意的是，在股份交换、股份移转中，其条件是全资子法人的任一特定董事等均不得离任，因此，根据条文来进行解释的话，（除就任全资母法人的董事等而离任的以外）任何一名特定董事等离任的情况，都不满足合格要件。

关于股份继续持有要件，有两个例外情形。首先，被合并法人、分立法人或者全资子法人的股东人数为50人以上时，不需要满足该要件。其次，虽然股东人数未满50人，但预计放弃全部或部分持有股份的股东所持有的表决权，合计未满全部表决权的20%的，则不属于违反股份继续持有要件（法人税法施行令第4条之2）。

---

[14] 例如，纯粹控股公司以特定子法人的共同事业的意图，通过股份交换将其他法人全资子法人化的情形下，在判定与控股公司经营事业的事业关联性上，通过法律解释一般很难认定有事业关联性。对此，作为财务省宣传材料出版的《2006年度税制修改的解说》中写道："……如何看待控股公司的事业，需要根据其实际形态来认定。关于子公司的事业，如果控股公司承担部分重要职能等情形下，可以认为具备控股公司与子法人共同经营法人事业的实际形态。此类情形下，可以包含子法人事业在内，来判定事业关联性。"这对实务具有一定的参考意义。如何来理解此处的"部分重要职能"，也应当根据其实际形态来判断。如果全资母法人承担子法人的经营企划和事业战略策划等部分重要经营职能的情形下，可以解释为部分重要职能。

③合格股份交换、股份移转时全资子法人股份的受让价格

合格股份交换、股份移转之际，全资母法人受让的全资子法人股份时的受让价格，分为以下两种情形来处理：如果合格股份交换、股份移转前，全资子法人的股东人数未满50人的，全资子法人股东持有的全资子法人股份，在合格股份交换等前的账面价格[15]为受让价格；如果股东人数为50人以上的，合格股份交换等前，全资子法人的税务上的账面净资产价格[16]为受让价格（第119条第1款第9项、第11项）。

上述任何一种情形下，取得全资子法人股份需要额外费用时，加上该费用后的金额为全资子法人的受让价格。

④进行连续组织重组时的注意点

此前，在一次重组行为中应对完结的组织重组来判定合格与非合格。但是，实务中连续进行多次重组的事例也不少。本文由于字数的原因不能对此进行详细的探讨，但这样的事例中需要注意处理控制继续的方法。100%集团内重组以外的连续组织重组中，也应当留意员工承接要件和事业继续要件。

⑤营业亏损抵免的结转和资产减值损失的使用

企业组织重组税制中，防止避税行为的同时，采取认可营业亏损抵免结转的措施。不过，关于营业亏损抵免，因为其不可分性（起因于合理的分离困难性），可以认可营业亏损抵免结转的限于合格合并以及与合并类似的合格分割型分立（让分立承继法人承继主要事业，分立法人立即解散的分立。以下称为"合格合并等"）。而

---

[15] 股东为个人的，为合格股份交换等前的取得价格。

[16] 账面净资产价格乘以因合格股份交换移转至全资母法人的全资子法人股份占已发行股份数的比例所得的金额。

且，如图10-3所示，即便是合格合并等，也有未认可营业亏损抵免结转的事例，需要留意。

合格等意外的公司分立、实物出资和事后设立中，事业移转之际均不认可营业亏损抵免的结转。但分立法人和实物出资法人等是可以继续使用的；股份交换、股份移转中，因为没有法人之间的事业移转，不存在营业亏损抵免的结转问题。

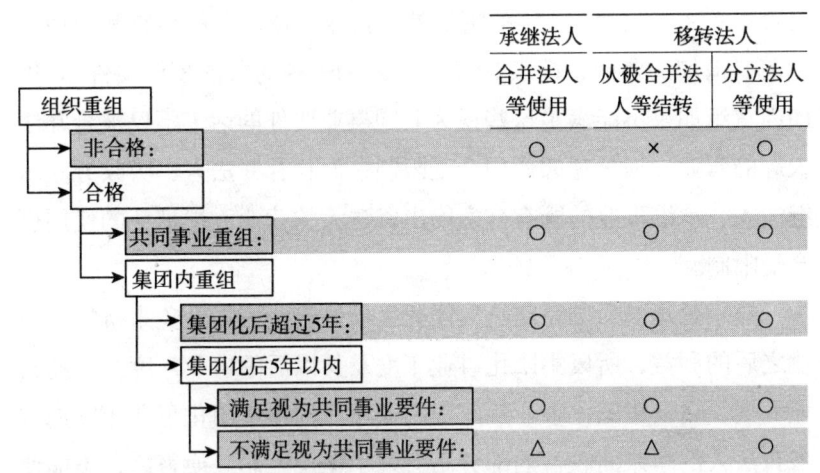

组织重组	承继法人 合并法人等使用	移转法人 从被合并法人等结转	分立法人等使用
非合格：	○	×	○
合格			
共同事业重组：	○	○	○
集团内重组			
集团化后超过5年：	○	○	○
集团化后5年以内			
满足视为共同事业要件：	○	○	○
不满足视为共同事业要件：	△	△	○

合并法人等：指合并法人、吸收分立承继法人、承继事业的既有的被实物出资法人
被合并法人等：指被合并法人以及与合并类似的分割型分立法人
分立法人等：分立法人、实物出资法人、事后设立法人、股份交换、股份移转的全资子法人
　○　营业亏损抵免的结转或者可使用
　△　营业亏损抵免的结转或者有使用限制
　×　营业亏损抵免的结转或者不可使用

图10-3　是否进行营业亏损抵免的结转等

就图10-3进行简洁说明的话，首先，在非合格合并等中，被合并法人等的营业亏损抵免不能由合并法人等延续弥补，但合并法人等之前有的营业亏损抵免，不会在合并法人等中产生使用限制。

满足进行共同事业的合格要件（以下称为"共同事业要件"）的合格合并等中，不产生营业亏损抵免的结转和使用限制。因此，合并前各法人尚未弥补的经营亏损可以在亏损弥补年限的剩余期限内，由合并后的企业逐年延续弥补。

另一方面，关于集团内重组中的合格合并等，与共同事业要件相比较，广泛地承认其合格性。除集团化（重组当事法人间产生特定资本关系）后经过5年的情形外，营业亏损抵免的结转和使用之际需要追加的要件，即表10-3中记载的"视为共同事业要件"。集团内重组如果不能满足这些视为共同事业要件的话，不仅被合并法人等的营业亏损抵免的使用会受限制，而且合并法人、吸收分立承继法人、承继事业的既有被实物出资法人的营业亏损抵免的使用也会受限制。

这一处理的目的是防止集团化之前的营业亏损抵免来挤压集团化之后的利益，所以集团化事业年度及其以后的事业年度产生的营业亏损，以及集团化事业年度前的营业亏损中集团化事业年度期首各自法人的净账面收益的部分不会发生使用限制。换言之，不能使用集团化以前的营业亏损中超过集团化时净账面收益的部分。

集团化时持有资产中有净账面损失，该损失在集团化后产生的，营业亏损抵免的使用限制会更加复杂。因为集团化时的账面损失在集团化后实现的，实际上与营业亏损抵免的结转具有同样的效果。为了防止这点，要使用集团化时的账面损失有必要注意，原则上应当满足视为共同事业要件。

不过，从实务考虑的角度出发，进行组织重组的事业年度开始日起经过3年之日（该经过日比集团化后经过5年之日更晚的，为经过5年之日）以后，解除账面损失使用限制。

参考：关于创设被特定股东控制的亏损等法人的营业亏损抵免的不适用规定。

在2006年税制改革中进行了如下规定：被特定股东等直接、间接持有其已发行股份超过50%的亏损等法人，存在自其持有日起5年以内停止之前经营的事业，且开始经营大幅超过其事业规模的事业等一定事由的，该日所属事业年度前产生的营业亏损，不适用抵免扣除制度（法人税法第57条之2），从该事业年度开始日起3年以内产生的资产转让等损失不计算入损失金额（该法第61条）。这些规定适用于2006年4月1日以后取得的亏损等法人。

这些规定的目的是，仅以使用营业亏损抵免等为目的取得亏损等法人超过50%股份的情形下，限制使用营业亏损抵免和账面损失。但条文解释上，不具有该意图的、一般事业整合为目的的组织重组中也可能会产生影响。

关于亏损等法人有关处理的详细内容，因字数原因无法讨论。但组织重组当事法人属于亏损等法人的情形下，优先于组织重组税制的处理，产生营业亏损抵免和账面损失的使用限制。因此，正在计划中的组织重组，在讨论营业亏损抵免和账面损失的使用之际，应当注意该规定有别于之前的处理。

⑥视为共同事业要件

如表10-3中的记载所示，集团内重组时其合格要件被放宽，在使用营业亏损抵免等之际，视为共同事业要件的作用是实质上追加与共同事业要件相同水准的合格测试。

视为共同事业要件与共同事业要件相同，采用了同一框架：除事业关联性外，需满足规模要件或者经营参与要件。但是，视为共同事业要件是集团内重组中追加的合格测试，集团内重组中，根据重组当事人的意思可以较容易地变更企业外观（合格测试中使用的销售金额、员工人数等规模指标），在适用规模要件之际追加了规模继续要件，即重组当事法人各自以集团化时为标准，至重组变更前其外观变化在2倍以内或者一半以内。

⑦股东课税（参见图10-2）

如表10-2记载所示，非合格合并的被合并法人股东或者非合格分割型分立的分立法人股东，会产生（下文）视为分红和股份转让损益的课税关系。股份转让损益课税仅在合并或分立的交付对价为合并法人或者分立法人的股份的情形下，可以递延。

另一方面，在股份交换、股份移转中，全资子法人的资本构成不产生变动，所以非合格股份交换、股份移转的全资子法人股东不会发生视为分红。此外，仅在股份交换等的交付对价为全资母公司股份的情形下，转让损益课税可以递延。

⑧视为分红

非合格组织重组中，税务上不承认一切盈余公积的结转。因此，在非合格合并等中，被合并法人等的盈余公积和税后净账面收益会被合并法人作为注册资本或资本公积来结转，但税务上被合格法人等的盈余公积等是先作为分红分配给股东，再以同等金额视为新的再出资。如此一来，被合并法人等的盈余公积等被视作为分红（视为分红），股东会产生分红课税。

关于视为分红，与通常的分红相同都是源泉征收的对象，但其源泉的对象未采用现金交付。因此，根据股东的类型不同，不得不交付源泉税相当的现金作为分红，实务上多是由重组当事法人来实质性地承担该源泉税金额的。此时，被合并法人的盈余公积总额和税后净账面收益中，与交付股份相当的部分被视为分红，所以根据事例的不同，有时源泉征收的金额也可能相当巨大。另外，如果与税务当局的意见不同，被认定为非合格后，产生预期外的视为分红的情形下，本来根据源泉征收义务这一税务处理，股东应承担的税额一旦由重组当事法人产生纳税义务的，事后从股东处回收源泉征收税金额是比较困难的。尤其是在上市公司，不排除出现重组后的新股东对重组当时的董事以违反善管注意义务为理由提起诉讼的风险。

⑨非合格组织重组时有关接受资产等的修改

一直以来，因非合格合并等承继的员工的退职报酬债务和承继事业有关的将来债务的预估额，在税务上不能计入负债。此外，因非合格合并等承继的净资产金额与支付对价之间存在差额的处理方式并不明确。因此，2006年修改时，对于非合格合并时的合并法人等，将退职报酬债务接受额和短期重要债务预估额作为负债调整账目，可以被计入负债；在发生一定事由时可以计算入收益金额。此外，承继的资产、负债的市场价格净资产金额与支付对价之间存在的差额作为资产调整账目或者负债调整账目计入，并在5年内进行均等减额（计算入损失金额或收益金额。参见图10-4）。

此外，作为资产调整账目计算的部分中，属于如下任一情形的，被视为成本稀少，税务上与资产调整账目不同，将资产溢价作为非折旧资产进行处理。

ⅰ 重组对价有关交付时的金额（非合格组织重组实施日的金额）超过约定时的金额（重组对价交付有过交涉成立时的金额）2倍的，超过约定时金额的部分[17]。

---

[17] 移转事业有关的合理评估实施后，保存记载其计算根据和计算基础的书面文件的，为超过移转事业有关的合理评估金额的部分（法人税法施行令第123条之10第4款，法人税法施行规则第27条之16第1款）。

并购和合资企业

计入正的商誉的情形	
资产 （个别市场价格） 包括有作为独立资产 交易习惯的营业权	负债
^	负债调整账目 （退职报酬债务接受额） （短期重要债务预估额）
资产调整账目*1 （正的商誉）	注册资本等金额
资产等超过差额 （非折旧）	^

重组对价的市场价格

差额负债调整账目*1

计入负的商誉的情形	
资产 （个别市场价格） 包括有作为独立资产交易习惯的营业权	负债
^	负债调整账目 （退职报酬债务接受额） （短期重要债务预估额）
^	（负的商誉）
^	注册资本等金额

重组对价的市场价格

*1 贷借差额：与会计处理无关，为5年均等减额（之前处理不明确的部分）。

图10-4 非合格组织重组时的资产、负债的接受

ii 移转事业的收益情况等来看，被合并法人持有将来很难进行填补的营业亏损时，使用该营业亏损产生的将来节税效果的相当金额，合并法人作为资产调整账目进行结转，实质上被认为属于避税性质的，该部分的相当金额。

⑩概括性避税防止规定

因合并和分立等组织重组行为导致纳税负担不当减少结果的情形下，法律规定了概括性避税防止的规定，即在税务署署长认可的前提下，可以否认法人的行为和所得计算（法人税法第132条之2，

所得税法第157条第4款，继承税法第64条第4款等）。

在分阶段实施的复杂结构中，不仅是个别行为的合格性，就一系列重组行为作为整体具有的意义和税务处理，按照与重组行为背景目的有关的合理性、合法性以及结构整体的必然性等进行综合判断。若根据事后判断，会带来重组行为有关税务上的处理的大幅变更的话，重组当事法人也会苦于应对，所以最好灵活地使用税务当局的事前照会制度。

⑪ 与组织重组相关的其他税的概要

i 消费税

就合并、分立有关的资产转移，无论合格、非合格均不产生消费税。但实物出资和事后设立中会产生消费税。

ii 不动产取得税

因合并取得不动产的，不产生不动产取得税（地方税法第73条之7第2号）。此外，分立或者实物出资中，在各自满足一定的要件时，可以作为非课税事项进行处理（该条第2项、第2之2项）。

iii 登记许可税（设立登记、增加注册资本登记和不动产登记）

就合并、分立承认部分轻减措施，但实物出资和事后设立中不承认轻减措施。

二、合资企业的税务

1. 合资企业的组织形态和税务上的区分

作为合资企业（以下称"JV"）使用的组织形态是各种各样

的，有股份公司、有限公司⑱、共同公司（LLC）⑲、有限责任合伙（LLP）和民法上的合伙等，并且根据JV动机不同，也可以使用上述列举以外的组织。关于JV特有的税务规定尚未确立，所以适用一般的法人或者合伙的税务规定（参见表10-4）。但根据JV的设立形态和设立目的等不同，有一些需要注意的事项。因此，以下将论点集中于容易产生问题的JV设立及其解除时的事项。不过，首先整理一下这里列举的组织形态的税务处理的概要。

表10-4　关于法人和合伙的法务、税务的概要

		股份公司	共同公司（LLC）	有限责任合伙（LLP）	民法上的合伙
法务	可否劳务出资	不可	不可	不可	可
	财产的取得	可取得	可取得	不可以合伙名义取得	不可以合伙名义取得
税务	实体上的课税	法人课税	法人课税	不课税[*2]	不课税
	损益分配	按照出资比例	出资人在合理范围内确定	出资人在合理范围内确定	出资人在合理范围内确定
	出资人的课税	有[*1]	有[*1]	有[*1,*2]	有[*3]

*1　获得分红会产生课税，但有收益金额不算入等处理方式。
*2　承认出资人共同事业性的情形。
*3　合伙产生的所得属性直接归属于出资人（成员）。

基本的税务处理是，具有团体权利义务的法人是纳税主体，不具有团体权利义务的合伙不是纳税主体。因此，就股份公司、有限

---

⑱　公司法上，有限公司被统合进了股份公司制度，所以今后不能再新设使用了。

⑲　公司法创设的法人形态。

公司、共同公司而言，对各法人的所得是课税的，但对出资人获得的分红计入投资收益，不算入制度（出资人是法人的情形）和分红扣除制度（出资人是个人的情形），虽说不完整但也是制定了避免双重征税的制度。与此不同的是，原则上对有限责任合伙和民法上的合伙等团体的所得不课税，但对其出资人课税［成员课税或者穿透(pass through)］。在日本，以利益分配的归属主体为目的的合资企业等，采用合伙的成员课税的实例（如内容行业的制作委员会等）较为常见，不过由于有限责任事业合伙法创设了有限责任合伙（日本版有限责任合伙），在确保共同事业性的情形下承认成员课税，开发出了新的使用方法。

另一方面，作为经营共同事业的主体而组成合资企业时，权利义务归属主体的有用性程度更高，使用法人组织的情况更多。公司法创设的共同公司（日本版LLC），被赋予了法人格，所以是一般的法人课税的对象，不适用成员课税。出资人之间可以通过内部自治合理决定损益分配等事项，企业价值的源泉从作为生产设备的有机整体升级为以人力资产和无形固定资产为中心的集团，这也是新开发出的使用方法。

2. 合资企业设立时税务上的注意事项

如上所述，合资企业的组织形态是多样的，基本适用一般法人或者合伙的税务规定。因此，设立时的基本税务事项可参考本文第一节"企业并购的税务"的部分，以下探讨JV设立时特有的注意事项。

a. 以合格组织重组设立的合资企业中特有的注意事项

通过组织重组程序确保合格要件组成合资企业的情形下，资产移转有关的转让损益课税可以递延。为享受这一优惠，多选择采用

并购和合资企业

合并、吸收分社型分立、共同新设分社型分立等程序。但是，无超过50%股权支配、从属关系的法人之间以合同的方式设立合资企业的情形下，至少要设立一方当事人与合资企业的关系不构成集团内重组的要件，从整体上就组织重组行为判断税务上的合格与不合格，所以不满足集团内重组的合格要件。因此，两个公司有必要满足共同事业重组的合格要件。

共同事业重组的合格要件之一是股份继续持有要件。这意味着要继续持有组织重组中接受交付的全部股份。属于继续持有要件对象股份的具体范围如表10-5所示，根据组织重组行为的属性不同而有所不同。

表10-5　继续持有要件对象股份的范围

- 合并：向被合并法人股东交付的合并法人合资企业股份
- 分立：向分立法人交付的分立承继法人合资企业股份
  共同新设分立⇒合资企业发行的全部股份均为继续持有的对象
  吸收分立⇒向分立法人交付的全部股份均为继续持有的对象

预计在合资企业设立后，向新参加的股东转让继续持有要件对象股份的，则不满足合格要件。

此外，还应注意员工的承接（独立事业单位要件之一），即因组织重组而移转事业的，移转前80%以上的员工要在合资企业的事业中从事工作。

这些要求可能会在以下情形中遇到问题，应当加以留意。

①合资企业中有第三方的资本加入时的情形

合资企业通过第三方定向增发让新股东加入的情形下，不会产生上述起因于股份继续持有的问题。但是，如果涉及合资企业的表决权比例的调整等，预计将部分既有股份等进行转让的，则很可能与上述股份继续持有要件相抵触，因此有必要就当初预想的资本构成的全体过程的税务处理进行验证。

第三方的资本加入等之际，既有股东将（赋予继续持有的）股份进行转让，这如果是组成合资企业之时无法预见的事由所导致的话，原则上并不违反股份继续持有要件。但是，对于这一后发事由应当由当事人自己承担举证责任，这也并非易事。

②合资企业的一方当事人决定退出事业的情形

作为事业撤退的手段，可以使用合资企业。

与预计出售事业的相对方组成合资企业，己方在完全撤退前可以设置一定的缓冲期间，让交易关系的承接更加顺利，或者让事业运营知识的移转更加坚实，以此降低收购方的风险。同时，企业的环境也不用发生急剧的变更，可以在一定程度缓和对员工心理上的影响，以此更容易获得工会等的批准。

在这种情形下，转让人实质上已经对事业撤退作出了意思决定，并且收购方的全部并购的意思也是比较牢靠的，不过这就无法满足股份继续持有要件，所以基本上都是非合格的。

如果组成 JV 时未就将来买卖股份达成合意，但双方同意（或默示的了解）在某些条件成就时，或者以某些事由的发生为条件，来进行股份买卖的情形下，有必要注意关于股份持有要件的税务处理。这些决定是个别进行的，交易时的当事人意图和意思是事实认定的基础，所以应当充分探讨其事实认定的合理性和合适性。

③合资企业的目标是尽快上市的情形

为提高事业的市场竞争力，现在相互竞争的公司将各自的事业统合成合资企业的事例在逐渐增多。近期著名的事例有：Elpida Memory、Renesas Technology、SUMCO 等。

并购和合资企业

　　Elpida Memory是日本电气与日立制作所于1999年12月设立的JV，2004年股票上市。Renesas Technology是日立制作所于三菱电机于2003年4月设立的JV，股票并未上市（截至2006年7月1日）。1999年7月，住友金属工业与三菱综合材料及其子法人三菱综合材料硅共同出资设立了Silicon United Manufacturing，2002年2月该公司又与三菱综合材料硅进行合并组成了SUMCO，SUMCO于2005年11月股票上市。

　　上市的两家公司从组成合资企业至股票上市均超过了3年的期间。作为合资企业的特点，在组成合资企业时就确定股票会上市的情况其实是比较少见的。从这点来看，在组成合资企业时讨论"预计股票上市是否违反股份继续持有要件"，其意义不大。但如果是使用合格组织重组来组成合资企业后，计划（准备）在短期内股票上市的可能性较高的情形下，有必要注意股份继续持有要件的处理。

　　④合资企业缩小事业规模的情形

　　预计到市场规模缩小的设备投资型产业中，不仅是相对竞争力较差的法人，即使是市场占有率高的法人，也存在设备使用率低下的事业风险。在这种市场上，为提高竞争力，相互竞争的公司会组成合资企业，将两家公司持有的目标事业的设备转移到合资企业，在提升高效率设备的使用率的同时，出售低使用率的设备，以追求节税的效果。

　　这种设备出售的目的，如果是打算放弃从一方法人移转至合资企业的事业的话，这是与税制合格要件之一的事业继续要件相抵触的。但是，如果没有放弃事业的意图，打算继续经营两家公司移转来的事业，但作为资产处分的一环，在计划关闭特定工厂等情形下，组成合资企业后有大幅削减关闭工厂员工的可能性时，应当注意是否与员工承接要件相抵触。

b. 以上市子公司为合资企业进行重组的情形

近年来，为消除上市子公司之间的事业重复等目的，将上市子公司全资子法人化后，通过事业重组来提高集团整体效率的情况日益增加。另外，将退市后的法人（特定事业）与第三方之间组成合资企业，以提高市场竞争力的情况也不少。

将上市子公司进行全资子公司化的一般方法是股份交换。此时，上市子公司的母法人采用合并纳税的情形下，在通过股份交换进行全资子公司化之时，强制适用合并纳税，剥离营业亏损抵免。不过，如果是股份交换后，预计通过合资企业化等方式消除全资母子关系，在合并纳税适用后的事业年度中将子公司从合并纳税中脱离，完全不参加合并纳税的情形，可以不用剥离该法人在合并加入前的营业亏损抵免，而直接使用（法人税法第57条第9款第3项）。

另一方面，通过合格股份交换进行全资子公司化后，该全资子公司与全资母公司计划进行新的组织重组的，应当充分注意这一连续的重组行为后是否能维持继续控制的状态，以及100%集团内重组以外的员工承接要件和事业继续要件。

c. 合资企业组成后的瑕疵

组成合资企业时，通常会在合资企业合同或者股东间协议等中规定关于出资资产瑕疵的损失填补义务。此时，损失填补义务的履行有在出资人之间规定的情形，也有与合资企业之间规定的情形。以下探讨两者情形下的税务处理。

①关于出资人之间损失填补义务的处理

根据合同等，一方出资人向他方出资人支付损害赔偿金的情形下，支付人原则上是以损害赔偿的性质来评估损失金额的，接受人是作为受赠金额来处理的。

如果合资企业是以合格分社型分立等来组成时，一方出资人向他方出资人支付的该损害赔偿金被视为出资比例调整目的下的股份转让的情形下，不得不说这可能会违反股份继续持有要件。但是，该违反行为一般是限定于有逃税意图的恶性案件中。此外，关于上述支付被视为分立交付金的可能性，由于赔偿金支付人与交付金支付人的不同而有所不同，所以除上述恶性案件以外，被视为合格重组中禁止的金钱等交付的可能性较低。

②关于与合资企业之间的损失填补义务的处理

根据合同等，一方出资人向诸如新设分社型分立中组成的合资企业追加支付金钱等时，这属于事后补足出资资产不足的合同上的行为。因此，如果是以现金来填补当初不足的部分，对于支付人而言，税务上作为有价证券（合资企业股份）的取得成本来处理是合适的。对于合资企业而言，该追加金钱的支付不会影响出资比例，但税务上作为资本公积来处理是合理的。

另一方面，例如，以吸收分立组成的合资企业（分立承继法人）的原来股东等，根据合同支付某种金钱的行为，不具有影响出资比例的目的，故很难被视为追加出资，结果通常是被视为支付损失填补。这种情形与上述①相同，支付人追加的资金额原则上是作为损失金额来处理，合资企业方接受的金额是作为受赠金额来处理。此时，对于合资企业方而言，作为损失填补义务起因的损失（资产的瑕疵），对其税务上的损失金额认定期限有一定限制，不一定能够与该受赠金额进行抵消，因此，在制定融资计划时，应当注意在税务上留出一定的余地。

3. 合资企业解除时税务上的注意事项

合资企业解除的方法一般有：当事人之间的股份转让、分割型分立的事业再分配、清算等。

以下就当事人之间的股份转让和分割型分立的事业再分配之际，应当注意的税务事项进行探讨。

a. 当事人之间的股份转让

由于合资企业的清算会导致企业价值的明显受损，所以希望自己退出或者希望排除对方的投资者通常会采用股份转让的方式来解除合资企业。此时的税务处理可参见本文第一节第一的a项"既有股份的收购"的内容，但如果一方当事人有合同不履行的情况，作为强制解除合资企业结构的一环，可以赋予他方当事人选择权，即他方当事人可以以市场净资产价格或市场公允价格两者中较高的价格将其股权出售给债务不履行当事人，或者相反，让债务不履行当事人以市场净资产价格将其股权出售给他方当事人。这种就同一股份设定两个价格的税务处理，无论选择哪一个基本上可以推定为与第三方之间的交易，认可其合理性。但是，合同等中允许以低于市场净资产价格的价格进行交易时，可以推定转让对价中包含了惩罚的要素，因此可以将股份对价的决定与惩罚部分的交涉进行区别对待。

b. 以分立型分立来进行合资企业解除

公司分立制度上，将一方当事人出资的事业分立，仅向一方当事人交付其股份，同时将一方当事人持有的合资企业股份无偿注销，通过非按份型分立让合资企业成为他方当事人的全资子法人。但是，非按份型公司分立在税务处理上构成金钱等交付分立（法人税法施行令第119条之8第2款），故属于非合格重组，就分立对象

并购和合资企业

资产会进行转让损益课税。

  组织重组税制规定合格要件的基本源泉在于"控制的继续",判定控制继续之际比例按份是绝对条件,但通过梳理合资企业解除时控制继续的构想,可以发现从合资企业的共同控制状态恢复到之前的单独控制的重组行为中,也有承认课税递延措施的需求。实务上使用公司分立制度来解除合资企业的实例还不多见,但如本文第一节第二的a项"事业转让"中记载的修改前的退职报酬储备金的处理,以及第一节第二的b⑪"与组织重组相关的其他税的概要"中记载的不动产取得税和登记许可税等具有较大的优惠时,应该存在使用的空间。

索 引

（条目后的数字为原书页码，即本书边码）

事项索引

朝日新闻社代表诉讼事件 140
意思实现 65
激励 12，124
Weinberger 判决 214
随售权（tag-along right）54
交付证明书 83
电影制作委员会 56
代理人成本 120
股份对价 TOB（exchange tender offer）246
M&A 138，220
MBO 管理层收购
余股挤出合并 167，206
Opportunity License 5
Omnicare 事件判决 174
公司重整程序 224
公司型合资企业 90，91
公司的机关设计事项 96
公司分立 162，177，222

买受证明书 83
回复法理（restitution）64
改良发明 11
学习效果 8
隐性瑕疵 154
隐藏的不合意（verstecker Dissens）76
瑕疵担保责任 153
合并 221
合并交付金 201
合并对价股份限定说 193
合并对价股份非限定说 196
股份、股权的转让 50
股份移转 162，167
股份继续持有要件 257
股份要约收购（TOB）245
股东间协商机关 53
股东间协议 31，34，54，88
股东代表组成的委员会（steering committee, operating committee）104

临时接受证（binder）71
完全公平（Entire Fairness）标准 133，173
企业价值 122
企业再生型MBO 117
企业并购 138
企业并购防御型MBO 118
表决权拘束协议 39
技术混同（contamination）9
规模要件 257
客观说（the Objective Theory）66
cash out merger……余股挤出合并
强制处分权（drag-along right）54
共同事业重组 256
共同事业要件 38-40
否决权 37，39，40
集团内重组 256
交叉使用许可合同 5
经营委员会 42
经营参与要件 257
经营判断原则（Business Judgment Rule）133，140
契约（型）JV 24，26，90，91
缔约过失 65
合同的不完备性 103
亏损等法人 261
现金交付合并 202
建设共同企业体 55
实物出资说 55
公平价格 120

口头证据法则 82
合资事业合同（Joint Venture Agreement）88
合资当事人 43
合资的消解 34，53
私有化 117
公司品牌（商号使用权、商标使用权）16
子公司的非上市化 164，165
资不抵债公司的合并 203
债务免除所得税 229
防止欺诈法 82
三角合并 202
JV……合资企业
事业关联性要件 257
事业继续要件 257
事业转让 222
控制股份的转让 220
Gibraltar事件 143
出资的返还 45
保密义务 80
保密合同（Confidentiality Agreement）88
主要目的规则 175
准合同（quasi contract）63
合资企业（JV）（的定义）3，24
商标（产品品牌）17
信息披露义务 217
信息请求权 48
应履行职务的人 36，37
书面文件战 65

索　引

已知的不合意（offener Dissens）76
Singer 判决　211
人格合一说　200
人的资本（human capital）3，112
挤出（squeeze out）117
Sterling 判决　208
Stroud 判决　217
支援企业　237
诚实协商条款　26，53
责任限制条款　49
先购买权（first refusal right）52，54
避税　38，47，52
损害赔偿额的事先约定的问题　94
竞争要约收购　124
第三方定向增发　157，221
Change of Control 条款　145
DIP 方式　231
TOB……→股份要约收购
违反章程的行为　34
章程记载事项　30
章程自治　31
章程自治的扩大　96
折价 TOB　245
敌意 TOB　172
敌意收购防御措施　164，166
受领证（binder）69
债转股　228
僵局　53，86，100
尽职调查　138，221
登记　27

依据动机激励解决　102
破产隔离　12
独占交涉义务　80
独立委员会　129
独立当事人之间的价格　20
董事的善管注意义务　139
交易保护条款　131
交易利益　15
两步要约收购　163，172
任意合伙　27，55
任意整理程序　223
No-Assertion　5
合伙　24，56
收购溢价　120
分红　44
反射性利益　15
非公开化目的型 MBO　117
声明保证　138
信义义务的例外条款　174
公平意见（Fairness Opinion）128
账面损益课税　249
物的资本（monetary capital）3，112
不动产登记　27，57
品牌管理费　18
预先打包　239
公司分立（分家）型 MBO　117
法人格　27，56
法人社员　36
法律整理程序　222
管理层收购（MBO）112

并购和合资企业

视为共同事业要件 262
视为分红 248
民事再生程序 231
无对价合并 203
持分公司 107
股权的评估方法 55
股权利益 15
监督 12
役员选任类别股 34
有限责任事业合伙（有限合伙）25，27，29
赋予优先交涉权条款 169

Unocal 事件判决 172
要素（essentialia negotii）75
预备性合意（Preliminary Agreements）67
利益冲突 112
简易合并 198
Lynch 判决 217
意向书（Letter of Intent，Memorandum of Understanding）60，88
Revlon 标准 130
Revlon 事件判决 173
锁定期权 173

判例索引（日本）

最高法院

最判 1958 年 7 月 22 日 民集 12 卷 12 号 1805 页 28
最判 1961 年 7 月 3 日 民集 15 卷 7 号 1982 页 28
最判 1965 年 9 月 22 日 民集 19 卷 6 号 1600 页 151
最判 1968 年 5 月 2 日 民集 22 卷 5 号 1067 页 250
最判 1968 年 6 月 13 日 民集 22 卷 6 号 1171 页 17
最判 1969 年 10 月 17 日 民集 23 卷 10 号 1777 页 10

最判 1970 年 6 月 24 日 民集 24 卷 6 号 625 页 132
最判 1973 年 4 月 20 日 民集 27 卷 3 号 580 页 13
最判 1982 年 3 月 30 日 民集 36 卷 3 号 484 页 147
最判 1993 年 3 月 30 日 民集 47 卷 4 号 3439 页 43
最判 1998 年 10 月 28 日 判时 1206 号 4 页 10
最判 1998 年 4 月 14 日 民集 52 卷 3 号 813 页 56，57
最判 2002 年 6 月 7 日 民集 56 卷 5 号

899頁 28
最決2004年8月30日民集58巻6号1763頁 171

高级法院

東京高判1963年8月31日下民集14巻8号1701頁 118
仙台高秋田支判1973年12月19日判時753号28頁 10
東京高判1978年4月26日判例工業所有権法2189の15頁 7
東京高判1978年5月25日判夕368号241頁 9
大阪高判1986年6月20日無体裁集18巻2号210頁 13
名古屋高判1997年10月30日判夕980号261頁 10
大阪高判2000年9月28日資料版商事法務199号300頁 140
東京高決2004年8月11日商事1708号23頁 171

地方法院

大阪地判1964年12月26日下民集15巻12号3121頁 13
東京地判1977年2月16日判夕353号260頁 7，12
大阪地判1979年10月16日1979年特許管理別冊判例集II673頁 13
東京地判1980年12月25日判時1003号123頁 147
東京地判1982年11月29日判時1070号94頁 7
大阪地判1984年4月26日無体裁集16巻1号271頁 13
大阪地判1984年12月20日判時1138号137頁 13
神戸地判1985年9月25日判夕575号52頁 7
東京地決1988年7月25日判時1317号28頁 175
東京地判1990年12月26日金判888号22頁 83
東京地判1991年5月30日金判889号42頁 83
東京地判1992年9月28日判時1482号105頁 60
東京地判1996年9月27日判時1611号84頁 7
大阪地判1999年5月26日判例時報1710号153頁 140
函館地判2000年2月24日判時1723号102頁 56
東京地判2003年1月17日判時1823号82頁 143，150
東京地決2004年7月27日商事1708号22頁 171
名古屋地判2004年10月29日判時1881号122頁 183
東京地判2006年2月13日金判1238号 80

判例索引（海外）

Apple Computer, Inc. v. Microsoft Corp. and Hewlwtt-Packard, 799 F. Supp. 1006 (N. D. Cal. 1992). 9

Beloff v. Consolidated Edison Co. of N. Y., 300 N. Y. 1, 87 N. E. 2d. 561 (1949). 199

British Steel Corp v. Cleveland Bridge and Engineering Co. Ltd., (1984) 1 All ER 504-512. 61, 63, 64, 78

Brophy v. Cities Service Co., 31 Del. Ch. 241, 70 A. 2d. 5 (Del. Ch. 1949). 216

Bruce v. E. L. Bruce Co., 40 Del. Ch. 80, 174 A. 2d. 29 (Del. Ch. 1961). 210

Clearwater v. Meredith, 1 Wall. 25, 17 L. Ed. 604 (U. S. 1863). 197

Coyne v. Park & Tilford Distillers Corp., 154 A. 2d 83 (Del. Ch. 1959). 199

David J. Greene & Co. v. Schenley Indus., Inc., 281 A. 2d. 30 (Del. Ch. 1971). 210

E.I. du Pont de Numours & Co., Inc. v. Shell Oil Co., 227 USPQ 223 (Del. 1985). 10

Havender v. Federal United Corp., 11 Atl. 2d. 331 (Del. 1940). 210

Kahn v. Roberts, 679 A. 2d. 460, 467 (Del. 1996). 218

Lank v. Steiner, 224 A. 2d. 242 (Del. 1966). 216

Lynch v. Vickers Energy Corp., 383 A. 2d. 278 (Del. 1977). 215

Malone v. Brincat, 722 A. 2d. 5, 9 (Del. 1998). 218

McMahan v. Morison, 16 Ind. 172. 79 Am. Dec. 418 (1861). 197

Omnicare, Inc. v. NCS Healthcare, Inc., 818 A. 2d. 914 (Del.2003). 174

Paramount Communications, Inc. v. QVC Network, Inc., 637 A. 2d. 34 (Del.1993). 173

Rabkin v. Hunt,. 498 A. 2d. 1099 (1985). 217

Revlon Inc. v. MacAndrews & Forbes Holdings, Inc., 506 A. 2d. 173 (Del. Supr., 1986). 130, 173

Reynolds Metals Co. v. Colonial Realty Corp., 41 Del. Ch. 183, 188, 190 A.

索 引

2d. 752, 755 (Del. 1963). 207
Sealy Mattress Co. of New Jersey v. Sealy, Inc., 532 A. 2d. 1324, 1336 (Del. Ch. 1987). 217
Singer v. Magnavox Co., 380 A. 2d. 969 (Del. 1977). 211
Stauffer v. Standard Brands, Inc., 41 Del. Ch. 7, 187 A. 2d. 78 (Del. Supr. 1962). 209
Sterling v. Mayflower Hotel Corp., 93 A. 2d. 107 (Del. 1952). 208
Stroud v. Grace, 606 A. 2d. 73, 85 (Del. 1992). 218
Stroud v. Milliken Enterprise, Inc., 552 A. 2d. 476, 480 (Del. 1989). 217, 218
Unocal Corp. v. Mesa Petroleum Co., 493 A.2d. 946 (Del.1985). 172
Weinberger v. UOP, Inc., 457 A. 2d. 701 (Del. 1983). 214, 216
Zirn v. VLI Corp., 621 A. 2d. 773, 777-778 (Del. 1993). 218

专业术语表

Acquisition	收购
Agreements to Negotiate	继续交涉合意
Agreements with Open Terms	含待定条款合意
Anergy	负面效应
Arm's Length	独立当事人之间的适当交易
Assign Back	分配回
Black Box	（技术）黑匣化
Binder	临时接受证
Business Judgment Rule	经营判断原则
Buy-In Management Buy-Out	共同经营型收购
Cash Out Merger	余股挤出合并
Casting Vote	决定性一票
Change of Control	控制权变动
Confidentiality Agreement	保密合同
Contamination	技术混同
Debt Equity Swap	债转股
Debtor-in-possession	债务人持有资产
Drag-along Right	强制处分权
Due Diligence	尽职调查

Duty of Candor	诚实义务
Duty of Care	注意义务
Duty of Loyalty	忠实义务
Employee Buy-Out	员工收购
Entire Fairness	完全公平
Exchange Tender Offer	以收购人股份为对价的要约收购
Fairness Opinion	公平意见
Fault	归责事由
Fiduciary Out	信义义务的例外
Financial Advisor	第三方机构（财务顾问）
First Refusal Right	优先购买权
Flow Back	回流
Going Private	私有化交易
Grant Back	回授
Human Capital	人力资本
Incorporated Joint Venture	法人型合资企业
Independent Committee	独立委员会
Institutional Buy-Out	主动管理型收购
Joint Venture	合资企业
Know-how	营业上的秘诀
Letter of Intent	意向书
Lockup Option	锁定期权
Management Buy-In	更换经营者型收购
Merger	合并

Mezzanine	混合（对价）
Monetary Capital	货币资本
No-Assertion	权利不行使特约
Opportunity License	使用许可收入
Partnership	合伙
Pass Through	穿透
Pooling Method	权益结合法
Preliminary Agreements	预备性合意
Prepackage	事先包装、事先打包
Purchase Method	购买法
Quasi Contract	准合同
Real Property	物的财产
Representation and Warranties	声明保证
Restitution	回复法理
Return on Guaranteed Trade	通过约定交易直接实现的利益
Securities and Exchange Commission	美国的证券交易委员会
Securities Exchange Act	美国证券交易法
Shareholders' Agreement	股东间协议
Silent Partner	隐名合伙人
Special Committee	特别委员会
Squeeze Out	挤出
Steering Committee	经营委员会
Stop-gap Agreement	空白补充合意
Synergy	协同效应
Tag-along Right	随售权

Take-out Commitment Letters	交接承诺书
Tangible Personal Property	有形的人的财产
Trade-dress / Style	交易类型
Unincorporated Joint Venture	非法人型合资企业
Valuation Agreement	实物评估及评估法有关的协定
Vehicle / Entity	实体
Venture Capital	风险投资

缩略语表

ADR	替代性争议解决机制
BIMBO	共同经营型收购
DIP	债务人持有资产
EBO	员工收购
IBO	主动管理型收购
M&A	企业并购
MBI	更换经营者型收购
MBO	管理层收购
LBO	杠杆收购
LLC	有限责任公司、共同公司
LLP	有限责任合伙
SEC	美国证券交易委员会
TOB	要约收购
JV	合资企业

执笔者一览表

梅谷真人 UMETANI Masato
富士施乐股份公司法务部（第一章）

大杉谦一 OSUGI Kenichi
中央大学法科大学院教授（第二章）

泷泽昌彦 TAKIZAWA Masahiko
一桥大学大学院法学研究科教授（第三章）

福田宗孝 FUKUDA Munetaka
昭和壳牌石油股份公司研究开发部（第四章）

北川彻 KITAGAWA Toru
成蹊大学大学院法学政治学研究科（第五章）

宍户善一 SHISHIDO Zenichi
成蹊大学法科大学院教授（编者/第五章）

中野通明 NAKANO Michiaki
虎之门南律师事务所律师（编者/第六章）

浦部明子 URABE Akiko
虎之门南律师事务所律师（第六章）

伊藤毅 ITO Takeru
东京 flex 律师事务所律师（第七章）

柴田和史 SHIBATA Kazufumi
法政大学大学院法务研究科教授（第八章）

八木清文 YAGI Kiyofumi
矶边高桥八木律师事务所律师（第九章）

北爪雅彦 KITAZUME Masahiko
德勤日本注册会计师（第十章）

图书在版编目（CIP）数据

并购和合资企业 /（日）中野通明,（日）宍户善一编；段磊译. —北京：商务印书馆，2023
（企业商事法务丛书）
ISBN 978-7-100-22091-0

Ⅰ.①并⋯ Ⅱ.①中⋯ ②宍⋯ ③段⋯ Ⅲ.①合资企业—企业兼并—企业法—研究—日本 Ⅳ.①D931.322.9

中国国家版本馆CIP数据核字（2023）第043292号

权利保留，侵权必究。

企业商事法务丛书
并购和合资企业
〔日〕中野通明 宍户善一 编
段磊 译

商务印书馆出版
（北京王府井大街36号 邮政编码100710）
商务印书馆发行
北京冠中印刷厂印刷
ISBN 978 - 7 - 100 - 22091 - 0

2023年6月第1版　　开本 880×1230　1/32
2023年6月北京第1次印刷　印张 10¾
定价：75.00元